Rainer Holbe, 1940 in Komotau/Böhmen geboren, verbrachte seine Schulzeit in Frankfurt. Als Volontär begann er 1959 bei der *Frankfurter Rundschau,* von 1960 bis 1965 war er Redakteur bei dieser Zeitung. Anschließend bis 1972 war er Leiter des Frankfurter Büros der Zeitschrift *Bild und Funk.* Seit 1974 ist er Moderator und Redakteur dür besondere Aufgaben bei RTL-Radio Luxemburg. Als »Mister Morning« moderierte er dort täglich ein eigenes Aktualitäten-Magazin. Holbes Karriere als TV-Moderator begann 1966, als er sich bei einem Quizmaster-Wettbewerb der ARD bewarb, um darüber für seine Zeitung zu berichten. Zu seiner eigenen Überraschung wurde er zum Sieger erklärt. Daraufhin bot ihm das ZDF die Moderation der Sendung »Show Chance« an. Von 1968 bis 1980 moderierte er die ZDF-Abendshow »Starparade«. Außerdem sah man ihn als Moderator in zahlreichen anderen Sendungen des ZDF. Für den Hörfunk und das deutschsprachige Fernsehen von RTL macht Rainer Holbe die Moderation und Redaktion der Reihe »Unglaubliche Geschichten«, die jetzt in Buchform vorliegt.

Die anderen Autoren, die zu diesem Band beigetragen haben, werden auf den Seiten 309–312 aufgeführt.

Originalausgabe

Umschlaggestaltung Adolf Bachmann, Reischach
Umschlagfoto Barbara Gordon / L'amut, New York
Satz Compusatz, München
Druck und Bindung Ebner Ulm
Printed in Germany 5 4 3 2 1
ISBN 3-426-01349-5

Knaur LeseFestival – Unglaubliche Geschichten

Herausgegeben von Rainer Holbe

RTL EDITION

Knaur

ISBN 3-426-01349-5 600

Inhalt

Die wahren Abenteuer sind im Kopf.
André Heller
Poet

Die schwarze Hand – oder ein Vorwort

Ein Abend in Pulheim. Der Mann ist gerade zur Nachtschicht gegangen, Frau Monika mit der jüngsten Tochter allein zu Hause. Die beiden spülen das Geschirr des Tages und hängen das dafür benutzte Tuch zum Trocknen auf einen Küchenstuhl.

Monika B.: »Am nächsten Morgen sahen wir auf dem weißen Tuch den Abdruck einer schwarzen Hand. Alle fünf Finger waren zu sehen und der Ballen. Die Finger waren gespreizt!«

»Natürlich legten wir alle unsere Hände auf dieses Bild. Aber keine ›paßte‹. Auch mein Mann schien es nicht gewesen zu sein, denn er war ziemlich fassungslos, als er davon hörte«, erzählt Frau B.

Die fünfzehn Jahre alte Tochter der Familie, die in den letzten Wochen bei Verwandten übernachtet hatte, hört sich die Geschichte ruhig an, läßt sich das Tuch zeigen und legt ihre Hand auf das schwarze Abbild: die Hände sind identisch.

Keiner aus der Familie kann sich daran erinnern, daß die älteste Tochter das Geschirrtuch in letzter Zeit angefaßt hat.

Die Sache bleibt mysteriös, weil die Hausfrau auch

noch Schwierigkeiten hat, die geheimnisvolle Hand aus dem Tuch herauszuwaschen. Mehrere Male kommt es in die Maschine, bis der Abdruck langsam verblaßt.

Das Ereignis wäre wohl vergessen worden, wenn die Familie nicht ein paar Monate später eine Tragödie erlebt hätte. Im Dezember starb die älteste Tochter an Krebs. Erste Anzeichen der Krankheit waren aufgetaucht, nachdem die schwarze Hand für Unruhe in der Familie gesorgt hatte. Erklärungen dafür gibt es nicht; es gibt nur die Schilderung von Monika B. in einem Brief an mich und ein ausführliches Telefoninterview darüber in meiner RTL-Sendung »Unglaubliche Geschichten«. Die Serie läuft seit 1982 mit großer Resonanz sowohl im Hörfunk- wie auch im später gestarteten Fernsehprogramm von »Radio Luxemburg«. Es ist die einzige Sendung in deutscher Sprache, die sich regelmäßig mit sogenannten grenzwissenschaftlichen Phänomenen beschäftigt, die man in unserer fortschrittsgläubigen Zeit noch vor Jahren mit Hokuspokus, Aberglauben oder Altweibergeschwätz abgetan hätte. Inzwischen ist die westliche Welt an den Grenzen technischer Möglichkeiten angekommen: bedroht von sozialen und ökologischen Krisen, die Angst vor dem globalen Holocaust im Nacken, beginnen wir uns alter Werte und verborgener Botschaften zu erinnern. Die Bereitschaft, von anderen Kulturen und ihren Erfahrungen zu lernen und damit unser eigenes Leben sinnvoll zu bereichern, ist deutlich gewachsen.

Wir fühlen das Sterben des Waldes und damit unser eigenes Ende. Viele junge Menschen haben wieder gelernt, mit Bäumen zu sprechen, auf das Flüstern des Windes zu hören und die Erde wie die alten Griechen als »Gaia«, als Mutter, zu akzeptieren.

Jedes einzelne Leben ist viel bedeutungsvoller, als wir

das bisher geglaubt haben. Die Welt ist nicht nur faßbar, sie ist auch erfahrbar. Zu unseren fünf realen Sinnen gesellt sich ein sechster Sinn, eine innere Stimme, der wir getrost folgen können.
In meinen Sendungen berichte ich von Spukfällen, merkwürdigen Ereignissen im Grenzbereich unserer Psyche. Zusammen mit Experten ermuntere ich aber auch dazu, die wunderbare Welt unserer Träume näher zu erforschen, unser Bewußtsein einzusetzen für positive Gedanken, die sich ausbreiten können in unserer Gesellschaft wie Wellen auf einem See.
Viele Menschen schildern mir Erlebnisse aus dem übersinnlichen Bereich unseres Daseins. Die meisten Briefe beginnen mit dem Satz: »Ihnen kann ich es ja schreiben. Wenn ich meine Erfahrungen anderen erzähle, werde ich ausgelacht...«
Begegnungen mit anderen Daseinsebenen sind so alt wie die Menschheit. Sie gehören zu unserem Erbe. Die hier geschilderten Phänomene stehen nicht im Widerspruch zur Natur, sondern nur zu dem, was wir von der Natur wissen.
Für dieses Buch habe ich etwa hundert prominenten Zeitgenossen die Frage gestellt: Hatten Sie schon ein übersinnliches Erlebnis:
Die Antworten kamen zögernd. Für einige gehören diese Erfahrungen in die religiöse Intimsphäre, manche fürchten, sich lächerlich zu machen mit natürlich-übernatürlichen Bekenntnissen.
Wir Menschen sind gerade dabei, den Nachlaß unserer Vorfahren neu zu entdecken. Das geheime Wissen von gestern, verknüpft mit den wissenschaftlichen Resultaten unserer Physiker und Biologen, ist die Wissenschaft von morgen.
Der Mensch ist für den Kosmos wichtiger, als er selbst

anzunehmen bereit ist. Yoga und Naturheilkunde können zum großen Teil Pillen und Pasten ersetzen, die Aktivierung unserer eigenen, selbstheilenden Kräfte den Weg ins Krankenhaus. Mit den Techniken fernöstlicher Mystiker haben sich längst moderne Psychotherapeuten vertraut gemacht. Es gibt Fotos von unserer Aura, jenem unzerstörbaren Körper, der den physischen Leib überdauern soll.

Dank dem Einsatz komplizierter medizinischer Apparate werden immer mehr bereits klinisch tote Menschen ins Leben zurückgeholt. Sie erzählen von wunderbaren Erlebnissen im Grenzbereich des Sterbens, so daß sich die Beweise häufen, daß mit dem Tod das Leben nicht zu Ende ist. Alles, was geschieht, ist eine Botschaft für uns und nicht gegen uns.

Die Hetze des Alltags, die laute Zeit, in der wir leben, verdrängt oft die Bilder, die aus den Tiefen unserer Seele heraufsteigen.

Deshalb legen Sie dieses Buch für einen Moment zur Seite, atmen Sie tief und ruhig, schließen Sie die Augen und entspannen Sie sich. Und wenn Sie in sich hinein horchen, dann werden Sie auf Abenteuer stoßen, tief vergraben in Ihrem Unbewußten, die sich auf wunderbare Weise in Ihrem Kopf abspielen.

Luxemburg, im Herbst 1985 Rainer Holbe

Eines Tages werden wir alle mit einem nachsichtigen Lächeln auf unsere Zweifel und törichten Vorstellungen zurückblicken, die uns so oft in unserem Erdenleben bekümmerten.
Friedrich Jürgenson
Maler

Tote auf Tonband

Gibt es Beweise für ein Überleben?

Für die Aachener Hausfrau Elisabeth K. war es schon Gewohnheit: Jeden Abend, oft bis spät in die Nacht, sprach sie mit Toten. Sie benutzte dazu einen einfachen Kassettenrekorder, formulierte ihre Fragen und wartete gespannt auf die Antworten. Oft war ihr Kontakt mit dem Jenseits so heftig, daß sich Nachbarn in ihrer Ruhe gestört fühlten. Sie beklagten sich beim Hauswirt und der schickte nach ein paar Monaten die Kündigung. Der Fall kam vor Gericht und damit auch in die Zeitung.
Ungläubig las ich die Geschichte. Das kann doch alles nicht wahr sein, meinte ich. Aber eine Story war es allemal. Also vereinbarte ich mit Elisabeth K. ein Telefoninterview für Radio Luxemburg. Und selbstbewußt erklärte die Dame am anderen Ende der Leitung, sie könne mit jedem Toten über Tonband Kontakt aufnehmen. Ob sie denn dies auch in einem Rundfunkstudio könne und ob sie sich es auch gefallen ließe, daß Techniker ihr dabei auf die Finger schauen würden? Elisabeth K. hatte keine Zweifel. Sie sagte zu.
Natürlich waren wir alle skeptisch: Gestandenen Jour-

nalisten kann man die Märchen vom Jenseits nicht erzählen. Sie sind zu sehr mit dem Diesseits und seinen großen und kleinen Sensationen beschäftigt, daß ihnen der Sinn nicht nach übersinnlichem Geplauder steht. Die Aachenerin Elisabeth K., Anfang Vierzig und entfernt mit der fülligen Elisabeth Taylor vergleichbar, kam im Mercedes. Begleitet von Sohn und Ehemann machte sie einen durchaus bürgerlichen Eindruck. An diesem Tag ist die Sängerin Margot Werner gerade bei RTL. Sie hat ein Faible fürs Okkulte, besucht auch hin und wieder eine Wahrsagerin. Natürlich ist sie brennend daran interessiert, Stimmen aus dem Jenseits zu hören. Elisabeth K. baut ihren Kassettenrekorder auf, ein kleines, handliches Gerät ohne technischen Schnickschnack. Die RTL-Techniker können nirgendwo Manipulationen entdecken. Wir steuern eine fabrikneue, noch versiegelte Kassette bei. Elisabeth K. spricht leise ins Mikrofon, ruft die verstorbene Mutter von Margot Werner. »Margarethe Werner, hier ist deine Tochter Margot. Antworte mir: wann bist du gestorben, in welcher Stadt bist du begraben? Welche Krankheit hattest du?« Die Aachenerin läßt die Kassette zurücklaufen. Beim Abhören ist ihre Stimme zu hören und in den Pausen seltsame, entrückte Geräusche, als Wortfetzen zu deuten. Wir können nichts verstehen, aber Frau K. scheint besser zu hören. »Ihre Mutter starb an Krebs, es begann im Unterleib. Sie ist in einer Stadt begraben, deren zweite Silbe »Burg« lautet!« Margot Werner ist seltsam berührt. Die Aussagen stimmen, auch der Ort, in dem ihre Mutter beerdigt ist: Salzburg. Woher konnte Frau K. das wissen? Auch Show-Manager Joe Geistler aus Hamburg ist verwirrt. Er versucht Kontakt zu seiner toten Mutter aufzunehmen. Auf dem Band hören wir nur ein Hauchen, merkwürdige Kratzgeräusche.

Aber Frau K. sagt: »Ihre Mutter starb durch einen Unfall. Sie ist angefahren worden, ohne ihre Schuld. Ich höre deutlich das Wort ›Schande‹! « Als RTL-Techniker Michél B. darum bittet, seinen jung verstorbenen Bruder anzusprechen, ist auch er verblüfft. Korrekt nennt Elisabeth K. den Herbst als Zeit des Todes und die Beine, an denen die unheilvolle Krankheit begann. »Fragen Sie meinen Bruder, ob er weiß, welche Krankheit ich gerade habe! « Frau K. nennt ohne lange zu zögern die Organe, die Michél momentan plagen.
Die Stimmen aus dem Recorder sprechen nicht wie lebende Menschen. Manchmal ist es ein Flüstern, ein Rauschen. Manchmal herrscht auch totale Stille. Es gibt Fragen, die ohne Antwort bleiben. Nach drei Stunden versucht unser Gast im Studio einen Kontakt zu meinem Vater herzustellen, der im gleichen Frühjahr in meinem Haus in Luxemburg plötzlich verstorben war. Es ist schon merkwürdig, aus dem Mund einer Fremden so intime Einzelheiten zu erfahren. Frau K. nennt korrekt die Ursache seines Todes, die Sterbezeit, und sie erfährt auch auf seltsame Weise, daß ein Tier damals in seiner Nähe gewesen ist: unser Bernhardiner »Josef«. Dann hört sie das Wort »Reise« und wir alle, die gebannt um den Kassettenrekorder sitzen, meinen Windgeräusche zu vernehmen. Auch darauf läßt sich ein Reim finden: Mein Vater war ja zu Besuch bei mir, also auf einer Reise. Und in der Nacht seines Todes herrschte ein außergewöhnlich starker Sturm. An diesem Abend studiere ich die entsprechende Lektüre. In seinem Buch »Unheimliche Wirklichkeiten« beschreibt Prof. Hans Bender das Phänomen der Tonbandstimmen ausführlich. Er nennt es den »Jürgensson-Effekt«, benannt nach dem Schweden Friedrich Jürgensson, der Stimmen aus einer anderen Dimension auf Tonband

aufzeichnet. Er hat diese Forschungen zu seinem Lebenswerk gemacht und ist im Moment dabei, ähnliche Versuche mit Video-Bändern zu starten. »So wie sich unsere toten Freunde auf Tonband mit ihren Stimmen manifestieren, so müßte es ihnen auch gelingen, sich sichtbar zu machen«, sagt er. Inzwischen gibt es allein in der Bundesrepublik viele tausend Menschen, die mit Kassettenrekordern, Tonbandgeräten und von ihnen weiterentwickelten technischen Geräten versuchen, Kontakt zu einer anderen Lebensdimension aufzunehmen: der Existenz des Menschen nach seinem körperlichen Tod. Allein die Mitglieder zweier eingetragener Vereine, des »Vereins für Tonbandstimmenforschung« in Düsseldorf und die »Forschungsgemeinschaft für Tonbandstimmen« in Mönchengladbach, veranstalten regelmäßig Treffen, präsentierten ihre Erkenntnisse in Volkshochschulen und Seminaren. Für alle diese Menschen ist das Überleben nach dem Tode keine Glaubensfrage. Sie wissen, daß es weitergeht: daß die individuelle Persönlichkeit des Menschen weiter in einer Art Parallelwelt existiert, zwar im »Jenseits«, aber noch lange nicht im »Himmel«, oder was immer wir alle als erstrebenswertes »Endziel« auserkoren haben. Natürlich kann ich an dieser Stelle solche Phänomene nur kurz umreißen. Es gibt inzwischen eine Menge guter Bücher allein über das »Tonbandstimmenphänomen«. Fidelio Köberle, einer der Pioniere dieser Forschungsarbeit, kommt auf Seite 199 in dem Beitrag »Stimmen aus dem Jenseits« ausführlich zu Wort.

Wir alle wissen: Einmal müssen wir hinüber – und jeder von uns hat, ob er es will oder nicht, schon Paß und Visum für diese Reise in seiner Tasche.
Gertrud Fussenegger
Schriftstellerin

Brücke zur anderen Welt

Sturm auf einen Rundfunksender

Die Experimente mit der Hausfrau Elisabeth K. waren kaum im deutschen Programm von Radio Luxemburg ausgestrahlt, da mußten die Telefonisten Überstunden einlegen. Noch niemals in der Geschichte des Senders hatte eine Aktion eine solche Reaktion. Die Menschen äußerten sich beglückt über die Tatsache, endlich einen Beweis für eine nachtodliche Existenz zu besitzen. Viele beschimpften mich und die Redakteure als Scharlatane und beklagten sich über die Verdummung des Publikums. Zeitungen griffen das Thema auf und skeptische Hörer versuchten selbst, mit Kassettenrecorder und Tonband auf »Stimmenfang« zu gehen. Auf meinem Schreibtisch häuften sich Kassetten mit merkwürdigen Botschaften. Der damalige RTL-Programmdirektor Frank Elstner reagierte schnell: »Hier scheint ein Bedürfnis vorzuliegen. Wir sollten daraus eine Serie machen!«

Natürlich wollten wir nicht nur über das »Jenseits« und mögliche »Jenseits-Kontakte« berichten, sondern über all die »Dinge zwischen Himmel und Erde, von denen uns unsere Schulweisheit nicht träumen läßt«. Die Idee

zu den »Unglaublichen Geschichten« wurde geboren, einer Sendereihe, die zu den erfolgreichsten Ausstrahlungen im Hörfunk und auch im Fernsehen von RTL geworden ist.
Elisabeth K. war anfangs regelmäßiger Gast im Studio. Menschen riefen an und baten um direkten Kontakt zu verstorbenen Angehörigen: eine Rundfunkstation wurde Brücke zu einer anderen Welt. Frau K. wurde immer wieder darauf angesprochen, wie das Ganze denn nun funktioniere. Sie antwortete:
»Das Bewußtsein der Menschen bleibt erhalten. Die Seele, der Astralleib, sein ›Ich‹ befinden sich in einer für uns nicht wahrnehmbaren Dimension. In dieses ›Reich der Schatten‹ aber können wir mit unseren Gedanken eindringen. Und die Antworten der Toten werden in elektromagnetische Schwingungen versetzt, die von einem Tonband registriert werden!«
Dies alles ist freilich eine mögliche Deutung, eine von vielen und bestimmt nicht exakt die richtige.
Hier nun einige Beispiele aus unseren Höreraktionen: Eleonore D. aus Gondorf hat Fragen an ihren verstorbenen Sohn Uwe, Lilli R. möchte Näheres wissen über ihren toten Mann Hans.
Elisabeth K. zieht sich in einen anderen Raum zurück, begleitet von einem RTL-Redakteur und einer Sekretärin. Nach einer halben Stunde sitzt sie wieder vor dem Mikrofon, die beiden Hörerinnen sind am Telefon.
»Bei Hans R. habe ich eine Antwort erhalten!« Sie läßt die Kassette laufen. Ganz deutlich ist das Wort »negativ« zu hören.
»Eine Verbindung ist nicht möglich«, bedauert Frau K. Wie aber kam dieses Wort auf das fabrikneue Band? Wir haben keine Erklärung. Dafür ist die Antwort für die erste Hörerin aufschlußreicher. »Ich höre deutlich

die Stimme eines Kindes. Ihr Sohn war noch sehr jung, als er verunglückte. Mit einem Fahrrad. Und auf dem Friedhof liegt er vom Eingang aus gesehen links in der vierten Reihe!«

Frau D. weint am Telefon. Alles stimmt.

Auch die Sekretärin Cilly L. war mit den Auskünften der Frau K. zufrieden. Sie hörte das gehauchte Wort »heiß« auf dem Tonband. Cillys Schwester hatte sich als Kleinkind tödlich verbrüht.

Frau M. aus Köln will wissen, welches Zeichen ihr verstorbener Mann ihr immer wieder schicke. Die Antwort kommt, schnell und abgehackt: »Gelbe Blumen.«

Frau M. ist verblüfft. Es stimmt. Auf dem Grab ihres Mannes blühen gelbe Primeln, zu jeder Jahreszeit und sogar unter einer Schneedecke.

Wunschdenken, Wirklichkeit?

Inzwischen beschäftigen sich Physiker mit diesem Phänomen: Prof. Burkhard Heim und Professor Dr. Ernst Senkowski aus Mainz. Sie nehmen Stellung in der Sendung. Der Sachbuchautor Johannes von Buttlar sagt: »Entweder antworten hier wirklich Stimmen aus dem Jenseits oder wir haben es mit einem anämistischen Problem zu tun. In diesem Fall würden sich unsere eigenen Gedanken, unser Unterbewußtsein, auf Tonband manifestieren!«

Viele Menschen haben diese Tonbandstimmenversuche schon getröstet. Mütter hören da plötzlich wieder ihre toten Kinder.

Eine paranormale Stimme, die von der Kölnerin R. eingespielt worden ist, strahlen wir über den Sender aus. Deutlich spricht ein kleines Mädchen ihre Mutter an: »Mami, Milli, Mami, Mami!«

Als in einer Volkshochschulveranstaltung der Elektroakustiker Hans-Otto König seinen technisch erweiterten Stimmengenerator präsentiert und drei Frauen ihre verunglückten Söhne rufen, hören Hunderte im Saal ganz deutlich eine Reaktion: »Stefan, Frank, Wolfgang, alle hier!« Es waren die Namen der Toten. König hatte vorher nie etwas von ihnen gewußt.

Zeitgenossen, die von diesem Phänomen nie etwas gehört haben, reagieren nicht nur ungläubig, sondern oft auch aggressiv auf solche Veröffentlichungen. Ihr festgefügtes Weltbild, daß mit dem Tod absolut alles zu Ende sein muß, gerät durcheinander. Die Menschen unseres technischen Jahrhunderts, ohnehin nicht bereit, sich bei Lebzeiten mit dem Sterben zu beschäftigen, bekommen hier einen möglichen *technischen* Beweis für ein Fortleben.

Deutlich sind immer wieder Botschaften zu hören wie »Der Tod ist nicht endgültig« oder »Wir leben«. Doch diese Aussagen, die den Tod erträglich und dem Leben die Angst vor dem Ende nehmen könnten, werden selten akzeptiert.

Für mich ist das Leben nach dem Sterben keine Sache des Glaubens, sondern des Wissens.
Elisabeth Kübler-Ross,
Ärztin

Sensation im Fernsehstudio

Ein Experiment vor den Kameras

Natürlich haben sich seit der Entdeckung den Tonbandstimmenphänomens vor mehr als dreißig Jahren zahlreiche Experimentatoren bemüht, die Lautstärke der Stimmen zu verbessern, ihre Verständlichkeit und auch die Dauer ihrer Durchgaben. Wunschtraum von parapsychologisch interessierten Technikern ist eine Dialogschaltung, eine Art »Telefonkontakt« zur anderen Dimension.

Der Amerikaner George W. Meek behauptet, mit einem von ihm und jenseitigen Gesprächspartnern inspirierten Gerät namens »Spiricom« einen ziemlich umfangreichen Dialog mit anderen Daseinsebenen zu führen: so mit einem in früheren Jahrhunderten verstorbenen irischen Farmer und mit einem Wissenschaftler namens Dr. Mueller, der sogar technische Hinweise für eine Verbesserung der Kommunikation gegeben haben soll. Meek glaubt aufgrund seiner jahrelangen Kontakte zur »anderen Seite«, eine genaue Kenntnis jener für uns fremden Daseinsformen zu haben.

So habe der Mensch mehrere Seinsebenen zu durchlaufen, von denen die irdische, an einen physischen Körper gebundene, die unterste Stufe sei. Je nach seiner

geistigen Entwicklung bei seinem Tode habe die Persönlichkeit des Menschen die Möglichkeit, in niedere, mittlere oder höchste Astralebenen vorzustoßen, von denen aus eine Wiedergeburt möglich sei. Ab der sechsten Ebene beginne das, was in den Weltreligionen als »der Himmel« oder »die ewige Glückseligkeit« bezeichnet werde. Endphase ist das Nirvana, eine totale Verschmelzung mit dem Universum und ein Bewußtseinszustand, für dessen Beschreibung Worte nicht ausreichen und menschliche Gehirne nicht in der Lage wären, ihn zu begreifen.
Meek ist kein Spinner oder religiöser Fanatiker.
Im Gespräch zeigt er sich als ein Mann, der keine Angst mehr hat vor dem Tod. Diesem Phänomen begegne ich oft in meinen Sendungen: die Leute, die ich befrage, sind von der menschlichen Ur-Angst befreit. Sie wissen um ein Weiterleben und gestalten ihre momentane Existenz heiter, fröhlich und gelassen.
Hans Otto König, der Elektroniker aus Mönchengladbach, versucht auf die verschiedenste Weise, seine Kontakte zu »den Freunden im Jenseits« zu verbessern: mit einem sogenannten »Stimmengenerator«, mit einer Funkbrücke aus Ultraschall oder Infrarot, eine Art »Spielmaterial«, das die »Jenseitigen« für ihre Zwecke ummodulieren.
Im Fernsehstudio von »RTL Plus« herrscht gespannte Erwartung. König hat seine Geräte aufgebaut: eine Tonbandapparatur, einen Infrarotsender und -empfänger. Toningenieure verfolgen jeden seiner Handgriffe. Kann nicht doch irgendwo ein Modul versteckt sein, ein Trick, mit dem wir getäuscht werden sollen? Uns liegt ein technisches Gutachten vor, daß die mit dieser Apparatur erzeugten Stimmen mit neunzigprozentiger Sicherheit paranormalen Ursprungs sind. König gibt dar-

über hinaus eine eidesstattliche Erklärung ab, daß hier nicht getrickst wird. Die Schriftstellerin Hildegard Schäfer versichert mir: »Ich arbeite mit Herrn König ein Jahr zusammen und dies ist eine Freude, weil man es hier mit einem lauteren, ehrlichen und idealistischen Menschen zu tun hat, dem es einzig und allein um die Forschung geht!«

Wir sind wohl die einzige Fernsehstation der Welt, die ein solches Live-Experiment ausstrahlt: der Versuch, Kontakt mit verstorbenen Menschen aufzunehmen.

Der Beweis für ein Leben nach dem Tod, er wäre vergleichbar mit jenem Augenblick, als unsere humanoiden Vorfahren vor Millionen Jahren das erste Wort formten und damit zur Sprache fanden, die uns von anderen Lebewesen unterscheidet.

König ist nervös, aber seine ruhige Stimme vibriert kaum. »Liebe Freunde, ich rufe Euch, gebt uns ein Zeichen, daß Ihr da seid!«

König wiederholt diesen Satz oft. Die Kameras schwenken über die Geräte, zeigen den Oszillographen, der Akustisches in Optisches umsetzt.

Da, plötzlich eine ziemlich laute Stimme: »Tote rufen für Kontakt!« Nach ein paar Minuten des Schweigens: »Wir grüßen Hans Otto König.«

Millionen Fernsehzuschauer können es hören. Später werden diese Ergebnisse auch im Hörfunk ausgestrahlt. Die Sendung dauert siebzig Minuten, die eingespielten Sätze werden mehrmals vom Tonband wiederholt.

»Leben über Tonbandkontakt« sagt eine männliche Stimme. Und »Tote rufen über Infrarot«.

Meine Bitte, einen verstorbenen Kollegen und guten Freund zu sprechen, wird nicht erfüllt. Die Reaktion: »Wir holen und sagen Bescheid!« ist deutlich zu verste-

hen. Aber der Kollege, früh verstorben und an okkulten Dingen besonders interessiert, meldet sich nicht.
Niemals ist in den bei diesem Experiment gut hörbaren Sätzen von Engeln die Rede, von paradiesischen Zuständen, von Harfenklang oder Manna-Schmaus. Keine Rede auch von religiösen Begriffen.
Der Kirchenhistoriker Dr. Franz Susmann hat den Vatikan über das Phänomen der Tonbandstimmen informiert. In einer Privataudienz konnte er auch mit Papst Johannes Paul II. darüber sprechen. Im Kirchenstaat weiß man von diesem Phänomen, wird es untersuchen.
»Das Jenseits ist doch noch lange nicht der Himmel, von dem wir alle träumen«, sagt in der gleichen RTL-TV-Sendung Lise Caron vom »Spiritual Center« in Los Angeles. »Das Jenseits ist mitten unter uns, nur auf einer anderen Schwingungsebene!«
Wenn wir ein Transistorradio, aus dem eben noch flotte Musik ertönt, mit einem Hammer zerschlagen, vernichten wir damit nicht die Musik. Sie bleibt als Schwingung, als Energie erhalten. Wir haben uns nur des Instrumentes beraubt, diese Musik zu hören.
»Warum muß es nur Dinge geben, die wir anfassen können?« fragte mich meine kleine Tochter Miriam nach einer Sendung über das »Tonbandstimmenphänomen«. »Rundfunk- und Fernsehwellen spüren wir ja auch nicht, und trotzdem sind sie um uns herum. Erst wenn wir einen Apparat zu ihrem Empfang haben, werden sie für uns Wirklichkeit!« sagte sie.
Das Kind hat recht. Und ich stimme ihm ebenfalls zu, wenn es von den Sternen erzählt, die auch an einem strahlenden Nachmittag am Himmel stehen und deren Existenz niemand leugnet. Wir können sie nur nicht sehen, weil die Sonne so hell scheint.
Nach vielen Gesprächen mit forschenden, philosophie-

renden und wissenden Zeitgenossen bin ich davon überzeugt, daß unser Bewußtsein weiter existieren wird, wenn es sich von unserem Körper gelöst hat. Der Amerikaner Ian Currie hat es einmal so formuliert: »Wir sind die zweitausendste Menschengeneration, die von der grundlegendsten aller Fragen heimgesucht wird, die sich der Mensch stellen kann. Warum bin ich hier? Was wird aus mir? Doch wir werden die letzte Generation sein, die auf diese Fragen keine Antwort hat!«

Das Westerwälder Tischchen

Wenn der Motor glüht...

Zu allen Zeiten haben Menschen versucht, das Geheimnis des Todes zu entschlüsseln. Über Medien versuchten sie den Kontakt zu anderen Seinsebenen. Ägyptische Priesterschüler lernten, aus ihrem Körper auszutreten und Astralreisen zu unternehmen. Heutige Parapsychologen bestätigen die Möglichkeit solcher Verfahren.
Das Tonbandgerät als Beweis für ein Leben nach dem Leben dürfte in dieser Kette sicherlich nicht das letzte Glied sein.
Überheblich reagieren wir heute auf die Berichte von spiritistischen Sitzungen, von Geistererscheinungen und Spukfällen. Die Kulte der Germanen und Kelten, so sagen wir, waren nichts anderes als Hokuspokus und Aberglauben. Wie aber läßt sich die Tatsache erklären, daß immer mehr Zeitgenossen Zuflucht suchen in den naturphilosophischen Weisheiten ferner Völker?
Eines Nachmittags rief mich in meinem Redaktionsbüro ein Mann an, der von mir wissen wollte, ob ich vor etwa zehn Tagen mit einer blonden Dame in Frankfurt gewesen sei und dabei mehrere prominente Schriftsteller getroffen habe. Es stimmte. Ich war mit meiner Kollegin Helga Guitton auf der »Buchmesse«. Es war kein Geheimnis und ich fragte den Mann, woher er das wisse.
»Ich habe die Botschaft von meinem schreibenden Tischchen«, sagte der Mann. »Mit ihm halte ich Kon-

takt zum Jenseits. Und so habe ich von Ihrer Reise erfahren!«

Natürlich war ich skeptisch. Seit ich mich mit »Unglaublichen Geschichten« beschäftige, habe ich es oft mit Menschen zu tun, die sich ihre eigene Wirklichkeit schaffen und darin gut leben. Ihre Wahrheiten sind subjektiv, ihre Erlebnisse nur in ihrem Kopf. Auch Scharlatane und Schwindler machen sich bemerkbar: Wunderheiler und Wahrsager, Hellseher und Pendler.

Doch gemach: auch hier zeigen sich erstaunliche Phänomene, wunderbare und rätselvolle Geschehnisse. Nur gibt es halt immer wieder Menschen, die sich das Okkulte, das Geheimnisvolle, zur Quelle leichten Geldverdienens erküren. Hier aufklärend einzugreifen, Scharlatane von sensitiven Menschen zu unterscheiden, Aberglaube von tatsächlich Übersinnlichem zu trennen, ist auch eine Aufgabe dieser Sendereihe.

Zurück zum »schreibenden Tischchen«: Es ist als »Westerwälder Tischchen« oder als »writing board« in der einschlägigen Literatur bekannt. Im Westerwald, so sagen dort die Leute, benutzen Bauern das Tischchen, um sich das Wetter vorhersagen zu lassen und Kinder, um die Noten in der Mathematikarbeit vorher zu erfahren.

Das »Westerwälder Tischchen« ist zwischen Limburg und Montabaur ein Gebrauchsgegenstand.

Ich fuhr also los. Kurz bevor ich von der Autobahn auf die Landstraße abbiegen sollte, blieb mein Wagen plötzlich stehen. Der Motor lief, aber er lieferte nicht mehr genug Schub. Gott sei Dank war die nächste Raststätte nur fünfhundert Meter weit weg. Der Tankwart dort telefonierte nach dem Abschleppdienst.

Kurze Zeit später wurde das Auto auf die Ladefläche eines Lastwagens gezogen und ab ging's zur nächsten

Reparaturwerkstatt. Monteure beugten sich über den Motor, drehten an Schrauben und Ventilen. Dann setzte sich einer ans Steuer, bewegte den Zündschlüssel, fuhr zum Garagenhof hinaus. Nach fünf Minuten kam er wieder. Das Auto war in Ordnung, niemand hatte einen Fehler gefunden.

Ich fuhr in das kleine Dorf zu Norbert V. Er lebt mit seinem Freund in einem Reihenhaus, arbeitet als Kellner in einem Nachtclub, umgibt sich mit Katzen und ist außerordentlich interessiert an Parapsychologie.

Seit langem schon beschäftigt sich Norbert V. mit den »Tonbandstimmen« und jenem kleinen Tisch, der in der Gegend dort oben schon zum Hausrat gehört. Ein Sperrholztischchen mit einer runden Platte, zirka dreißig Zentimeter im Durchmesser. Der Tisch hat zwei Beine, das dritte Bein ist durch einen Bleistift ersetzt.

Norbert V. legt die Hände auf die Tischplatte. Darunter hat er die weiße Seite einer Tapetenrolle gelegt: Material für die Botschaften aus dem Jenseits.

Langsam beginnt der Tisch zu rucken, zieht wirre Kreise auf dem Papier. Norbert fragt: »Wer führt mich denn da?« Und der Tisch schreibt: »Curd!«

Nun, bis hierher bin ich überhaupt nicht verblüfft, eher ein bißchen verärgert, daß ich die lange Fahrt an einem Wochenende angetreten habe, um Zeuge eines Schwindels zu sein. Norbert behauptet, daß jenseitige Kräfte über sein eigenes Unterbewußtsein auf den Tisch einwirken. So habe er bereits feste Gesprächspartner in der jenseitigen Ebene, die ihn auch manchmal in Alltagsdingen beraten würden.

Ich werde langsam ungeduldig. Diese einfältigen Worte auf dem Papier da könnte sich jeder zusammenreimen, und je mehr Phantasie einer hat, desto blumiger würden wohl die Ergebnisse sein. Plötzlich schießt das

Tischchen genau auf mich zu:« »GefahrgelbesAutobei-Asbach« lese ich da; in einem Satz und ohne Trennung geschrieben.
Nun, ich habe ein gelbes Auto und ich muß heute noch nach Köln. Eine Autobahnausfahrt auf der Strecke trägt den Namen Asbach. Ich bin irritiert, führe aber dann doch noch ein Interview mit Norbert V., in dem er mir seine Jenseitskontakte genau beschreibt, sein Wissen um Wiedergeburt und Karma. Einen Satz weiß ich noch wie heute: »Kulenkampff ist die Wiedergeburt von Goethe. Ich habe darüber ganz genaue Informationen!«
Deshalb also, meine ich lächelnd, ist dieser Mann auch ein Genie der Fernsehunterhaltung geworden.
Es regnet, Nebel zieht herauf. November. Ich fahre über die schmalen Landstraßen des Westerwaldes zur Autobahn. Natürlich wird man beeinflußt, wenn es irgendwo heißt: »Gefahr! Gelbes Auto!«
Mein Auto ist so gelb wie ein Kanarienvogel und ich fahre langsam an diesem Abend. Da! Die Scheinwerfer weisen auf die Abfahrt »Asbach«. Ich habe es befürchtet. Der Wagen bleibt stehen, genau wie am Vormittag. Ich schaue unter das Auto: der gesamte Auspuff vom Motor bis zum Heck glüht wie ein Stück Eisen über der Esse eines Schmieds.
Ich stehe auf dem Standstreifen, habe die Warnblinkanlage eingeschaltet. Nach einer halben Stunde lasse ich den Motor an. Er läuft. Unbeschadet komme ich in Köln an und telefoniere mit dem Werkstattmeister in Luxemburg.
»So etwas habe ich nie gehört«, sagt er. »Fahren Sie nicht schneller als fünfzig Stundenkilometer über die Eifel zurück. Dann werden wir das Fahrzeug genau untersuchen!« Am nächsten Tag halte ich mich an diesen Rat. Nur die letzten zwanzig Kilometer vor mei-

nem Haus drehe ich voll auf. Nichts geschieht. Auch in der Werkstatt ist kein Fehler zu finden.
Mein Freund und Mitarbeiter, der Freiburger Parapsychologe Elmar Gruber, meint zu meinem Erlebnis lächelnd: »Es gibt eine ganze Menge solcher Fälle. Meist streiken Autos, wenn Parapsychologen zu Spukfällen unterwegs sind. Vielleicht erzeugt das Unterbewußtsein eine negative Energie, die destruktiv auf Materie einwirkt?«
Einen ähnlichen Fall schildert mein Kollege Axel Fitzke auf Seite 138 in diesem Buch. Sein Erlebnis trägt die Überschrift »Nur eine Panne...«

Vaters Uhr

Eine Zeichnung aus dem Totenreich?

Die »Unglaublichen Geschichten«, die jeden Samstag im Hörfunk und jeden Sonntagabend im Fernsehprogramm von RTL ausgestrahlt werden, bieten viele Themen an: da geht es um Hellsehen und Gedankenübertragung, die Aktivierung positiver Kräfte im Menschen, das Lernen im Zustand der Trance, um Träume und aktuelle Rätsel dieser Welt, wie das Ungeheuer von Loch Ness oder die wandernden Steine im kalifornischen »Death Valley«. Wenn aber in regelmäßigen Abständen von Spiritismus, einem möglichen Weiterleben nach dem Tode oder gar über das Jenseits selbst die Rede ist, schnellen die Einschaltzahlen in die Höhe, kommt zustimmende und ablehnende Post, werde ich am Telefon gelobt und gescholten. So war es auch nach Ausstrahlung des Berichtes über das »Westerwälder Tischchen«. Viele hielten es für Humbug, übelsten Aberglauben und Betrug. Einige Hörer zogen entsprechende Literatur zu Rate und fanden darin viel über diese und ähnliche Experimente. Wieder andere sahen sich in ihren eigenen Versuchen bestätigt und es gibt auch die, die »es auch mal versuchen wollen«. In unserer Berichterstattung über jede Art von Spiritismus warnen Psychologen, Parapsychologen, Theologen und Physiker immer wieder vor eigenen Experimenten, wenn die Beteiligten nicht die psychische Reife für solches Tun besitzen. Labile Menschen geraten schnell in Zwänge, aus denen sie sich mit eigener Hilfe nicht befreien können.

So merkwürdig es auch klingen mag: sowohl die Versuche mit den »Tonbandstimmen«, wie auch das oft zitierte Glasrücken (eine Variante des »Westerwälder Tischchens«) und die Experimente mit dem schreibenden Tisch selbst, bringen zumindest erstaunliche Ergebnisse. Geduld und Ausdauer vorausgesetzt.
Für ein launiges Gesellschaftsspiel freilich eignet sich keiner dieser Versuche. Egal, welche Kräfte hier auch immer im Spiel sind, unkontrolliert angewendet bringen spiritistische Handlungen meist Angst und Unruhe über die Menschen.
So meldete sich eines Tages die 18jährige Karin Sch. am Telefon. Sie hatte mit gleichaltrigen Kolleginnen das »Westerwälder Tischchen« ausprobiert und Botschaften bekommen, die teils äußerst frivol, teils aber auch wüst und roh ausgefallen waren. So wurde sie aufgefordert, nicht mehr in die Kirche zu gehen. Und als Absender dieser Botschaften gab sich Satan höchstpersönlich zu erkennen.
Karin hatte darauf mit ihrem Pfarrer gesprochen und einen Theologen angeschrieben. Beide Männer rieten ihr vor weiteren Versuchen dringend ab und bezeichneten derartiges Tun als »Teufelswerk«.
Karin wollte in unserer Sendung die Hörer warnen, ähnliches zu versuchen. Natürlich bekam sie Gelegenheit dazu.
Elmar Gruber, ständiger Mitarbeiter der »Unglaublichen Geschichten«: »Ich für meinen Teil bezweifle die Existenz des Satans. Aber nehmen wir diese Gestalt einmal stellvertretend für das Böse in der Welt, so kann die Vorstellung, Satan selbst sei der Absender der Botschaften, zu psychischen Zwängen führen!«
Wahrscheinlich ist, daß das sogenannte »schlechte Gewissen« dieser jungen religiösen Menschen im Unterbe-

wußtsein gegen die Versuche rebellierte: und schon war »Satan« als Archetyp, als Ur-Bild, erschienen.
Die große Resonanz auf das »Westerwälder Tischchen«, das mit viel Temperament geäußerte »Für und Wider«, veranlaßte die Redaktion, mit dem Tischchen und seinen Experimentatoren einen Versuch live vor den Fernsehkameras zu wagen.
Eingeladen waren auch Hannelore und Klaus P., Ernie M. und Mady H., die eine andere Form von »Jenseitsbefragung« betrieben. Um ein umgestülptes Wasserglas legten sie sämtliche Buchstaben des Alphabets, die Zahlen von eins bis neun und Symbole für »Ja« und »Nein« kreisförmig aus. Sämtliche am Experiment beteiligten Personen legen ihren rechten Zeigefinger auf das Glas. Einer der Teilnehmer stellt die Fragen und nach kurzer Zeit setzt sich das Glas ziemlich schnell in Bewegung, huscht von einem Buchstaben zum anderen, so daß sich ganze Sätze bilden.
Römische Legionäre pflegten für diese Art Ahnenkontakte Tierknochen zu verwenden, aus deren Fall bestimmte Muster herausgelesen werden konnten. Griechen verwendeten Würfel und einen bestimmten Code, eine Methode, die heute von einer gewissen »Madame Aira« in München nachgeahmt wird. Die Sehnsucht der Menschen nach den letzten Wahrheiten ist so alt wie ihre eigene Geschichte.
Mit im Studio war auch jener Norbert V. mit seinem »Westerwälder Tischchen«.
Schon zu Beginn des Abendprogramms wurden die Gäste der »Unglaublichen Geschichten« präsentiert. Ich stellte ihnen drei Aufgaben:
»Bitten Sie doch Ihre jenseitigen Gesprächspartner, Ihnen bei der Lösung folgender Fragen zu helfen:

1. Ich trage in meiner Tasche einen Gegenstand, den mir mein Vater kurz vor seinem Tod geschenkt hat. Was ist das?

2. In einem Couvert habe ich ein Stück Pappe. Aus welcher Farbe besteht sie?

3. Während Sie draußen in der Garderobe experimentieren, werde ich hier aus dem Regal ein Buch nehmen. Finden Sie heraus, um welches Buch es sich handelt.«

Alle Teilnehmer an der Sendung wurden in getrennte Garderoben geführt, die sie zwei Stunden lang nicht verlassen durften. Während dieser Zeit wurde im »RTL Plus Programm« ein Spielfilm gezeigt, daran schloß sich eine Music-Show mit Daliah Lavi an, die ein paar Tage zuvor in diesen Studios produziert worden war.
Gegen 22 Uhr sollten dann die »Unglaublichen Geschichten« live mit den Ergebnissen der Spiritisten ausgestrahlt werden. Eine Stunde nach Beginn des Experiments besuchte ich sowohl die Gruppe der »Glasrükker« als auch den mit seinem Tischchen beschäftigten Norbert V. Man war allerseits mit einer solchen Konzentration bei der Arbeit, daß ich mich schnell wieder zurückzog.
Inzwischen wurden in den Redaktionen und im Atelier Wetten auf das Resultat des Experiments abgeschlossen. Pünktlich ertönte die Erkennungsmelodie der Sendung »Also sprach Zarathustra...«
Ich wiederholte noch einmal die Stunden zuvor gestellte Aufgabe und bat meine Gäste, mir die Lösung zu präsentieren, von der sie überzeugt schienen, daß sie aus einer jenseitigen Dimension stamme.

Beiden Gruppen war es nicht gelungen die Farbe herauszufinden. Ich hatte eine orangefarbene Karte eingesteckt, das Glas hatte »blau« buchstabiert. Das Tischchen hatte die Antwort verweigert.
Auch Buchtitel und Autor konnten nicht genannt werden. Ich hatte vorher wahllos ein Buch von Hans Blikkensdörfer aus dem Regal gezogen.
Dann gab es jedoch eine Überraschung. Die Gruppe mit dem buchstabierenden Glas hatte tatsächlich auf die Frage nach dem Gegenstand meines Vaters herausgefunden: »Neunzehntes Jahrhundert und Silber«. In der Tat hatte ich eine aus dieser Zeit stammende Taschenuhr bei mir.
Norbert V. war verzweifelt. Sein Tisch hatte keine einzige Antwort gegeben, sondern in großen, geschwungenen Buchstaben die Worte: »Shalom/Ich grüße Daliah/Rouwen soll aufpassen!« geschrieben; und zwar zu einer Zeit, als in unserem Programm die Music-Show mit Daliah Lavi ausgestrahlt worden ist. Norbert V. hat in seiner verschlossenen Garderobe nichts davon ahnen können. Auch hätte ihn ein Blick in das ausgedruckte Programm nicht weiter gebracht, da die Sendung kurzfristig eingeschoben worden und daher nicht vorher veröffentlicht war.
Ganz offensichtlich bestand hier eine mysteriöse Übereinstimmung. Norbert V. gab die verstorbene Mutter der israelischen Sängerin als mögliche Verfasserin dieser Botschaft an.
»Ihr Vater hat mir nicht geantwortet«, sagte Norbert traurig. »Statt dessen habe ich diese merkwürdige Zeichnung auf meinem Papier.«
Ich traute meinen Augen nicht. Auf der weißen Tapete war die Bleistiftskizze der Taschenuhr im Maßstab 1:1, sogar mit einer Kette, die einmal zu dieser Uhr gehört

hatte und im Laufe der Jahre verlorengegangen war. Ich legte die Uhr neben die Zeichnung: Gegenstand und Abbild waren identisch, ja ich erkannte sogar den Stil meines Vaters. Er war zu Lebzeiten Architekt und Baumeister und so den Umgang mit dem Zeichenstift gewöhnt. Er hatte also nicht – wie alle erwarteten – das Wort »Uhr« geschrieben, sondern den Gegenstand skizziert.
Als Norbert V. vor den Live-Kameras ein zweites Experiment wagte, kam es zu einer totalen Überraschung. Das Tischchen schrieb plötzlich: »Laßt mich in Ruhe, melde mich, wenn ich kann, Manfred.« (Der Name ist geändert. Der Verf.)
Ich bekam eine Gänsehaut. Manfred war ein kurz zuvor verstorbener Kollege, der in einem Anfall von Schwermut den Freitod gewählt hatte. Das Verblüffende an der Botschaft war freilich seine Unterschrift: Sie glich haargenau der, mit der er zu Lebzeiten seine Briefe unterschrieben hatte. Ich habe noch am gleichen Abend die von dem Tischchen geschriebene Nachricht mit einer Postkarte verglichen, die M. mir kurz vor seinem Tod geschickt hatte. Jeder Graphologe würde die Übereinstimmung der beiden Handschriften bestätigen. Sie befinden sich als merkwürdige Kuriosität noch heute in meinem Besitz.
Für Spiritisten ist nach diesen Demonstrationen im Fernsehstudio alles klar: Die Botschaften kommen aus dem Jenseits, die Toten leben! Sie sind nicht bereit, ihre Existenz durch Zirkusstückchen zu beweisen. Ergo gab es keine Antwort auf die Frage nach der Farbe oder dem Buchtitel.
Um aber die nachtodliche Daseinsebene doch noch zu rechtfertigen, kam es zu den Aussagen mit der Uhr, dem »Auftritt« der Israelitin und dem mysteriösen Satz des Kollegen M., den meine Gäste noch dahingehend deute-

ten, daß Selbstmörder in einer sie irritierenden Grauzone existieren, die sich ihnen erst langsam zum Licht hin öffne.

Elmar Gruber, der ständige Berater der Sendung, bemühte auch hier eine mögliche andere, diskutierbare Theorie. Vielleicht, so meinte er, sei es den Experimentatoren gelungen, das Unterbewußtsein der anwesenden Personen anzuzapfen. Schließlich hätte ich ja von meiner Taschenuhr gewußt und ein paar Techniker konzentriert die »Lavi-Sendung« beobachtet. Unbewußt könnten da über Gehirnströme Brücken geschlagen worden sein. Mysteriös blieb aber auch für Elmar Gruber der geschriebene Satz des toten Kollegen...

Was Menschen zu sehen bekommen an der Schwelle des Todes, ist ein unfaßbares Erlebnis. Wer das einmal erlebt hat, kann keine Angst mehr haben vor dem Tode. In dieser neuen Welt ist man umgeben von totaler, absolut bedingungsloser Liebe.
Elisabeth Kübler-Ross
Ärztin

Das schöne Sterben

Erlebnisse im Grenzbereich

Inzwischen gibt es über die in diesem Buch angedeuteten Phänomene eine umfangreiche und gut dokumentierte Literatur. Fast alle deutschen Taschenbuchreihen haben ein spezielles Ressort »Esoterik«, so daß ich auch in meinen Sendungen immer wieder auf weiterführende Schriften aufmerksam machen kann.
Erstaunlich, daß der Boom nach Berichten aus dem Zwischenbereich menschlichen Seins ausgerechnet von dem politischen Nachrichtenmagazin »Der Spiegel« am 20. Juni 1977 mit der Titelstory »Das schöne Sterben« ausgelöst wurde. Der damalige Chefreporter Hermann Schreiber hatte Berichte von Reanimierten zusammengetragen, also von Menschen, die klinisch bereits tot waren und durch die Kunst der Ärzte und moderner medizinischer Geräte ins Leben zurückgeholt wurden. Hermann Schreiber war bei RTL zum Interview, als ich in einer der »Unglaublichen Geschichten« über diese schon klassischen Fälle berichtete. Der Schweizer Diplom-Architekt Stefan von Jankovich erzählte von ei-

nem Unfall, bei dem er am 16. September 1964 bei Lugano lebensgefährlich verletzt wurde. Er war beim Aufprall seines Wagens durch die Windschutzscheibe geflogen und mit achtzehn Knochenbrüchen auf der Straße liegengeblieben. Als wenige Minuten später ein Arzt den Bewußtlosen erreichte, war bereits Herzstillstand eingetreten.
Jankovich später bei RTL: »Ich schwebte über der Unfallstelle und sah dort meinen leblosen Körper liegen. Ich fand es interessant, diese schreckliche Szene zu sehen, wie nach einem Unfall dort unten ein Mensch starb: ich selber. Ich war dabei überhaupt nicht aufgeregt, ganz ruhig, in einem himmlisch glücklichen Zustand!«
Der Architekt bekennt vor den RTL-Mikrofonen, daß er seit diesem Erlebnis keine Angst mehr habe vor dem Sterben.
Ähnliche Erfahrungen schildert in der Sendung auch die Malerin Ingrid Huber-Ring, die seit ihrer Jugend gleich mehrere Sterbeerlebnisse hatte. »Ich wurde von einem Wesen geführt, dessen Kleid hell war wie der Schnee. Hinter mir ließ ich Raum und Zeit zurück und schwebte gegen das Licht hinauf!«
Inzwischen gibt es Tausende solcher Sterbeerlebnisse, berichtet von Menschen, die klinisch tot, aber dann doch in unseren Daseinsbereich zurückgeholt worden waren.
Der amerikanische Psychiater Raymond Moody hat in seinen Büchern »Leben nach dem Tod« und »Nachgedanken über das Leben nach dem Tod« einen für die meisten solcher Erfahrungen typischen Fall geschildert:
Ein Mensch liegt im Sterben, und im Augenblick der höchsten Not hört er, wie der Arzt ihn für tot erklärt. Er

hört ein unangenehmes Geräusch, ein lautes Klingen oder Summen. Zugleich hat er das Gefühl, sich sehr schnell durch einen langen, dunklen Tunnel zu bewegen. Und dann erlebt er sich plötzlich außerhalb seines stofflichen Leibes. Er sieht den eigenen Körper aus der Distanz eines Zuschauers. Von diesem ungewöhnlichen Beobachtungspunkt verfolgt er den Wiederbelebungsversuch, oft in allen Einzelheiten. Schließlich begegnet ihm eine Lichtgestalt, ein »Wesen aus Licht« – eine liebevolle, warmherzige Erscheinung. Dieses Wesen stellt ihm wortlos Fragen, durch die er dazu veranlaßt wird, Rechenschaft über den Wert seines Lebens zu geben. In Blitzesschnelle rollte eine Art Aufzeichnung der wesentlichen Ereignisse seines Lebens ab.
Irgendwann nähert der Sterbende sich einer Schranke oder Grenze, die er als Trennlinie zwischen dem irdischen Leben und einer anderen Existenz begreift. An dieser Stelle erweist sich, daß er ins Leben zurück muß, weil die Zeit für seinen Tod noch nicht da ist.
Er sträubt sich gegen diese Rückkehr, denn er ist überwältigt von Gefühlen der Freude, der Liebe und des Friedens. Aber trotz seiner Gegenwehr vereinigt er sich irgendwie wieder mit seinem stofflichen Leib.
Ähnliche Erfahrungen werden aus allen Zeiten und allen Kulturkreisen berichtet. Im »Ägyptischen Totenbuch« wie auch im »Tibetanischen Totenbuch« gibt es sogar Hinweise darauf, wie man das Sterben lernen und wie man vermeiden kann, im anderen Daseinsbereich anfangs orientierungslos umherzuirren.
Die Sterbeforscherin Prof. Dr. Elisabeth Kübler-Ross befrage ich lange und ausführlich nach ihrer Forschungsarbeit. Für sie steht es außer Zweifel, daß es ein Leben nach dem Tod gibt. Und sie weiß auch, daß Menschen, die sich auf unserer Daseinsebene zugetan wa-

ren, sich in den anderen Seinsebenen begegnen werden. Auch der sogenannte »Lebensfilm« ist für sie unumstößliches Gesetz.
»Wenn es eine Hölle gibt, dann sind das diese Minuten, wo es keine Ausreden mehr gibt über unser gelebtes Leben. Klar und deutlich erkennen wir, was wir falsch gemacht und wie wir anderen Menschen geschadet haben«, erzählt sie mir auf einem Ärztekongreß in Wiesbaden.
Dieses »Lebenspanorama« scheint ausschließlich dem Zweck der Selbstbesinnung zu dienen, alles taucht gleichzeitig auf und kann sozusagen mit einem Blick erfaßt werden.
Stefan von Jankovich bei RTL: »Es ist wie ein phantastisches, vierdimensionales Theaterstück. Damals habe ich erkannt, daß unsere Moralbegriffe im Jenseits keine Gültigkeit haben. Seit jener Zeit bin ich allen menschlichen Moralbegriffen gegenüber kritisch eingestellt!«
Elisabeth Kübler-Ross: »Es gibt keinen rächenden und strafenden Gott. Wir allein haben unser Leben zu bewerten!«
Stefan von Jankovich: »Meine Seele war ein ganz sensibles Gerät, mein Gewissen wertete mein Handeln sofort aus und beurteilte mich selbst und meine Taten. Ich meine sogar, eine Umkehrung unserer irdischen Werte erfahren zu haben. Schrittweise ist das Negative unterdrückt worden, während ich einen kritischen Blick für alles das in meinem Leben gewann, was ich nicht aus freien Stücken getan habe, wie gut es auch immer gewesen war!«
Hermann Schreiber, der viel Material zu diesem Thema gesammelt und in seiner Titelstory verwertet hat: »Sterbende nehmen ihr Lebenspanorama also nicht passiv entgegen, sondern sie sind zugleich Zuschauer,

Hauptdarsteller und Kritiker. Sie sind Richter in eigener Sache!«
Dank immer weiter entwickelter medizinischer Apparate häufen sich diese Reanimationserlebnisse in Westeuropa und den USA. Vietnam-Soldaten berichten ebenso von ähnlichen Erlebnissen wie Infarktpatienten und Unfallopfer, die klinisch tot gewesen sind. Fast immer sind ihre Erzählungen erfüllt von der Sehnsucht, dieses Erlebnis noch einmal erfahren zu wollen.
»Und dann nicht mehr in unseren Körper zurückkehren zu müssen«, sagt ein junger US-Soldat in einem Fernsehfilm. »Dieser Sog zurück in mein jetziges Leben war sehr unangenehm!«
Nach der RTL-Sendung über das »schöne Sterben« häuften sich die Anfragen darüber, warum man wohl noch auf dieser Welt sei, wenn das »Drüben« so herrlich geschildert würde. Und im übrigen müsse man doch mit labilen, krisengeschüttelten Menschen rechnen, die jetzt wohl jegliche Hemmung verlieren und Selbstmord begehen würden.
Also widmeten wir diesem Thema eine weitere Sendung und trugen Material über Männer und Frauen zusammen, die nach einem Selbstmordversuch und anschließendem klinischen Tod reanimiert wurden.
Und hier scheinen sich Warnungen aus der Bibel und anderen religiösen Werken dieser Welt zu bestätigen: Selbstmörder erfahren kaum das Tunnelerlebnis, sehen nichts von einem beglückenden Licht, erfahren weder unendliche Liebe noch harmonische Gefühle.
Ein junger Mann, der sich wegen schulischer Probleme mit Autoabgasen vergiften wollte und in letzter Minute gerettet worden war: »Ich fiel in einen tiefen Schacht. Es war kalt und am meisten erschreckte ich

mich vor dieser grenzenlosen Einsamkeit. Ich würde nie wieder Hand an mich legen!«
Sogenannte »Jenseits«-Forscher korrigieren solche Erfahrungen und meinen, daß es wohl auf die psychische Situation des Menschen, seine ausweglose Lage, seine physischen Schmerzen und ähnliche Drangsal mehr ankomme, wie sich der Übergang in die andere Daseinsebene vollziehe.
Wichtig scheint auch die weltanschauliche Position des Sterbenden zu sein, die Einstellung zum Tod als einem natürlichen Abschluß des Lebens.
So beschreibt der Psychiater C.G. Jung, der sich schon früh mit esoterischen Fragen auseinandergesetzt hat, sein Sterbeerlebnis nach einem Herzinfarkt im Jahre 1944: »Während ich in unmittelbarer Todesgefahr schwebte, befand ich mich hoch oben im Weltraum. Weit unter mir sah ich die Erdkugel in herrlich blaues Licht getaucht. Ich sah das tiefblaue Meer und die Kontinente. Tief unter meinen Füßen lag Ceylon, und vor mir lag der Subkontinent von Indien. Mein Blickfeld umfaßte nicht die ganze Erde, aber ihre Kugelgestalt war deutlich erkennbar, und ihre Konturen schimmerten silbern durch das wunderbare Licht!«
C. G. Jung kam wieder zu Bewußtsein. »Ich brauchte noch gute drei Wochen, bis ich mich entschließen konnte, wieder zu leben. Ich fühlte Widerstände gegen meinen Arzt, weil er mich in das Leben zurückgebracht hatte.«
Diese und viele andere Veröffentlichungen zu diesem Thema tragen dazu bei, daß immer mehr Menschen unserer Zeit den verdrängten Tod in unser Leben zurückholen. Er, den man einst als »Freund Hein« oder »Gevatter Tod« liebevoll charakterisiert hatte, verliert seinen Schrecken.

Obwohl die Berichterstatter solcher Sterbeerlebnisse ja nicht wirklich tot waren und deshalb auch nicht berichten können, wie es wirklich auf der anderen Seite aussieht, haben ihre Aussagen einen hohen ethischen Wert. Sie zeugen von den Bemühungen der Natur, ihren Geschöpfen in den Sekunden der Angst und der Ungewißheit beizustehen. Auch wenn es vielleicht lediglich im Gehirn erzeugte Endorphine sind, die in Krisensituationen Todesangst in Euphorie verwandeln.

Wenn man versteht und fühlt, daß man schon in diesem Leben an das Grenzenlose angeschlossen ist, ändern sich Wünsche und Einstellungen. Letzten Endes gilt man nur wegen des Wesentlichen, und wenn man das nicht hat, ist das Leben vertan.
C.G. Jung
Psychiater

Das Paradies ist weit

Das Jenseits ist von dieser Welt

Jedes Jahr erscheinen zur Frankfurter Buchmesse Hunderte von Neuerscheinungen, deren Verfasser uns fast intime Kenntnisse des Jenseits mitteilen. Solche Erfahrungen gibt es, und schon C.G. Jung hat gesagt, daß wir in dieser Ebene unseres Daseins mit anderen Erfahrungsbereichen verbunden sind: im Traum, im Zustand zwischen Wachen und Schlafen, in der Meditation.
In Wien lebt die Schriftstellerin Dr. Eva Billand, eine hübsche, durchaus realitätsbezogene Frau, die aufgrund ihrer »Tonbandstimmenforschung« und vieler medialer Kontakte behauptet, das Jenseits ziemlich genau zu kennen.
In langen Gesprächen erzählt sie bei RTL von ihrem Wissen. »Wenn der Mensch stirbt, ist die Trennung der Seele eine große Anstrengung für das Überlebensgefühl des menschlichen Bewußtseins. Aber schon im ersten Augenblick, in dem der menschliche Geist in das Leben nach dem Tod eintritt, trifft er im Jenseits Freunde und

Verwandte, die vor ihm die Erde verlassen haben, und die von ihm durch natürliche, magnetische Kräfte wie Sympathie und Interesse angezogen werden. Er fühlt sich förmlich wie neugeboren, worüber er meistens eine Zeitlang sehr erstaunt ist nach all den Leiden und dem Todesschock.«

In ihrem Buch »Wir und das Jenseits« beschreibt Eva Billand die Einflüsse jener geistigen Welt auf unser irdisches Leben, setzt sich mit den Möglichkeiten der Kontaktaufnahme auseinander und berichtet von den mehr oder weniger entwickelten Geistern in den anderen Dimensionen.

Spiritisten weisen darauf immer wieder hin: »Man wird nicht automatisch allwissend, nur weil man ohne Körper ist. Auch hier gibt es gute und böse Wesenheiten. Die geistige Entwicklung geht auch auf dieser Seinsebene weiter!«

Der Münchner Autor Kurt Allgeier hat sich die Mühe gemacht und die Jenseitsvorstellungen der Menschheit, von den babylonischen und ägyptischen Heilsvorstellungen über die jüdischen, christlichen und islamischen Religionen, gesammelt. In den »Unglaublichen Geschichten« zitieren wir Teile seines Buches »Und den Himmel gibt es doch!«

Allgeier kommt zu dem Schluß: »Natürlich überleben wir unseren Tod. Er ist lediglich eine Geburt auf der anderen Seite!«

Auch Hölle und Fegefeuer sind für ihn keine puren Phantasiegebilde. Allgeier: »Die erste Stufe im Jenseits könnte man als eine Art Fegefeuer verstehen: Die Unvollkommenheiten unseres irdischen Lebens müssen erst ausgemerzt werden, ehe man in das wahre Glück hineinwachsen kann – Stufe um Stufe, bis sich endlich das Paradies und zuletzt der wahre Himmel auftut.

Alles Bisherige war nur Zwischenstation, Vorbereitungsaufenthalt, trotz so vieler Möglichkeiten und Glücksempfinden noch nicht die Seligkeit!«
Hunderte von Briefen erreichen RTL, als wir die Amerikanerin Lise Caron im Rundfunk und im Fernsehen vorstellen.
Die intelligente, liebenswürdige Frau berichtet ohne Pathos und Missionsdrang vom Leben in anderen Seinsebenen. Sie ist Mitglied des »Spiritual Center« in Los Angeles, in dem Psychologen, Mediziner und Physiker regelmäßig mediale Kontakte zu sogenannten »Wesenheiten« aufnehmen. Über besonders sensitive Medien, so Frau Caron, melden sich Verstorbene, die einen hohen Grad an Vervollkommnung erreicht haben.
»Jeder Mensch hat auch einen geistigen Führer, den man jeder Zeit um Rat fragen kann. Dieser Rat kommt in Form von Intuition, von Eingebung. Wir sollten viel öfter auf unsere innere Stimme hören«, sagt Lise Caron. »Sie ist nichts anderes als unser Kontakt zur anderen Seite.«
Für sie sind es nicht irgendwelche Geistwesen, sondern »Teacher«, Lehrer, die auch imstande sind, Menschen unserer Welt zu heilen.
»In dieser anderen Dimension sitzt niemand auf einer Wolke oder spielt Harfe. Es ist nicht langweilig und keiner braucht Manna zu essen. Auch dürfen wir nicht hoffen, Christus oder Buddha zu treffen. Es ist ein Stadium des Lernens und Weiterentwickelns!«
»Erkennen sich die Menschen drüben?« frage ich sie.
»Ja, denn jeder hat einen feinstofflichen Leib. Diesen sogenannten Astralleib hat er schon in dieser Existenz. Er besteht aus Schwingungen und ist deshalb nicht sichtbar. Aber drüben können wir ihn erkennen. Und wir können wählen, wie er aussehen soll. Wenn wir alt

und vom Krebs zerstört unseren physischen Leib zurücklassen, werden wir drüben jung und schön sein, wie wir es wünschen«, sagt Lise Caron und wirkt dabei genauso überzeugend, als hätte sie uns gerade berichtet, daß Rom die Hauptstadt Italiens ist.

»Da es drüben keine Lüge gibt, wissen wir auch klar und deutlich, was uns zu unserer Entwicklung noch fehlt. Wir wissen, was wir noch lernen müssen. Also können wir entscheiden, ob wir noch einmal geboren werden wollen. Da wir immer und überall eigenständige Wesen mit einem freien Willen sind, entscheiden wir uns unbeeinflußt, in welche Lebenssituation wir hinein geboren werden wollen!«

»Wir wissen also, was uns in einem nächsten Leben alles erwartet«, frage ich meinen Gast.

»Natürlich. Wir wissen, wie wir leben und wie wir sterben werden.«

Meine Einwände sind groß.

»Warum werden dann so viele verkrüppelte Kinder geboren, warum sterben viele Menschen schon als Babys, warum kommen sie in den Slums von Kalkutta auf die Welt und nicht im Schlafzimmer einer kalifornischen Millionärsvilla?«

Lise Caron: »Wenn sich die Wesenheiten über eine neue Erdengeburt entscheiden, lassen sie sich nur von dem Wunsch leiten, Erfahrungen zu machen, die sie in ihrer kosmischen Persönlichkeit reifen lassen. Und wer nie Krankheit, Armut und anderes Leid erfahren hat, wird nie zu Mitleid, Barmherzigkeit und Glück fähig sein!«

Lise Carons Aussagen sind einfach und sie klingen ehrlich und wahr. Sie verkauft mit ihrem Auftreten in der Sendung keine neue Heilslehre und sie will auch kein Geld. Ihr einziger Wunsch: »Ich will den Menschen die Angst nehmen vor dem Tod!«

Der Tod ist kein Untergang, der alles aufhebt und zerstört, sondern nur ein Übergang: eine Wanderung und der Beginn eines anderen Lebens. Allem Leben ist ewiges Sein gewiß.
Cicero

Eine Reise in die Zeit

Gibt es ein Leben vor dem Leben?

So etwas hat es in einem Fernsehstudio noch nie gegeben: In einer Direktübertragung soll versucht werden, zwei Menschen in ihre früheren Leben zurückzuführen. Wie immer vor einem solchen Experiment versuche ich die Zuschauer mit der Philosophie dieses Phänomens vertraut zu machen.

Obwohl sich die Idee der Reinkarnation, also der ewigen Kette von Wiedergeburten, immer mehr durchzusetzen beginnt, winken viele Menschen ab: Wenn ich schon einmal auf der Welt war, warum weiß ich nichts davon? Was hat dies für einen Sinn, wenn wir ohnehin alles vergessen, was einst gewesen ist?

Versuchen Sie sich einmal daran zu erinnern, was am 7. Juli 1984 in Ihrem Leben geschehen ist? Wenn Sie nicht gerade an diesem Tag Geburtstag hatten oder Silberne Hochzeit, werden sie wohl kaum Einzelheiten aus dem Tagesablauf nennen können. Und doch könnte es sein, daß Sie gerade an diesem Tag wesentliche Erfahrungen gemacht haben, die zur Ausrichtung Ihrer Persönlichkeit dienen.

Wissen Sie zum Beispiel, an welchem Tag Sie schwimmen gelernt haben oder radfahren? An welchem Tag Sie zum ersten Mal Mitleid mit einem Menschen hatten oder Sie erfahren haben, daß zwei und zwei vier ist. Eigenschaften, die Sie in ihrem Leben nie verlernen werden, haben Sie irgendwann zum ersten Mal angenommen.

Und so sagen die Befürworter der Reinkarnation, daß die Persönlichkeit eines Menschen so vielschichtig ist, daß die Erfahrungen eines Individuums nicht nur aus einem Leben stammen können.

Die amerikanische Psychologin Gina Cerminara sagt, daß menschliche Fähigkeiten, Talente, geniale Begabungen und Auszeichnungen aller Arten die karmische Belohnung für vorbildlich gelebte Leben in der Vergangenheit sind. Menschliche Schönheit ist nicht nur in der Erbmasse verankert, sondern ebenso eine gute karmische Auswirkung. Karma bedeutet »der Weg« und heißt nichts anderes, als daß sämtliche Reaktionen in unserem Leben eine Gegenreaktion erzeugen.

So sagen die Verfechter der Wiedergeburtstheorie: »Die moralischen Gesetze von gut und böse unterliegen ebenso klar dem Prinzip von Ursache und Wirkung, wie es die Physik beherrscht. Das menschliche Leiden kann nicht mehr als Mißgeschick im materialistischen Sinne angesehen werden, sondern es ist vielmehr die Folge falscher Lebensführung und falschen Denkens; die Ungleichheit menschlicher Charaktere, Schicksale und Möglichkeiten entspringt nicht einer Laune des Schöpfers oder dem blinden Mechanismus von Erbfunktionen, sondern sie ist eine Folge der Verdienste und Fehler eines früheren eigenen Lebens. Alle Leiden und Beschränkungen haben einen erzieherischen Zweck; körperliche und seelische Entartungen und Kämpfe haben ihren Ursprung in Moralgesetzen; und alle Niederlagen der Menschen sind Lektionen in einer lange währenden Schule zur Erlangung von Weisheit und Vollkommenheit!«

Gleichermaßen informiert, erleben die Zuschauer das Experiment live.

Hypnotiseur ist der Astrophysiker Johannes von Buttlar, der ähnliche Versuche als Therapeut mit privater Praxis häufig in England durchgeführt hat. »Versuchspersonen« sind die Schauspielerin Haidy Jacobi und der Schlagersänger Jürgen Marcus.

Am Tag vor der Sendung gab es ein erstes Treffen aller mitwirkenden Personen. Vertrauen zueinander sollte gefaßt und das Interesse an der Möglichkeit von Wiedergeburten gefestigt werden.

Dann probiert von Buttlar die Hypnotisierbarkeit seiner Klienten aus. Ähnlich wie beim autogenen Training beginnt die Phase totaler Entspannung. Zwei Stunden dauert es, bis Haidy Jacobi und Jürgen Marcus die tiefste Stufe der Hypnose erreicht haben.

»Diesen Zustand wirst du sofort einleiten, wenn ich morgen zu zählen beginne: eins, zwei, drei!«

Johannes von Buttlar setzt das sogenannte posthypnotische Signal, das vergleichbar ist mit einem Schalter, nach dessen Betätigung sofort der gewünschte Bewußtseinsbereich eintritt.

Damit soll vermieden werden, daß bei der Live-Sendung die Einstiegshypnose in voller Länge durchgeführt wird.

Tatsächlich fallen beide Gäste am anderen Tag sofort in diesen Zustand herabgeminderten Bewußtseins. Die Zuschauer können deutlich das Rotieren der Augäpfel hinter den geschlossenen Lidern erkennen, die sogenannte REM-Phase eines träumenden Menschen.

Johannes von Buttlar wendet sich Haidy Jacobi zu.

»Du liegst an einem warmen, sonnigen Strand. Du fühlst dich unendlich wohl, und wir machen jetzt gemeinsam eine Reise durch Raum und Zeit. Wir werden jetzt zurück gehen in deinem Leben, und wir bleiben stehen, als du zweiundzwanzig warst. Erzähle mir von den Bildern, die du jetzt siehst. Du bist zweiundzwanzig!«
Haidy: »Ein neuer Anfang. Ich bin frei, ich bin geschieden!«
An dieser Stelle blenden wir ihr Jugendfoto ein. Im Hintergrund rauscht das Meer, und sanftmütige Musik erklingt.
Der Therapeut geht weiter zurück im Leben der Schauspielerin.
»Du bist zwei Jahre alt, dein zweiter Geburtstag. Was siehst du?«
»Mami soll nicht weggehen, Mami soll hier bleiben!«
Haidy hat die weinerliche Stimme eines zweijährigen, verzweifelten Kindes. Wie sie später erklärt, hat sie damals sehr darunter gelitten, daß ihre Mutter sie so oft hat allein lassen müssen. Sie war ebenfalls Schauspielerin.
Behutsam führt der Therapeut die Frau weiter zurück in der Zeit, überspringt eine Grenze: Haidy erzählt von ihrer Geburt. Es ist kalt und sie hat Angst.
»Wir gleiten jetzt weiter zurück durch Raum und Zeit. Und wenn du etwas siehst, etwas spürst oder riechst, erzählst du mir davon!«
»Ich sehe eine Holzwand. Und Fenster, durch die man nicht hindurchsehen kann!«
»Wo ist das, kannst du mir sagen, wo das ist?«
»Irgendwo in der Heide. In Schottland vielleicht!«
»Kannst du dich sehen? Welche Kleider trägst du?«
»Nein, ich kann nichts sehen!«

»Wie heißt du?«
»Louise!«
Das Gespräch mit Haidy dauert fast dreißig Minuten. Ich habe hier nur verkürzt wesentliche Einzelheiten wiedergegeben.
Reinkarnationstherapien dieser Art dauern mehrere Stunden und erstrecken sich oft über Tage und Wochen.
Jürgen Marcus erzählt von seinem dritten Geburtstag. Nennt die Geschenke, die er erhalten hat. Dann überschreitet er mit Hilfe der Hypnose die Schwelle vom Jetzt zum Gestern.
»Du bist jetzt zweihundert Jahre vor dieser Zeit. Wo bist du?«
»Ich sehe eine Burg, ein Schloß!«
»Wo ist es? Kannst du erkennen, welches Land das ist?«
»England!«
»Und wie heißt du?«
»Paul!«
»Und wie ist dein Familienname?«
»Vincent!«
»Du heißt also Paul Vincent. Und was machst du gerade?«
»Ich halte eine Botschaft in der Hand. Eine Papierrolle!«
»Wie siehst du aus, welche Kleider trägst du?«
»Ich trage einen Dreispitz und ein schwarzes Cape!«
Weitere Fragen an Jürgen Marcus werden nicht beantwortet.
»Ich kann nichts mehr sehen!«
Der Hypnotiseur lädt weiter ein zur Reise durch Raum und Zeit. Tiefer und tiefer gleitet er mit seinem Gast durch die Jahrhunderte.

»Wir bleiben erst dann wieder stehen, wenn du etwas ganz deutlich siehst und du mir davon berichten kannst?«
Im Studio und auf den Bildschirmen hört man nur das Rauschen der Wellen und die monotone elektronische Musik, die den Trancezustand der hypnotisierten Gäste flankiert.
»Ich sehe Pyramiden. Es ist heiß!«
»Bist du bei den Pyramiden? Wie sehen sie aus?«
»Weiß. Sie glänzen. Sie sind überhaupt nicht verwittert!«
»Wie heißt du, hast du einen Namen!«
Marcus murmelt. »Es klingt wie ›Mucha‹!«
»Gibt es schon die große Sphinx? Kannst du sie sehen?«
»Nein, ich sehe viele Menschen. Es ist heiß. Aber alles flimmert. Jetzt kann ich nichts mehr sehen!«
Nach siebzig Sendeminuten beendet Johannes von Buttlar das Experiment.
»Wir werden jetzt aus der Tiefe der Zeit zurückreisen in das Heute und Hier. Ihr werdet gleich erwachen und euch frisch und munter fühlen. Wir sind jetzt wieder hier im Studio und wenn ich mit dem Finger schnicke, werdet ihr wach sein und frisch!«
Das Signal ertönt. Wie aus einem tiefen Schlaf erwacht, reiben sich die beiden Gäste die Augen.
»Die Bilder tauchen auf wie durch eine Wischblende. Alles ist verschwommen, nur winzige Punkte sind scharf und erkennbar«, erzählt Haidy.
»Ich habe ständig gewußt, wo und wer ich bin. Hypnose bedeutet nicht Bewußtlosigkeit«, erzählt Jürgen Marcus. »Sie eröffnet nur andere Bewußtseinsebenen!«
Die Aussagen aus diesem im Fernsehen übertragenen

Experiment liefern keine Beweise für eine Wiedergeburt. Dafür war das Experiment zu kurz, die Erwartungshaltung vielleicht etwas zu hoch angesetzt.
Ganz sicher kann die Erzählung vom Leben in Schottland als Louise irgendwo aus Haidys Phantasie stammen oder aus einem Buch, das sie vor Jahrzehnten gelesen hat. Auch ist schwer nachprüfbar, ob und wann es in England einmal einen »Paul Vincent« gegeben hat.
Und doch gibt es scheinbar Tausende von Anhaltspunkten für frühere Leben. Eine der bekanntesten und eindrucksvollsten Dokumentationen ist der Fall »Bridey Murphy«. Eine amerikanische Hausfrau der Gegenwart erinnert sich in Hypnose voller Details an ein Leben in Irland. Sie nennt den 20. Dezember 1798 als Zeitpunkt ihrer Geburt, weiß den Namen des Hauses, in dem sie gelebt hat. Sie kann Vater und Mutter beschreiben, nennt Nachbarn und den Gemeindepfarrer von Cork. Und sie schildert den Tag, an dem sie starb: sie war mit sechsundsechzig Jahren die Treppe hinuntergestürzt und hatte sich die Hüftknochen gebrochen.
Interessant an diesen Tonbandprotokollen – RTL hat sie in deutscher Sprache rekonstruiert – sind die Aussagen der verstorbenen Bridey über ihren Aufenthalt im Jenseits bis zu ihrer Wiedergeburt im amerikanischen Bundesstaat Iowa als Ruth Mills (Pseudonym). Ihre Aussagen aus dieser Daseinsebene gleichen den bereits kurz beschriebenen Berichten von Spiritisten: Der Geist des verstorbenen Menschen befindet sich auf der Erde. Er kann überall sein, wohin er sich mit seinen Gedanken wünscht. Er kann verstorbene Freunde treffen oder es aber vermeiden, mit seiner Vergangenheit konfrontiert zu werden.

Auszug aus dem »Protokoll einer Wiedergeburt«:

»Konntest du in der Astralwelt, in der Geisterwelt, die Zukunft der Menschen auf der Erde vorhersagen? Konntest du die Menschen auf der Erde anschauen und vorhersehen, was ihnen geschehen würdc?«

»Ja!«

»Das konntest du?«

»Ja!«

»Du konntest in die Zukunft sehen?«

»Ja!«

»Wie kannst du das so fest behaupten? Nenne uns doch ein Beispiel!«

»Man sah einfach Dinge, die geschehen würden. Und ich sah einen Krieg. Ein Mann dort sagte, es würde einen Krieg geben. Es war wirklich Krieg, ehe ich geboren wurde. Man wußte, was geschehen würde!«

»Ich verstehe. Gut!«

»Aber es geht einen nichts an!«

»Es geht einen nichts an. Ich verstehe!«

Kein noch so findiger Reporter hat je im Jenseits recherchieren können. Aber die Angaben der Hausfrau Ruth Mills von ihrem Leben in Irland waren so genau, daß glaubwürdige Journalisten Wochen auf der grünen Insel verbrachten, um jedes angegebene Teil der Aussagen zu überprüfen. Alles stimmte.

Die amerikanische Psychologin Helen Wambach wertet in ihrem Buch »Leben vor dem Leben« die Antworten von 750 Testpersonen aus, die unter Hypnose nach ihren Erlebnissen und Erfahrungen vor der Geburt befragt wurden. Ergebnisse der zweijährigen Studie: 90% der Befragten berichten detailliert und sehr überzeugend von einem Leben vor dem Leben. Die meisten erinnerten sich deutlich an außergewöhnliche Momente einer Existenz vor der Geburt.

In diesem Zusammenhang möchte ich interessierte Leser auf das Leben des Amerikaners Edgar Cayce hinweisen, der als Sohn einfacher Landwirte 1877 in Kentucky geboren wurde und der die Gabe besessen haben soll, sich in die Körper kranker Menschen zu versetzen. In Trance gab er genaue Diagnosen und Hinweise zur Behandlung der Patienten. Hunderten von Menschen, die bereits aufgegeben worden waren, konnte so geholfen werden.
Während seines Hypnoseschlafes erkannte Cayce sehr oft auch die Ursache der Leiden, die meist in einer früheren Existenz wurzelten.
Inzwischen gibt es ein »Edgar-Cayce-Institut«, in dem Tausende von Protokollen solcher außergewöhnlicher Heilungen aufbewahrt sind. Der »schlafende Prophet« Edgar Cayce machte genaue Angaben über die Vergangenheit einzelner Menschen, von denen er oft nur den Namen und das Geburtsdatum kannte. Er berichtete von Leben in Atlantis und Ägypten, und man sagt von ihm, daß er die Fähigkeit gehabt haben soll, die Akasha-Chronik, das ewige göttliche Gedächtnis, zu lesen. Thomas Sugrue beschreibt in seinem Buch »Edgar Cayce« die Geschichte dieses schicksalhaften Lebens. Schließlich war Cayce ein Mann ohne höhere Schulbildung und besonderen Leseeifer. Tatsächlich interessierte er sich im Wachzustand weder für das Leben in Ägypten und Atlantis, das er in Trance ausführlich und spannend beschrieben hat.
Das vorliegende Buch beweist eindeutig, wie groß das Interesse des RTL-Publikums an den vorgelegten »Unglaublichen Geschichten« ist.
Nach jeder Sendung erreichen uns denn auch zahlreiche Zuschriften aus dem eigenen Erlebnisbereich der Hörer und Zuschauer.

So hörte ich mir fasziniert eine Tonbandkassette an, auf der die Hörerin A. W. aus Leverkusen die Gespräche mit ihrem Therapeuten aufgezeichnet hat.
Frau W. hat es nicht leicht gehabt in den vergangenen Jahren. Schon als Mädchen litt sie bisweilen unter unerträglichen Kopfschmerzen. Migräneanfälle führten sie bis zur Bewußtlosigkeit.
Kein Arzt konnte helfen. Auch während ihrer Ehe ließen die Schmerzen nicht nach. Sie bekam zwei Söhne. Das Leben der Frau W. schien ausgeglichener zu werden.
Da schlug das Schicksal erbarmungslos zu. Die Söhne verunglückten tödlich, vor drei Jahren. Die Mutter stand an einem Doppelgrab.
Prompt kamen die Kopfschmerzen wieder, auch starke Depressionen stellten sich ein. Da las Frau W. von der Reinkarnationstherapie, das heißt von der Methode, mit der Ärzte ihre Patienten in ein mögliches früheres Leben zurückführen.
Auf dem Tonband folge ich gespannt dem Gespräch zwischen Therapeut und Patientin.
Langsam führt er sie all die Lebensjahre zurück in die Kindheit. Ihre Stimme wird heller, fröhlicher. Sie ist ein kleines Mädchen, das sich wohl fühlt. Plötzlich wird es dunkel um sie; sie ist zurückgekehrt in den Leib der Mutter.
Auch später ist noch lange Dunkelheit und Wohlbehagen um sie.
»Wie heißt du. Hast du einen Namen?«
»Nein, ich habe keinen Namen. Aber es ist schön!«
Frau W. befindet sich offensichtlich in dem Zustand vor dem Geborenwerden.
»Du gehst jetzt weiter zurück in die Zeit. Was siehst du?«

»Ich bin in einem Haus. Ich sehe viele Blumen und Bäume!«
»Wer hat das Haus gebaut?«
»Mein Mann!«
»Wo ist Ihr Mann, können Sie ihn sehen?«
Die Stimme der Frau klingt besorgt.
»Nein, ich kann ihn nicht sehen. Wo ist er nur?«
Dann wird Frau W. erregt. Ihr Atem geht stoßweise. Sie hat offensichtlich Angst.
»Männer kommen auf das Haus zu. Eine Bande. Sie suchen nach der Tür. Sie ist verschlossen.«
Frau W. wird ruhiger, dann schreit sie unvermittelt los. Gebannt sitze ich vor dem Kassettenrecorder. Ich werde Zeuge eines Überfalls, der sich vor Hunderten von Jahren an einem mir unbekannten Ort abgespielt hat. Frau W. weint, sie wimmert.
»Nein, schlagt mich nicht. Hilfe, Hilfe!«
Der Therapeut beruhigt, versucht aber nicht einzugreifen in ein Geschehen, von dem heute keiner mehr weiß.
»Es war schlimm, aber jetzt sind Sie erleichtert. Nehmen Sie diese Erleichterung mit hinüber in ihre Gegenwart!«
Offensichtlich mußte die Frau in einer anderen Existenz viel körperliches und seelisches Leid durchstehen, und sie hat diesen traumatischen Zustand mit in ihr jetziges Leben genommen.
Mit anderen Worten: Frau W. ist in ihrem früheren Leben von einer Räuberbande erschlagen worden. Dieses Erlebnis hat sie so beeinflußt, daß ihr Bewußtsein nie davon losgekommen ist.
Frau W. hat seit dieser Reinkarnationssitzung keine Kopfschmerzen mehr. Sie ist sicher, daß dieser unerklärliche Druck seine Ursachen in einer früheren Existenz hatte.

Millionen gebildeter Menschen glauben an die Wiedergeburt und machen deren ethische Prinzipien zum Maß ihrer Lebensführung. Schopenhauer und Goethe, Schiller und Plato waren fest von einer Kette unendlicher Erdenleben überzeugt.

Die Amerikanerin Gina Cerminara: »Reinkarnation bedeutet geistige Entwicklung. Entwicklung des Geistes in vielen verschiedenen Erdenleben – mal als Mann, manchmal als Frau; einmal als Armer, dann wieder als Wohlhabender; jetzt in dieser Rasse und dann in einer anderen, bis endlich der Geist Vollkommenheit erreicht hat. Die Seele gleicht einem Schauspieler, der verschiedene Rollen mit verschiedenen Kostümen bei verschiedenen Vorstellungen übernimmt!«

Viele Hörer fragen immer wieder: »Ja, wenn das stimmt, wie oft, in welchen Abständen wird man reinkarniert?«

Aus der Sicht der Reinkarnationisten herrscht überall im Kosmos Willensfreiheit. Also liegt es an jedem von uns, über Zahl und Abstand der Wiedergeburten zu entscheiden.

Nach der Hörfunksendung zu diesem Thema rief eine Frau aus Merzig (Saarland) an, die mir ein merkwürdiges Erlebnis berichtet:

»Vor ein paar Tagen ging ich mit meiner kleinen Tochter in der Nähe unseres Friedhofes spazieren. Da sagte sie plötzlich: ›Da drin lieg' ich begraben. In einem weißen Sarg.‹«

Die Frau war sehr erschrocken. Denn tatsächlich lag dort ein kleines Mädchen, die Tochter aus ihrer ersten Ehe, die im Alter von zwei Jahren gestorben war! Aber die Erzählung des kleinen Mädchens, das da frohgemut an ihrer Seite spazierte und von der Existenz der toten Halbschwester nichts wissen konnte, wurde noch my-

steriöser: »Ich habe einen Brummkreisel mit im Sarg und meine blonde Puppe.«
Alles stimmte. Das tote Mädchen war damals wirklich mit ihrem Lieblingsspielzeug beerdigt worden.
Zufall, Phantasie, Hinweise auf eine frühere Existenz?
Gina Cerminara: »Das Wissen um die Reinkarnation muß niemanden schrecken. Im Gegenteil soll es zu Hoffnung, Optimismus und einem erneuerten Vertrauen auf der Grundlage der allem menschlichen Leben zugrunde liegenden kosmischen Gerechtigkeit führen!«
Das Fazit kann nur sein: Für alles, was wir tun, denken, erleiden und erfahren, sind wir selbst verantwortlich. In diesem Leben oder in einer anderen Existenz. Das Universum ist gerecht. Es gibt Maß für Maß zurück, was in ihm geschaffen wurde.

Wo bin ich? Wer bin ich?
Wie bin ich hierhergekommen?
Was ist dieses Ding, das da Welt heißt?
Kierkegaard
Philosoph

Picasso malt weiter

Künstler arbeiten durch Medien

Auf der Bühne im großen Saal der Baseler Mustermesse vollzieht sich Okkultes: Geister tauchen auf, überlebensgroße Porträts von Verstorbenen werden über einen Overhead-Projektor direkt auf einer Leinwand sichtbar.

Im Publikum Ärzte, Psychologen, Physiker und Journalisten. Sie verfolgen die Arbeit zweier Medien, die von sich sagen, daß sie sogenannte Wesenheiten sehen, Verstorbene in der anderen Dimension des Daseins.

Beide Damen sind weit über esoterische Kreise bekanntgeworden: Carol Poldge ist Malerin, Gaye Muir Geistheilerin mit einer gut frequentierten Praxis in Großbritannien.

Hier bei den PSI-Tagen in Basel zeichnet Carol Poldge Skizzen von Toten, die in einem Zusammenhang mit Personen im Saal stehen. Gaye Muir stellt die Verbindung her: »Der Herr dort unten mit dem blauen Pullover. Ich sehe Ihren Onkel. Er geht am Ufer eines Sees. Er ist sehr naturliebend und mag klassische Musik!«

Gleichzeitig malt Carol Poldge den Kopf eines Mannes: Schnauzbart, Grübchen, eine altmodische Frisur.

Der Gast aus dem Publikum geht auf die Bühne. »So hat tatsächlich mein Onkel ausgesehen. Allerdings in früheren Jahren, als er mein Firmpate war. Ich erkenne ihn genau. Ich habe ein ähnliches Foto von ihm!«
»Ich fühle diese Verstorbenen in einem Lebensalter, in denen sie sich sehr wohl gefühlt haben«, sagt Carol Poldge. »Viele kommen jetzt, um durch diese Zeichnungen zu beweisen, daß sie nicht tot sind!«
Später, im Foyer der Mustermesse, drängen sich Besucher um Carol Poldge. Sie alle wollen Kontakt aufnehmen zu Verstorbenen.
Die Engländerin hat ihren Skizzenblock auf den Knien, malt mit einem Kohlestift. Manchmal faßt sie die Hand ihres Gegenübers.
Dann beginnt sie zu zeichnen. Der Kopf einer alten Frau erscheint. Sie lächelt, hat Grübchen und freundliche Augen.
Eine Kongreßbesucherin ist entzückt: »Meine Großmutter. Es ist tatsächlich meine Großmutter, kurz vor ihrem Tod!«
»Sie ist nicht tot, sie ist drüben und fühlt sich wohl«, sagt Carol. Dann malt sie einen Dackel. Die Frau gegenüber ist verblüfft. »Es ist der ›Schnurzi‹. Jeden Tag ist sie mit ihm spazierengegangen!«
»Der Hund ist jetzt bei ihr. Außerdem rieche ich Kuchen. Ich glaube, Biskuit. Ihre Großmutter hat wohl gerne gebacken?«
Carol Poldge wirkt sehr bestimmt. Die Besucherin bestätigt alles.
Parapsychologen sprechen gerne davon, daß Carol Poldge und andere Medien das Unterbewußtsein lebender Personen »anzapfen«. Sie finden gewissermaßen Kontakt zum Erinnerungsspeicher ihres Gegenübers, in dem Vergangenheit und Gegenwart wie in einem

Computer festgehalten sind: der Klang einer Stimme genau wie der Geruch einer Wiese. Alles, was wir je gesagt, gehört, gelesen, empfunden oder gerochen haben, versinkt in der Tiefe unseres Unbewußten, aber gerät damit noch lange nicht in Vergessenheit.
Einen sichtbaren Kratzer bekommt diese Theorie, als ein Basler Geschäftsmann Carol Poldge bittet, doch auch einmal für ihn eine Verbindung zu anderen Seinsebenen herzustellen.
Frau Poldge ergreift die Hand des Mannes, schließt die Augen, murmelt unverständlich etwas vor sich hin. Fast wirkt ihre Vorstellung wie Jahrmarktzauber. Dann beginnt sie zu zeichnen: Auf dem Blatt entsteht das Porträt eines Mannes: er ist schmal, trägt einen Schnauzbart nach Art des letzten deutschen Kaisers, einen »Vatermörder«, hat schwarze, streng nach hinten gekämmte Haare.
»Ich kenne diesen Mann nicht«, sagt der Basler enttäuscht. »Auch auf alten Fotos habe ich ihn nie gesehen.«
»Er muß aber etwas mit Ihnen zu tun haben, sonst wäre er mir nicht erschienen«, meint Carol Poldge.
Dann nimmt sie ein anderes Blatt und zeichnet eine Frau: ovales Gesicht, treuherziger Blick. Man erkennt Ansätze einer Rüschchenbluse, ein Medaillon wird sichtbar.
»Diese Frau ist mir völlig unbekannt«, sagt der Kongreßbesucher.
Am nächsten Tag sorgt er im Foyer für Überraschung. Er spricht Carol Poldge an und erzählt ihr von einem Besuch bei Freunden, denen er von seinem Erlebnis berichtet hatte. Auf ihre Bitten hin habe er ihnen auch die beiden Zeichnungen gezeigt. Verblüfft hätten seine Gastgeber darauf ihre Eltern erkannt, und zwar in sehr

jungen Jahren. Ein Hochzeitsfoto aus dieser Zeit war schnell zur Stelle.
Die Umstehenden vergleichen das Bild mit den gezeichneten Porträts: Die Ähnlichkeit ist unübersehbar.
Wie also hätte hier Carol Poldge das Unterbewußtsein ihres Gegenübers anzapfen können, waren doch die beiden Porträtierten dort gar nicht gespeichert? Der Mann hatte nie von diesen Personen gehört. Also doch eine Brücke zum Jenseits? Oder wurde hier eine Art »kosmisches Gedächtnis« unbewußt angezapft?
Das wohl bekannteste lebende Medium ist Rosemary Brown aus dem Londoner Vorort Balham. Sie behauptet, daß Franz Liszt, Frederic Chopin und Ludwig van Beethoven im Jenseits weiter komponieren und ihr oft ganze Klavierkonzerte durchgeben.
In der Tat spielt Rosemary Brown in Trance so wunderbar sicher Klavier, als führten ihr wirklich die verstorbenen Meister die Hände. Dabei ist sie im Wachzustand eine schlechte Pianistin, die darüber hinaus vom Notenblatt abhängig ist.
Udo Jürgens hat das musikalische Medium einmal besucht und sich vor den Kameras mit ihr unterhalten.
»Es war wirklich verblüffend«, erzählte er mir einmal. »Die Frau hat gespielt wie Chopin. Aber das Klavierkonzert kannte ich noch nicht. Kein Wunder, er hat es ihr ja auch erst nach seinem Tod diktiert!«
Inzwischen haben unzählige Musikwissenschaftler das Reihenhaus in Balham aufgesucht. In umfangreichen Mappen liegen fein sortiert bisher unbekannte Werke verstorbener Meister. Da gibt es eine Art Tongemälde von Franz Liszt: »Jesus walking at the water« und einen raffinierten »Valse Brillante«. Der Stil des Meisters ist hervorragend getroffen.
Entdeckt hat Rosemary Brown ihre phänomenalen Fä-

higkeiten schon 1964, als sie sich mit einem Klavierstück abmühte und so recht nicht vorankam.
»Plötzlich gehorchten mir meine Hände nicht mehr«, erzählt sie. »Fassungslos sah ich meinen Fingern zu, die automatisch über die Tasten glitten und ein Stück spielten, das ich noch nie im Leben gehört habe!«
Dann sah sie einen freundlichen Herrn im Zimmer sitzen, der sich ihr auch nach einiger Zeit zu erkennen gab. Seitdem, so sagt Rosemary Brown immer wieder, sei der Kontakt zu Liszt nie abgerissen. Auch Franz Schubert gehört zu ihren jenseitigen Gästen. Beim Besuch von Udo Jürgens diktierte er seine mediale Musik: eine melancholische Ballade mit dem Titel »Sanft fällt der Winterschnee«.
»Es war verblüffend, wie genau die musikalische Handschrift Schuberts hier zum Tragen kam«, erinnert sich der Sänger.
Doch Rosemary Brown, so behauptet sie jedenfalls, hat nicht nur guten Kontakt zu den Genies der Musikwelt. Auch C.G. Jung, Albert Einstein oder George Bernard Shaw melden sich bei ihr bisweilen.
»Sie alle haben schon zu Lebzeiten durch ihre Werke Kontakte zur geistigen Welt. Wer Symphonien schreibt oder Dramen, der empfängt Botschaften. Und die großen Geister entwickeln sich auch in der anderen Dimension weiter«, erzählt Rosemary Brown einem Reporter der BBC.
In ihrem Buch »Kompositionen aus dem Jenseits« schreibt sie: »Es besteht ein grundlegender Unterschied zwischen dieser Welt und der nächsten. In dieser Welt müssen wir uns anstrengen, um zu überleben. In der nächsten Welt sind wir dieser Notwendigkeit enthoben. Im Diesseits müssen wir um unsere Nahrung, um das Dach über dem Kopf kämpfen, für unser Weiterleben

im Jenseits ist das nicht erforderlich. Wir sind dort frei von den bisherigen Zwängen, die uns von materiellen Dingen abhängig machten!«

Und die britische Hausfrau Rosemary Brown, die nach eigenen Angaben nur wenig liest und auch vorher keine Kontakte zu spirituellen Kreisen unterhielt, schreibt weiter:

»Mein Leben wurde bereichert durch Lehren aus jener Welt, in die wir alle eines Tages gelangen. Jene, die bereits dort sind, bestätigen die Existenz des Allmächtigen. Himmel und Hölle werden durch uns geschaffen, die Entscheidung, ob die nächste Welt für uns Himmel oder Hölle ist, liegt bei uns – und nur bei uns allein!«

Zu einer ähnlichen Auffassung kommt der brasilianische Psychologe Louis Gasparetto, über den »RTL Plus« in den »Unglaublichen Geschichten« eine Filmdokumentation sendete. Der Wiener Produzent und Regisseur Georg Lhotky war bei den Dreharbeiten dabei.

»Gasparetto sagt, daß verstorbene Maler wie Modigliani, van Gogh und Picasso durch ihn hindurch malen«, erklärt mir Lhotky. »Durch ihre Arbeit aus dem ›Jenseits‹ wollen sie sagen: es gibt ein Leben nach dem Tod des Körpers und unser Leben auf der Erde dient der Weiterentwicklung unseres Bewußtseins!«

Entstehen neue Meisterwerke aus den Tiefen anderer Daseinsebenen? Gasparetto malt im Dunkeln. Nur für die Filmaufnahmen hat er ausnahmsweise einen Scheinwerfer zugelassen.

Die Bilder auf dem Fernsehschirm sind tatsächlich atemberaubend. In ein paar Minuten entstehen Gemälde, denen Gasparetto mit beiden Händen und Füßen Form und Farben gibt. Und zum guten Ende signiert er mit den Namen all der großen, verstorbenen Meister.

»Gasparetto behält diese Bilder. Er macht mit ihnen

keine Geschäfte«, berichtet Georg Lhotky. Gasparettos Botschaft: »Wir leben ein Leben nach dem anderen, bis in alle Ewigkeit!«
In der medialen Trance, so sagt er, vereinigen sich die Seelen berühmter Künstler mit seiner eigenen Seele, und eine andere Intelligenz als seine eigene beginnt, seinen Körper zu leiten, wenn der Geist der toten Maler zurückkehrt, um wieder Originale zu malen.
»Sie tun dies, um zu zeigen, daß sie immer noch leben, daß es den Tod nicht wirklich gibt«, meint Gasparetto vor den Kameras.
Malt der Geist von Modigliani, Picasso oder van Gogh tatsächlich durch Gasparetto? Oder könnte es sein, daß der brasilianische Psychologe eine Art »Datenbank des Universums« anzapft, einen kosmischen Computer, der die Erinnerungen und vielleicht sogar die Fertigkeiten dieser genialen Menschen gespeichert hat?
Der Filmemacher Georg Lhotky: »Während sie durch Gasparetto malen, bringen die verstorbenen Künstler wichtige Mitteilungen aus der Welt des unsterblichen Bewußtseins. Sie sagen, daß wir in einer Kultur leben, die die Leute nicht mehr lehrt, bewußt zu sterben. In unseren Krankenhäusern werden die Sterbenden mit Drogen betäubt, so daß sie die Welt der Geister unbewußt und verwirrt betreten, völlig unvorbereitet auf das, was sie im nächsten Leben erwartet. Diese Seelen finden sich oft in einem Alptraum wieder, gefangen zwischen dieser Welt und der nächsten, in einem Zustand der Verwirrung, der Jahre andauern kann!«
Und diese verwirrten Geister, so meint der Psychotherapeut Gasparetto, suchen sich oft die Körper noch lebender, labiler und dadurch sensitiver Menschen, um von ihnen Besitz zu ergreifen. Dies sei oft der Grund für viele verschiedenartige Geisteskrankheiten.

Im RTL-Fernsehfilm demonstriert Louis Gasparetto in einem der 600 spiritistischen Zentren von Sao Paulo an der Brasilianerin Martha einen solchen Fall von Besessenheit.
Gasparetto: »In konventionellen Kliniken würde man Martha mit Psychopharmaka und Elektroschocks behandeln. Sie würde viel Geld ausgeben und wäre schließlich am Ende!«
Die Diagnose des unkonventionellen Heilers: »Ein verwirrter Geist hat sich in Martha geschlichen und bereitet ihr jetzt geistige und körperliche Schwierigkeiten. Sie ist ein Opfer ihrer eigenen medialen Fähigkeiten, da sie unbewußt unentwickelte Geister anzieht, die nun ihre Symptome auf sie übertragen!«
Mit magnetischen Strichen über ihren Körper versucht Gasparetto, die negativen Gefühle zu entfernen und die »subtilen Energiefelder« auszubalancieren, die nach Ansicht der Spiritisten den physischen Körper des Menschen umgeben. Der Energiekörper, so sagen sie, ist die Brücke zwischen physischer und spiritueller Welt.
Martha bekommt nun ein Medium an ihre Seite, eine Frau mit besonderer Sensitivität. Sie überzeugt nun den verwirrten Geist in Marthas Körper, zu ihr überzuwechseln. Sie ist seelisch stabil und kennt sich mit den Ritualen aus.
Plötzlich beginnt der Geist aus ihr zu sprechen. Er gibt sich als junger Mann aus dem Norden Brasiliens zu erkennen, der bei einem Autounfall ums Leben gekommen ist und dem bisher noch nicht bewußt geworden war, daß er gestorben ist. Er meint immer noch, sich in einem lang andauernden Alptraum zu befinden.
Die Spiritisten versuchen nun – im Fernsehfilm ist dies ausführlich zu sehen – diesen Geist zu heilen und für

ihn eine Brücke ins Jenseits zu bauen, die er ohne Furcht betreten kann.
Martha verläßt nach der Behandlung das spiritistische Zentrum heiter und unbeschwert. Sie wirkt so, als sei eine schwere Last von ihr genommen.
Allein in Brasilien, in dem sich indianische und afrikanische Kulte mit christlichen Religionsvorstellungen verbinden, gibt es über zwanzig Millionen Spiritisten, die ständigen Kontakt zu anderen Daseinsformen pflegen. Sie heilen sich und andere mit Hilfe »geistiger Führer aus dem Jenseits«, sie holen sich Rat, um alltägliche Probleme zu lösen und wagen es auch schon mal, Fragen nach der Zukunft der Menschen zu stellen.
Louis Gasparetto, der studierte Akademiker, der Heiler mit großen Erfolgen, warnt davor zu glauben, daß alle Geister eine Quelle unendlicher Weisheit seien.
»Genau wie in der Welt der Lebenden, gibt es auch in der Welt der Geister unehrliche und betrügerische Wesen. Man wird nicht einfach heilig, nur weil man stirbt«, sagt er.
Die Spiritisten lernen daher, zwischen den wertvollen und trivialen Kontakten zu unterscheiden.
Gasparetto glaubt, daß die Bestimmung der Menschheit die geistige Entwicklung ist. Und deshalb arbeite auch Pablo Picasso an seiner eigenen spirituellen Entwicklung dadurch, daß er helfe, unsere Ansichten über den Tod zu ändern und zu zeigen, daß das Leben weitergehe, lange nachdem der physische Körper zu Staub geworden sei.
Gasparetto: »Die Geister der Maler warnen uns, daß Leute mit großartigen mystischen Phantasien es oft schwer haben, sich in der anderen Welt zurechtzufinden. Sie erwarten, von Christus oder von Buddha begrüßt zu werden. Wenn man aber ein bedeutungsloses

Leben auf der Erde geführt hat, so wird man in der anderen Dimension das gleiche vorfinden. Das geistige Leben des Menschen beginnt auf dieser Erde!«
Wissenschaftler unseres Jahrhunderts, die für die hier geschilderten Aussagen und Erfahrungen von Carol Poldge, Rosemary Brown oder Louis Gasparetto nach klassischen Beweisen suchen, werden wohl mit leeren Händen nach Hause gehen.
Viele Menschen im Westen glauben, daß Kontakte mit der Welt der Geister nur Phantasien aus dem Unbewußten sind. Aber bitte: Woher kommen diese Bilder? Was ist überhaupt Phantasie?
Der Filmemacher Georg Lhotky im RTL-Fernsehstudio: »Könnte es sein, daß uns Mitteilungen aus anderen Dimensionen ständig erreichen, wir uns aber dessen nicht bewußt sind? Ist es möglich, daß manche unserer intuitiven und kreativen Ideen von außerhalb kommen?«
Viele Wissenschaftler haben sich schon mit der Idee vertraut gemacht, daß unser Gehirn wie ein komplizierter Sender und Empfänger funktioniert, der unter bestimmten Bedingungen die Gedanken und Gefühle eines anderen Bewußtseins aufnehmen kann.
Gerade der brasilianische Psychotherapeut Louis Gasparetto und viele unbekannte, kreativ-sensitive Menschen können eine wenig bekannte Fähigkeit der Psyche demonstrieren, nämlich die, Quellen von Wissen und Talent zu erschließen, die normalerweise unseren Sinnen nicht zugänglich sind. Und nach Ansicht der Spiritisten haben wir alle die Fähigkeit dazu.
Gasparettos in Trance gemalte Bilder sind Fenster zu anderen Dimensionen menschlichen Bewußtseins. Und es liegt an uns, ob wir dort nur graue Öde oder eine wundervolle Welt erblicken.

Die übersinnlichen Frauen

Von Hellseherinnen und ihren Talenten

Warum haben gerade viele Frauen eine Begabung für das Okkulte, das Unerklärbare? Liegt es daran, daß sie gefühlsorientierter sind, daß oft Emotion vor Intellekt geht? Verblüffende PSI-Fähigkeiten habe ich während der vielen Sendestunden der »Unglaublichen Geschichten« überwiegend bei Frauen ausmachen können. So sind Hellseherinnen viel öfter vertreten als ihre männlichen Kollegen.

Die wohl bekannteste Wahrsagerin Deutschlands ist Gabriele Hoffmann.

Ein trüber Winternachmittag. Am Ku-Damm sind alle Lichter eingeschaltet; die Autos sind laut. Es regnet. Ich drücke auf einen Türklopfer aus Messing, ein Portal öffnet sich und Stille ist um mich. Fast ist mir, als betrete ich eine heilige Halle.

Und wirklich hat diese alte Berliner Wohnung etwa dreihundert Quadratmeter Wohnfläche und neuneinhalb Zimmer. So etwas habe ich bisher nicht gesehen.

»Wir wohnen gern hier, mitten im Trubel Berlins«, sagt Gabriele Hoffmann, die irgendwo aus den Kulissen kommt und ihren Auftritt hat.

Ich meine dies nicht ironisch: Diese Dimensionen zwingen zum Schreiten, zum Deklamieren, zur großen Geste. Dabei ist die hübsche junge Frau eher bescheiden. Sie verbreitet nichts Mystisches, sieht man davon ab, daß sie noch vor dreihundert Jahren in den Verdacht der Hexerei geraten wäre.

Ich komme nicht als Kunde. Vielleicht bin ich auch nur zu feige, meiner Zukunft fest ins Auge zu sehen. Frau Hoffmann bestätigt meine Zweifel: »Wer im Moment ohne große Probleme, wer zufrieden ist und in sich selbst ruht, sollte nicht zu mir kommen. Denn ich erzähle jedem Kunden meine Visionen, auch wenn sie für ihn Schreckliches bedeuten!«
Inzwischen sind wir in dem kleinen, hohen Raum angelangt, dem eigentlichen Arbeitszimmer der Wahrsagerin. Um sie herum ein paar Bücher esoterischen Inhalts, an den Wänden Dankschreiben aus Kuweit, Kanada, Italien und Tunesien. Die Menschen kommen von weit her, um den Vorhang zu lüften, den ein gütiges Schicksal vor unsere Zukunft gelegt hat.
»Die Zeit ist eine unbestimmbare Größe. Medial begabten Menschen wie mir gelingt es, sie zu überlisten!«
Frau Hoffmann legt vor ihren Kunden die Karten, benutzt die Symbole aber nur als Konzentrationshilfe. Langsam, so sagt sie, versinke sie dann in Trance. Gegenwart, Zukunft und Vergangenheit beginnen zu verschwimmen. Das Leben ihres Klienten zieht vorbei wie ein wirrer Film ohne Anfang und Ende.
»Ich leide mit diesem Menschen und ich lache mit ihm«, erzählt Gabriele Hoffmann. »Dann sage ich ihm Dinge aus seiner Vergangenheit, komme langsam zur Gegenwart und in seltsam surrealistischen Bildern steigt die Zukunft vor mir auf!«
Präkognition, das Hellsehen, ist in der parapsychologischen Forschung ein fester Begriff. Wissenschaftler bezweifeln nur, daß man dieses Talent abrufen kann, daß man es anknipst, wie etwa einen Lichtschalter.
Visionen kann man nicht zwingen. Doch hat jeder Mensch hellseherische Erlebnisse, Tagträume, die sich auf die Zukunft beziehen. Nur künden sie nicht immer

von schicksalsträchtigen Ereignissen wie Geburt und Tod. Alltagssituationen tauchen auf, die so simpel sind, daß wir sie gleich wieder vergessen.
Auch Gabriele Hoffmann, die als kleines Mädchen erste Prophetien erlebte, verkündet ihren Kunden in ganz seltenen Fällen ein schweres Schicksal.
»Das Leben der meisten Menschen verläuft relativ normal«, sagt sie.
Ihr visionäres Talent hat sie oft bedrückt. »Ich habe tausend Leben gelebt«, meint sie. »Ich durchlitt die schrecklichen Freuden eines Mörders und die Angst des Opfers!«
Im Schwebezustand zwischen der realen Welt ihrer eigenen Existenz und der ihrer Besucher erlebt sie Lachen und Tränen ihrer Kundschaft, als wären es ihre eigenen Gefühle.
»Deshalb arbeite ich auch nur am Nachmittag, zwischen zwei und fünf Uhr. Mehr Konzentration auf das Schicksal anderer Menschen würde mich zerstören!«
Ähnlich begabt ist Marija Erika Schwepper, die unlängst von der Ruhr an die Isar, von Hattingen nach München, gezogen ist. Ihr Terminkalender zeigt keine weißen Stellen. Sie lebt entsprechend generös.
»Hellsehen konnte ich eigentlich schon als Kind«, erzählt die schöne Marija. Ihr Großvater hatte schon solche Talente. Die Eltern zogen aus dem kleinen Dorf in der Nähe von Zagreb ins Ruhrgebiet. Marija ging hier zur Schule, lernte einen kaufmännischen Beruf, war später selbständig als Kosmetikerin.
Marija bittet ihre Besucher um eine Schriftprobe: das Geburtsdatum. Sie benutzt die Information als Konzentrationshilfe, so wie ihre Kolleginnen Karten legen oder in die Kugel schauen. Mit Graphologie kennt sie sich nicht aus.

Marija hat in oft verblüffender Weise aus dem Studio von »Radio Luxemburg« heraus über Telefon und Mikrofon die Vergangenheit und Gegenwart vieler Hörer analysiert. Oft konnte sie ihre unbekannten Telefonpartner auch äußerlich beschreiben, nannte Einzelheiten der Familienstruktur.
»Sie haben eine kleine Tochter, sie ist blond und hat große Kontaktschwierigkeiten«, sagte sie zum Beispiel. Oder: »Das Jahr 1978 war sehr wichtig für sie. Eine Trennung hat ihr Leben total verändert!«
Fast immer wurden von den Hörern solche Angaben bestätigt. Ob die Deutungen auf Zukünftiges eingetroffen sind, konnte natürlich nicht nachgeprüft werden.
Obwohl Marija und ihre hellseherische Beratungsstunde im Radio ein Erfolg waren, entschloß ich mich, die Auftritte der attraktiven Wahrsagerin zu reduzieren. Aus Tausenden von Briefen konnten wir immer nur ein bis zwei Ratsuchende pro Sendung anrufen. Zu viele Menschen wurden daher enttäuscht. Außerdem ist die Gefahr, daß zwischen Hellseher und Klient ein Abhängigkeitsverhältnis entsteht, groß. Viele Menschen neigen dazu, wichtige Entscheidungen erst dann zu treffen, nachdem sie ihren Hellseher oder Astrologen gefragt haben. Sie verlernen, auf ihre innere Stimme zu hören, die positiven Kräfte zu mobilisieren, der eigenen Intuition zu vertrauen.
Viele Parapsychologen sind von der Existenz des Hellsehens in seiner klassischen Form überzeugt, andere Forscher meinen, daß bei entsprechender Erweiterung des Telepathiebegriffes das Hellsehen dem Gedankenlesen gleichzusetzen sei.
Dann hätten sowohl Gabriele Hoffmann als auch Marija Erika Schwepper nur das Unbewußte ihrer Kunden anzuzapfen, um an Informationen zu kommen. Oder sie

hätten als besonders sensitive Menschen Zugang zur Akasha-Chronik, eine Art Weltgedächtnis, in dem alles Geschehen von Vergangenheit, Zukunft und Gegenwart gespeichert sein soll. Hellsichtigen soll es möglich sein, in dieser Chronik zu lesen. Welche Methoden auch immer zu Hellsichtigkeit führen, ein Phänomen bleibt sie allemal.

Der Mensch kann sich nicht einfach so hinnehmen, wie er sich in einem beliebigen Augenblick vorfindet; unser ganzes Leben hindurch haben wir die Aufgabe, uns zu formen. Sonst verlieren wir uns selbst und begegnen nie der Wirklichkeit.
Georg Volk
Theologe, geb. 1898

Die Erde lebt

Beginnt ein neues Zeitalter?

Die RTL-Hörfunk- und -Fernsehsendungen »Unglaubliche Geschichten« erreichen an jedem Wochenende ein Millionenpublikum. Menschen, die sich zufällig einschalten, reagieren meist fassungslos auf die Berichte über Hellsehen und Wiedergeburt, Spiritismus, Schamanismus oder gar die vielen PSI-Erlebnisse, die uns von Hörern geschildert werden und von denen ich einige in diesem Buch zusammengefaßt habe.
Oft ist die Reaktion auf unsere Themen aggressiv. Es paßt nicht in das Weltbild mancher Zeitgenossen, daß es Dinge gibt, die es eigentlich in dieser »aufgeklärten Welt« nicht geben sollte.
Ist auch noch vom Tod die Rede, von einem möglichen Überleben des Todes oder gar von einer »Brücke zum Jenseits«, häufen sich Protestbriefe, und zornige Anrufer machen sich noch während der Ausstrahlung Luft.
Die »Unglaublichen Geschichten« haben freilich auch ein großes Stammpublikum, das die Sendung mitschneidet, Kassetten untereinander austauscht und oft

eine richtige Gemeinde bildet. Obwohl der Freiburger Parapsychologe Elmar Gruber und ich immer wieder darauf hinweisen, die Beiträge dieser Sendung nicht unkritisch als »frohe Botschaft« zu übernehmen, bilden sie bei vielen Menschen eine Art Ersatzreligion.

Dabei wollen wir eigentlich nur versperrte Türen im Bewußtsein aufstoßen, wollen anregen zur Weiterbeschäftigung mit diesem Thema.

»Das Okkulte« heißt »das Unbekannte«, und die Beschäftigung mit ihm ist eine wundervolle Kontaktmöglichkeit mit uns selbst.

Wir helfen, ein altes Wissen neu zu entdecken. Die Kräfte des eigenen Unterbewußtseins sind schier unerschöpflich. Es liegt an uns allein, ob wir ein glückliches und erfülltes Leben führen oder in der Trübsal des Alltags verkümmern.

Der Philosoph Heidegger hat einmal gesagt, die größte Schwierigkeit des Menschen ist seine Neigung, sich in der Trivialität des Alltags zu verstricken, in der erdrükkenden Welt seiner persönlichen Sorgen. Und damit vergißt er die unermeßliche Welt der größeren Bedeutungen, die ihn umgibt.

Zu unserem Redaktionsprogramm in Luxemburg gehört gleichermaßen die Aktivierung verschütteter Begabungen wie positives Denken, Einkehr in sich selbst, Lernen im Stadium herabgeminderten Bewußtseins und eine Technik anzunehmen, die man das »Klarträumen« nennt und die uns aggressionsfreier und bewußter leben läßt.

»Der Mensch kann nur leben und sich entfalten, wenn er Bedeutungen in sich aufnimmt, ähnlich wie ein Kind nur gedeihen kann, wenn es Nahrung zu sich nimmt«, sagt Wilson.

Wer erkennt, wie grenzenlos und unerschöpflich die

geistigen Möglichkeiten von uns allen sind, wird freier und ohne Angst seine Tage gestalten.
Colin Wilson: »Die Zivilisation wird sich nicht weiterentwickeln, wenn wir das ›Okkulte‹ nicht mit gleicher Selbstverständlichkeit anzunehmen lernen wie die Atomenergie!«
Wir alle kennen Dinge, die wir nicht in der Schule gelernt, in Büchern gelesen oder im Fernsehen gesehen haben. Das uralte Wissen des Menschengeschlechts ist in uns, tief verborgen, aber jederzeit bereit, ans Licht geholt zu werden.
Dr. Rupert Sheldrake, ein englischer Biologe, spricht vom »morphogenetischen Feld«, das unsere Erde umgibt. In ihm sind – unabhängig von Raum und Zeit – sämtliche Informationen unserer Welt gespeichert, abrufbar für jeden, der sich darum bemüht.
Durch »morphische Resonanz«, so Sheldrake, können wir innerhalb unserer Spezies an deren Wissen und Erfahrung teilnehmen.
Ein neues Zeitalter wird uns vorausgesagt. Das Zeitalter des »Wassermanns« löst das der »Fische« ab. Manche meinen, es hätte mit der Landung der ersten Menschen auf dem Mond begonnen, ist es doch unabhängig von kalendarischen Daten.
Die »Wassermann«-Periode ist das Zeitalter des Geistes, in dem sich die Menschen auf Fähigkeiten besinnen, die unseren Vorfahren längst vertraut waren. Es ist das Zeitalter der totalen Information: Computersysteme und Satelliten tragen das Wissen um den gesamten Erdball und was früher als »Esoterik«, als Geheimwissen, nur wenigen Menschen zuteil war, kann jetzt von jedem genutzt und verarbeitet werden.
»New Age«, die neue Zeit, wird uns verkündet von Philosophen, Biologen, Physikern und Psychologen.

Der bekannte Atomphysiker Fritjof Capra hat vor einigen Jahren versucht, Parallelen und Übereinstimmungen zwischen mystischer Erfahrung und wissenschaftlicher Denkweise zu ergründen und nachzuweisen. Die von ihm festgestellte Übereinstimmung der Aussagen moderner Physik und östlicher Philosophie führt zu einem ganz neuen Bild unserer Welt. In dem Bestseller »Wendezeit« ausführlich nachzulesen.
Auch der amerikanische Psychologe und Physiker Peter Russell glaubt fest daran, daß die Menschheit sich momentan im unmittelbaren Vorfeld eines größeren evolutionären Durchbruchs befindet.
Schon 1948 hat der englische Astronom Fred Hoyle gemutmaßt: »Liegt von der Erde erst mal ein aus dem Weltraum aufgenommenes Foto vor, wird das einen der größten Umdenkprozesse in der Geschichte auslösen!«
Inzwischen haben wir dieses Bild: die blaue Perle, geschmückt von weißen Wolkenfetzen, in der Schwärze des Alls.
Peter Russell meint, daß damit das wertvollste Ergebnis der Apollo-Flüge nicht so sehr auf wirtschaftlichem, militärischem und wissenschaftlichem Gebiet liege als auf dem unseres Bewußtseins.
Russell: »Der Anblick der Erde aus dem Weltraum hat zu einer weiteren Erkenntnis geführt, nämlich daß der Planet in seiner Gesamtheit durchaus ein Lebewesen sein kann. Vielleicht sind wir Erdlinge Flöhen vergleichbar, die ihr ganzes Leben auf einem Elefanten verbracht haben, ohne ihn als Geschöpf zu erkennen!«
Die Erkenntnis ist phänomenal: Wir sind Teil eines lebenden Organismus, den wir selbst nicht als solchen erkennen, weil wir mit ihm verwoben sind.
Russell: »Eine Zelle in unserem Körper, die einen winzigen Teil von dessen Innerem kurz zu sehen bekäme,

würde die wohl vermuten, daß der Körper selbst ein Lebewesen ist?«

Wenn wir also Teil eines funktionierenden gigantischen Lebewesens sind, dann ist es um so dringlicher, uns um dessen Fortbestand zu sorgen: Wir müssen ein ökologisches Bewußtsein entwickeln und nähern uns damit dem schon so oft zitierten Karma-Begriff, daß alles, was wir tun, Wirkungen zeitigt.

Wir allein sind für uns, für unsere Erde verantwortlich. Deshalb müssen wir selbst dafür Sorge tragen, daß Aufrufe wie die von Franz Alt nicht ungehört verhallen:

»Erstmals in der Geschichte haben Menschen die Möglichkeit, ihre Geschichte zu beenden. Der atomare Holocaust würde jedoch nicht nur die heute lebenden 4,5 Milliarden Menschen vernichten, er würde auch Milliarden künftiger Leben unmöglich machen und zugleich die Erinnerung an alles frühere Leben auslöschen. Atomarer Holocaust wäre also nicht nur der Tod der Gegenwart, sondern auch der Tod der Zukunft und der Tod der Vergangenheit. Atomarer Holocaust wäre der Tod jeder Geburt und jeden Todes. Es gäbe erstmals in der Geschichte keine Erinnerung an frühere Generationen und keine Hoffnung auf zukünftige mehr. Wir würden die Toten nochmals töten und unseren eigenen Kindern die Waffe an den Kopf halten!«

Hier schließt sich der Kreis. Und was als »Unglaubliche Geschichten« begann, ist nichts anderes als eine Erweiterung unseres Bewußtseins über den Tag hinaus. Alles auf dieser Welt ist miteinander verwoben: das Sichtbare und das Unsichtbare genau wie Tag und Nacht. Erlebnisse aus dem Unbewußten, die Deutung unserer Träume, die Begegnung mit unserer Zukunft oder gar ein harmloser Spuk tragen dazu bei, unsere Welt so zu begreifen, wie sie ist: daß die Entwicklung des Lebens

kein Zufall gewesen ist. Sie wurde von Kräften geformt und geleitet, die sich durch Intelligenz und Zielgerichtetheit auszeichnen.
Es scheint, so Colin Wilson, daß das intelligente Universum versucht, mit uns Kontakt aufzunehmen. Die scheinbar unglaublichen Erlebnisse jener Menschen, die für dieses Buch geschrieben haben, können Hinweise darauf sein.

Dr. Günther Abel

Die Hexe

Noch zu Beginn der fünfziger Jahre wurden Narkosen schlicht aus freier Hand durchgeführt. Schimmelbuschmaske, Chloräthyl, Äther sowie das Können und subtile Fingerspitzengefühl des Narkotiseurs entschieden über ihre Wirksamkeit.

An einem Freitag im Juni stand der fast alltägliche Fall der Entfernung eines oberflächlichen Tumors an. Der jungen rothaarigen Dame sollte eine gutartige Geschwulst entfernt werden. Der am Kopfende sitzende Arzt hatte bereits mit dem Äthertropfen begonnen als der Operateur warnte:

»Vorsicht, Herr Kollege, sie ist rothaarig, somit höchstwahrscheinlich kreislauflabil, und die Nervenversorgung über der Wirbelsäule zeigt erfahrungsgemäß Tükken. Halten Sie daher bitte die Narkose so flach als möglich, versuchen Sie Sprechkontakt!«

Die Situation war geklärt. Schmerzempfindung und klares Denken waren auszuschalten, Ansprechbarkeit und sofortiges Erwachen mußten gewährleistet sein.

»Spüren Sie Schmerzen, gnädige Frau?« fragte der Arzt.

»Nicht direkt, nur die Flammen lodern immer heißer und der Pfahl am Rücken scheuert ekelhaft.«

»Woher könnte Ihrer Meinung nach das Feuer kommen? Was bedeutet der eben erwähnte Pfahl?«

»Sehen Sie denn nicht, daß ich inmitten eines Reisig-

feuers an der Strange festgebunden bin?« antwortete die Patientin.
»Wie kamen Sie in diese Situation?«
»Sie fragen noch, obwohl die Spatzen das von den Dächern pfeifen?! Der Herr Großinquisitor behauptete meiner roten Haare wegen, ich sei eine Hexe, buhle mit dem Satan, verurteilte mich zum Tode, zog mein Vermögen ein«, erwiderte erregt die Kranke.
»Wie gelangte dieser Herr zu solchen Behauptungen?«
»Natürlich alles Lüge, aber die Weigerung, mich einem der Männer hinzugeben, ist der Grund für die Verurteilung.«
Der Operateur mußte jetzt doch tiefer präparieren, bat, die Narkose zu verstärken. Die Patientin atmete tief durch, stöhnte leise vor sich hin:
»Schauen Sie dort den Lüstling auf der Tribüne? Er stiert auf meine Brüste. Geifer rinnt aus diesem bösen Maul, das mich denunzierte, nur weil ich mir seine üblen Nachstellungen verbeten hatte.«
Dann wurde die Patientin unruhig, ihr Gewebe verspannte sich, das Blut wurde dunkler, Vorsymptome eines Narkosezwischenfalles. Sofort die Maske vom Gesicht, auf glatten Durchgang der Luftwege achten. Nach einer Minute normalisierte sich ihr Zustand, die Ätherberieselung konnte fortgesetzt werden.
»Besser so, gnädige Frau?« fragte der Narkosearzt.
»Danke. Der Wind hatte sich nur gedreht, Rauch verhinderte das Luftholen. Nun lodert das Feuer wieder, meine Qual wird bald beendet sein.«
Eine kleine Pause trat ein, die Operation lief zügig weiter. Dann hörte man die nächsten Sätze von ihr:
»Sehen Sie das hämische Grinsen der Hofschranzen, die an ihren Altardeckchen nähen und sticken, um dafür im Himmel belohnt zu werden?«

»Wie alt sind Sie jetzt?«
»Gestern war mein achtzehnter Geburtstag. Zum Sterben viel zu früh. Eines ist sicher, ich bin unschuldig und werde auf diese Erde zurückkommen. Drüben links auf der Empore der Großinquisitor. Er befahl, Busen und Oberschenkel mit Brenneisen zu verunstalten, um zukünftig dem Satan die Einfahrt in meinen Körper zu verwehren. Auch in den Rücken, dort wo die Wunde scheuert, stieß er glühendes Eisen, tief bis auf den Knochen«, klagte die Frau.
Der Operateur hatte die letzten Worte gehört, schüttelte den Kopf und meint:
»Sonderbar, was Patienten für dummes Zeug in der Narkose reden. Übrigens ist der Tumor gutartig aber völlig atypisch und viel zu stark gefäßversorgt. Daher bitte ich Sie, leicht weiterzuträufeln!«
Immer noch in Trance, leise, kaum vernehmbar, ergänzte die Dame ihren Bericht:
»Auch der Henker ist kein ehrenwerter Mann. Er nahm mein Geld, versprach, mir die Kehle zuzudrücken, hat sein Wort nicht gehalten. Das ist der Grund, warum ich Ihre Fragen beantworten kann. Übrigens: Wer sind Sie? Ihre Stimme erscheint mir unbekannt, sie schallt aus weiter Ferne. Stammen Sie aus Brabant?«
Jetzt war die Prozedur endlich vorbei. Maske ab. Pfleger hievten die Patientin auf eine rollende Trage, bemerkten an Brüsten und Oberschenkeln braune Flekken. Die Dame war jetzt wieder in der Wirklichkeit, lächelte, bemerkte die Verwunderung der Männer in weißen Mänteln.
»Kein Grund zur Aufregung, es sind nur Leberflecke, von Geburt an, stehen mit der Rückengeschwulst in keinem Zusammenhang. Ein Facharzt hat diese Veränderungen genauestens untersucht.«

Der nächste OP-Fall stand an, eine Gallenexstirpation. Den Ausführungen in der Narkose wurde keinerlei Bedeutung zugemessen.
Jahre später. Besuch in einem Straßburger Antiquariat. Der freundliche Besitzer mit gepflegtem Oberlippenbärtchen zog aus einem Haufen unordentlich gestapelter Bücher einen alten Kupferdruckband.
»Schauen Sie sich doch mal die makellose Frau an. Sie wurde von der Inquisition zum Tode verurteilt«, sagte er.
Das Bild setzte einen gelinden Schock, glich doch die abgebildete Deliquentin haargenau jener Dame aus unserer Zeit im OP-Raum. Deutlich waren dunkle Brandflecke an den Körperteilen festzustellen. Der hilfsbereite Antiquar übersetzte den Begleittext aus dem Alt-Französischen:
»Achtzehnjährige Frau aus reichem Hause erhielt vom Satan fürs Buhlen Gold und Edelsteine. Trotz Folter hat sie ihre Missetaten nie eingestanden. Wer derart widerstandsfähig ist, beweist damit seine Schuld. Nur loderndes Feuer kann die vom Teufel besessene Seele wieder reinigen.«
Es gibt Dinge, die mit dem Verstand nicht zu klären sind. Waren beide Personen identisch oder hatte uns die Genetik nur einen Vorfall der Vergangenheit ermittelt? Tragen wir in uns auch die Geschichte unserer Ahnen? Oder stimmt es, was die Menschen Asiens von der Wiedergeburt berichten?

Rudolf Braunburg

Geheimnisvolle Stimmen

Von all meinen Flügen sind mir die Nachtflüge über den Nordatlantik am intensivsten in Erinnerung. Man startete im letzten Nachmittagslicht in New York. Kaum hatte man die Reiseflughöhe hinter Nantucket Island an der Ostküste erreicht, zog vor dem Radarbug die Nacht herauf: Man flog der Zeit entgegen. Hunderte von Ozeanüberquerungen – doch eine davon wird mir immer unvergeßlich bleiben. Das unerklärbare Ereignis fand zu einer Zeit statt, als wir noch mit einem Navigator an Bord flogen.

Heute hat ein Roboter namens *Inertial Navigation System* die Navigation übernommen. Er läßt sich gern mit seinem Kürzel INS anreden. Sein deutscher Name ist: Trägheitsnavigationssystem; und natürlich arbeitet er erst dann einwandfrei, wenn er, wie jede Automatik, von leibhaftigen Menschen programmiert und aktiviert wird. Auch die Kaffeemaschine liefert nur dann »automatisch« den Morgenkaffee um 7 Uhr 28 ab, wenn sie am Abend vorher entsprechend programmiert wurde.

Den Navigator, den wir damals, auf jenem mysteriösen Flug an Bord hatten, brauchten wir nicht erst zu programmieren – er arbeitete auch so auf Hochtouren.

Denn das Flugwetter war miserabel. Navigatoren mögen Sterne, die sie schießen können – mit dem Oktanten. Wie die alten Segelschiffkapitäne. Aldebaran und Sirius, Arcturus, Deneb, Beteigeuze heißen die Stars der Nordatlantiknacht, nach denen der Navigator sein Besteck macht, seine Positionen bestimmt. Ich habe anderthalb Jahre lang in dieser Funktion am Sehrohr des Oktanten gehangen und auf klare Sicht gehofft: Ich weiß, wovon ich rede.

Doch auf jenem Flug saß ich vorn links. Ich hatte nun zwar als Kommandant mehr Machtbefugnisse, jedoch weniger Beziehung zu den Sternen und dem *Air-Almanach,* dem Kalender, in dem die genauen Positionen der Sterne und Planeten aufgeführt sind. Trotz des schlechten Wetters mit Vereisung und Sankt-Elms-Feuer an den Scheiben kamen wir ganz gut über den größten Teil des Nordatlantik hinweg. Radarüberwachung mitten auf dem Ozean gab es damals nicht und gibt es heute noch nicht, da die Reichweite von Radar beschränkt ist. Also gaben die Piloten ihre errechneten Positionen alle zehn Längengrade per Funk an die zuständigen Kontrollstellen durch. Heute hilft ihnen dabei das INS. Als wir uns damals langsam der irischen Küste näherten, mußte unser Navigator, ansonsten ein fähiger Mann, zugeben, daß er unsere Position rein theoretisch errechnet habe. Er habe selten so ein miserables Wetter erlebt, über den gesamten Atlantik hinweg. Keine einzige Möglichkeit, einwandfrei »Sterne zu schießen«. Auch die Funknavigation sei schwer gestört: durch Nordlicht, elektromagnetische Sonnenstürme und ähnliches, was einen Mann vom Fach zur Verzweiflung treiben kann.

Also: Die Position für 20 Grad West... reine Theorie. Ich gab sie über Kurzwellenfunk an Shannon Control in Irland. Derartige Meldungen werden in Einzelziffern abgelesen. 5–8–2–0 bedeutet: 58 Grad Nord, 20 Grad West. Als ich mich ans Mikrofon hängte, um mit Shannon zu reden, saß ich allein im Cockpit. Der Copilot war

in die Kabine gegangen. Der Flugingenieur beugte sich gerade über eine Apparatur, die nicht funktionieren wollte: die Wasserversorgung für die hinteren Toiletten.
Plötzlich hörte ich eine mechanisch klingende Stimme im Kopfhörer. Ich rückte die Halterung zurecht und drückte mit den Fingern die Hörmuscheln an, um besser zu verstehen. Die Stimme klang wie in bestimmten Hörspielen, wenn sie elektronisch verzerrt wird. Sie gab eine Zahlenreihe durch. Ich müßte lügen, würde ich heute noch die einzelnen Ziffern nennen. Was ich ganz genau weiß: Die Zahlen gaben eine Position wieder, die nicht der unsrigen entsprach.
Automatisch schrieb ich die Ziffern mit. Dann versuchte ich über Gegensprechfunk herauszukriegen, mit wem ich da in Kontakt war. Vergebens.
Ich bekam keine Antwort.
Kurze Zeit darauf kam der Navigator nach vorn und gestand mir schamhaft, seine theoretisch errechnete Position sei falsch gewesen. Er habe, unter dem Streß der stundenlangen navigatorischen Abstinenz, einen simplen Rechenfehler gemacht.
Schlecht und gut, wie laute nun die wirkliche Position auf 20 Grad West?
Er las die Ziffern vor. Ich traute meinen Ohren nicht. Sie entsprachen genau der Position, die die Geisterstimme durchgegeben hatte. Ich brauchte nur auf meinen Notizblock zu schauen. Dort stand, was mein Navigationsoffizier jetzt von seinem Zettel ablas.
Inzwischen waren wir bis auf 15 Grad West an Irland herangerückt. Und da tauchte dann zaghaft Irlands Radar auf und gab unsere wirkliche Position durch. Sie führte unsere erste, theoretische Positionsmeldung ad absurdum und bestätigte, was die Geisterstimme be-

reits gemeldet hatte. In einem Bereich, der außerhalb jeglicher Radarkontrolle lag...

Es hatte sich jemand eingeschaltet, der unseren falschen Kurs korrigiert hatte. Der hätte uns leicht auf Kollisionskurs mit anderen Irland anfliegenden Flugzeugen bringen können. Gegen Morgen nähern sich innerhalb weniger Stunden rund hundert Flugzeuge der irischen Küste...

Wer hatte versucht, unseren Kurs zu berichtigen?

Ich weiß es bis heute nicht.

Ich habe keine Erklärung dafür.

Keiner außer uns konnte unsere genaue Position wissen.

Hildegard Brinkhege

Die Muttergottes von Ars

Wir fahren schon seit vielen Jahren gern nach Spanien. Zuerst reisten wir im Bus, weil es die günstigste Art war, dieses Land zu sehen. Wir lieben die lange Anreise, weil wir durch sie unser Urlaubsziel immer wieder neu erobern. Die Verschiedenartigkeit in der Geschichte der Völker versteht man wohl am besten, wenn man sich über die Entfernungen klar wird, die sie voneinander trennen. Wir waren nach einem herrlichen Sonnenurlaub in Lloret de Mar fast schon zu Hause. Im Morgengrauen hielt unser Bus in der kleinen französischen Stadt Ars – etwas abseits der Autobahn, in der Nähe von Metz. Wir wollten unsere von den Liegesitzen malträtierten Knochen ein wenig bewegen, um den Rest der Reise zu überstehen. Im Bus dampfte Kaffee aus Thermoskannen, und die Sandwiches hatten ein fast biblisches Alter.
Um halb sieben wollten wir weiterfahren, weiter nach Hamm, weiter zu unserem Sohn, auf den wir uns nach vier Wochen besonders freuten. Mit seinen 22 Jahren fand er es schon lange nicht mehr erstrebenswert, mit seinen alten Herrschaften auf Reisen zu gehen.
Mein Mann und ich schlenderten durch den noch schlafenden Ort. Aus der Boulangerie ließ der Duft von frischem Brot auf einen emsigen Bäcker schließen. Die Luft war feucht und grau. Um so behaglicher wirkte das Licht in der Dorfkirche. Dort wollte ich Andacht halten, danken für den glücklichen Verlauf der Reise.

Die vielen brennenden Kerzen im Gotteshaus erstaunten mich. Hier war es noch stiller als in den verlassenen Straßen von Ars. Ich entzündete ein Licht und bemerkte den unendlich traurigen Gesichtsausdruck der Madonna. Bisher kannte ich nur lächelnde Darstellungen der Muttergottes. Ihr Blick rührte und verwirrte mich und ließ mich nicht mehr los.

Die Heimkehr wurde zum Schock, zur tragischsten Station meines Lebens: unser Sohn war in den frühen Morgenstunden plötzlich gestorben.

Viele Monate später – ich konnte mein Leben wieder greifen – brachte ich die Todesstunde meines Kindes und die traurige Maria von Ars in Verbindung. Ich wollte wissen, ob die Muttergottes wirklich so verzagt aussieht oder ob meine unbewußte Vorahnung diesen Gesichtsausdruck nur projiziert hatte.

Es war Sonntagmorgen in Ars. In der hellen Kirche fand der Gottesdienst statt. Ganz sachte zog ich meinen Mann zu der Stelle, an der ich die Marienstatue gesehen hatte.

Sie war nicht da. In keinem Winkel der Kirche war sie zu finden. Sie war einfach verschwunden.

Der Pfarrer sollte helfen. »Nein«, sagte er kopfschüttelnd, als er sich meine Geschichte angehört hatte, »ich bin seit fast 33 Jahren hier in Ars, Madame, die Madonna, die Sie beschreiben, hat es hier nie gegeben!«

Johannes v. Buttlar

Die grüne Tür

Es liegt Jahre zurück und geschah in Australien. Mein Bericht gibt einen Vorfall wieder, den man dort zuallerletzt erwarten würde. Denn Australien ist nach wie vor ein Land der Pioniere, und das Leben spielt sich größtenteils im Freien ab.
Eine neue Welt, in der kein Platz ist für Metaphysik; so sollte man glauben.

Es passierte 1957, als ich an der Universität Melbourne studierte. Die Semesterferien hatten gerade begonnen und ich pflückte Beeren auf einer riesigen Obstfarm in den Dandenong Hills, mit meinem chinesischen Kommilitonen Ang. Zwei Wochen waren vergangen und die Beerenpflückerei hing mir zum Halse heraus. Viel früher als ursprünglich vorgesehen setzte ich mich in den Zug und fuhr nach Melbourne zurück. Ang war auf der Farm geblieben.
Da ich bei Semesterschluß mein möbliertes Zimmer aufgegeben hatte, mußte ich mir nun ein neues suchen. Im Anzeigenteil einer Tageszeitung fand ich bald ein Angebot. In East Melbourne war ein Zimmer annonciert, das genau richtig zu sein schien.
Es war ein brütend heißer Tag. Ich schlenderte an der Flinder Street Station vorbei und durchquerte den Park nach East Melbourne.
Bald erreichte ich die Straße, in der das Zimmer zu

vermieten war. Eine Villa löste die andere in der Zurückgezogenheit ihrer weitläufigen Gärten ab. In Gedanken sah ich meine zukünftige Bleibe bereits in einem der stattlichen Häuser.

Nun, als sich ausgerechnet »mein Haus« als düster und verwaschen herausstellte, war die Enttäuschung groß. Es war ein grauer, heruntergekommener Kasten und dort völlig fehl am Platz. Ich hätte auf der Stelle umkehren sollen.

Aber irgend etwas Unerklärliches zog mich förmlich zu diesem Haus, trieb mich die wenigen Zementstufen hinauf bis zur offenen Tür, die vor langer Zeit einmal dunkelgrün gestrichen war und deren Farbe jetzt langsam abblätterte.

Eine muffige, dunkle Atmosphäre schlug mir entgegen. Ich muß noch einmal betonen, daß von diesem Haus etwas obskur Anziehendes ausging, das mich in Bann schlug. Zögernd klopfte ich. Drinnen rührte sich etwas, und jemand kam plattfüßig die Treppe herunter. Erst als dieser »Jemand« die unterste Stufe erreicht hatte, erkannte ich im dunklen Flur eine Frau; eine gedrungene, dicke Frau mit großem, bleichen Gesicht und glatten, fettigen Haaren.

Sie musterte mich aus kleinen, stechenden Augen und stellte sich dann als Zimmerwirtin vor. Ich gab ihr zu verstehen, daß ich an diesem ausgeschriebenen Zimmer interessiert sei. – Ich benutzte absichtlich das Wort »interessiert«, da ich bis zu diesem Augenblick immer noch glaubte, jederzeit umkehren zu können.

Wie dem auch sei, für sie jedenfalls war alles schon geregelt. Sie führte mich nach oben, um mir das Zimmer zu zeigen.

Am Anfang des Flurs, im ersten Stock, stand eine Tür offen. Im Vorbeigehen bemerkte ich ein riesiges Doppelbett mit einem mickrigen Mann zwischen einigen Decken auf blanken Matratzen. Sechs Kinder tobten um ihn herum, die er abwechselnd anschrie oder ohrfeigte: Der Hauswirt, wie sich später herausstellte.

Wir passierten zwei verschlossene Türen. Die dritte machte die Vermieterin auf, als öffne sie die Flügeltüren des Versailler Schlosses. Sie schob mich in einen kahlen Raum, dessen verblichene zitronengelbe Wände mich in müder Resignation anstarrten. Selbst ein Vorhang hätte die verstaubten Fenster nicht verstecken können. Das einzige Möbelstück war ein Bett.

Eigentlich hätte ich auf der Stelle gehen müssen. Ich hatte nicht die geringste Veranlassung, diesen Raum zu mieten. Statt dessen drückte ich der Wirtin stillschweigend vier Pfund in die schwitzende Hand, zog die Tür hinter mir zu und richtete mich in der neuen Behausung ein. Das heißt, ich entnahm meinem Koffer einige Bücher, schob den Türriegel vor, obwohl ich sonst nicht gerade ängstlich bin, legte mich hin und las: den alten Goriot von Balzac.

Nach etwa zehn Minuten klopfte es. Wer konnte das sein? Meine Freunde wußten – Gott sei Dank – nicht, daß ich hier hauste.

Ich öffnete und fand mich einem kleinen Mann gegenüber, der mich in Bierdunst einhüllte. Mit kehlig-dunkler Stimme machte er sich als Zimmernachbar bekannt und ließ mich wissen, daß er Neu-Australier polnischer Herkunft sei. Grund genug, mir auf die Schulter zu schlagen und in Tränen auszubrechen. Gleichzeitig hielt er mir eine Bierflasche hin. »Trink«, sagte er, »ich bin Schichtarbeiter in der Brauerei und krieg's umsonst.« Seine Freizeit verbrachte er damit, auf dem Rennplatz abwechselnd zu gewinnen oder zu verlieren. Und wieder rollten ihm die Tränen die Wangen herunter. Dabei mußte er eine Gewinnsträhne gehabt haben, denn die Pfundnoten hingen ihm bündelweise aus den Taschen. Ich mußte unbedingt sein Zimmer sehen. Die Bierkästen standen kreuz und quer im Zimmer herum, und an einer Wäscheleine von einer Wand zur anderen hingen ungefähr ein Dutzend Salami-Würste. Nach einem weiteren Bier konnte ich mich loseisen.

Es waren kaum fünf Minuten vergangen, als es abermals klopfte. Mein erster Gedanke war, um Himmels willen, nur nicht schon wieder Wadjislav! Widerwillig öffnete ich die Tür. Da stand zu meiner Verwunderung ein langer, dürrer Mann mit roten Lidern über verwaschenem Blick.

»Na, wie geht's dir, Kumpel«, begrüßte er mich in breitestem australischen Akzent, »ich wohne zwei Türen weiter, mein Name ist Charles.«

»Du mußt meine Sheila kennenlernen«, drängte er. In Australien ist Sheila nicht nur ein Mädchenname, sondern auch der allgemein benutzte Begriff für Freundin.

Was blieb mir übrig. Ich folgte Charles und stellte mir ein großes, schlankes Mädchen vor, in weißem Kleid und passendem breitrandigem Sommerhut.

Als Charles die Tür öffnete, bot sich mir ein geradezu groteskes Bild. Denn Sheila, in Charles' Schlafanzugjacke verpackt, hockte wie ein trauriger Papagei mit roten Ringellöckchen im Bett. Um die blaßblauen Augen hatte sich das Make-up aufgelöst und lief in schwarzen Streifen die Backen entlang.

Auch Charles führte ein möbelloses Dasein, darum mußten wir uns aufs Bett setzen. Wie sich ergab, war Sheila die lokale Prostituierte und philosophierte gern. Denn als wir so dasaßen, warf sie plötzlich die Frage auf, ob wir wirklich sind oder etwa nur träumen,

daß wir sind. Dabei bedachte sie mich mit einem sorgenvollen, nachdenklichen Blick! Charles geriet durch Sheilas unerwartete philosophische Überlegungen derart in Wut, daß er ihr mit den Worten »jetzt merkst du, daß wir sind«, eine schallende Ohrfeige verpaßte. Beim nachfolgenden Streit verschwand ich unbemerkt.
In den kommenden Tagen las ich fast ohne Unterbrechung. Nur wenn ich hungrig war, mußte ich in die Küche hinunter: einen abstoßenden Raum mit vorhanglosem Fenster und Ausblick auf die nächste Hauswand. In der Mitte stand ein schmieriger Tisch und ein alter Gasherd an der einen Wand. Ein paar Spinde, für jeden Mieter einer, vervollständigten die Einrichtung. Eine vom Bratdunst verklebte, nackte Glühbirne spendete ein Minimum an Beleuchtung. Durch den dunkelgrünen Ölanstrich wurde die unfreundliche Atmosphäre noch unterstrichen.
Am anderen Ende, gegenüber der Küchentür, führte eine kleine schmale Tür zur Besenkammer. Es roch ständig nach Fisch und verbrannten Würstchen. Manchmal traf ich dort Charles und Wadjislav, wenn wir nach Junggesellenart kochten.
Etwa nach vier oder fünf Tagen hatte ich das dringende Bedürfnis zu zeichnen. Ich besorgte mir also Farbstifte, Papier und Reißzwecken. Da ich keinen Tisch besaß, mußte ich die Bögen an der Wand befestigen.
Es war Nachmittag. Ich zeichnete eine Männergestalt, deren rechte Hand zur Faust geballt war, während die linke eine fragende Geste ausdrücken sollte. Doch diese linke Hand gelang mir einfach nicht. Ich hörte damit auf und skizzierte eine Reihe von Symbolen um die Gestalt herum: Bäume, Schlangen, Särge, seitenverkehrte Hakenkreuze, Kreise und Kirchenfenster.
Im Haus war es ausnahmsweise einmal ruhig. Charles

und Wadjislav waren nicht da, und die Wirtsleute stritten sich zur Abwechslung einmal nicht.
Ich arbeitete fieberhaft, doch diese fragende Hand wollte einfach nicht gelingen. Es dämmerte bereits, trotzdem arbeitete ich weiter. Dann plötzlich, ohne jeden Grund, nahm ich die Zeichnung und ging damit in die Küche.
Dort war es noch dunkler. Trotzdem befestigte ich meine Zeichnung neben dem Fenster an der Wand, um das letzte Abendlicht auszunützen.
Es war vollkommen still.
Ich stand mit angestrengten Augen vor meiner Zeichnung. Plötzlich hörte ich ein leichtes Geräusch. Und ohne mich umzudrehen wußte ich, daß sich die schmale Tür geöffnet hatte. Ich war nicht im geringsten beunruhigt und starrte weiter auf meine Zeichnung. Dann hörte ich ein leichtes Schlurfen, das sich auf mich zubewegte. Jemand atmete asthmatisch und blieb hinter mir stehen.
Ich war angespannt.
»Da und dort fehlen Schatten«, sagte eine dunkle Frauenstimme. Wie hypnotisiert folgte ich den Anweisungen, und auf einmal war die vertrackte Hand richtig!
»Die Schlange bedeutet das ›ānanta‹ – das Unendliche. Der Männerkopf verkörpert ›brahmarandhra‹ – den Scheitel des Hauptes, das erhabenste Ziel. Und die fragende Hand ist das ›vāma mārga‹ – der Pfad zur linken Hand; der Weg des ›ānanda‹, der die geheime Quelle und Förderung des ganzen Daseins ist, die Seligkeit des Geistes«, erklärte sie mir weiter. Unbewußt hatte ich Yoga-Symbole gewählt.
Doch als ich dann hörte: »Endlich bist du gekommen, ich habe auf dich gewartet. Jetzt kann ich es dir end-

lich geben, denn du bist von adhyaksa erwählt«, drehte ich mich ärgerlich um. Das war mir einfach zuviel!
Als ich die Gestalt vor mir sah, eine zarte, ältere Frau mit sehr lebendigen dunklen Augen und zum Knoten gerafftem schwarzen Haar, das ein helles, schmales Gesicht einrahmte, verflog mein Unwillen. Sie trug ein braunkariertes Tweedkostüm mit taillierter Jacke.
Wortlos wandte sie sich um und schlürfte zur schmalen Tür zurück, von der ich angenommen hatte, sie führe in die Besenkammer. Sie öffnete die Tür, und ich kann beschwören, daß kein Licht brannte, als die Fremde dahinter verschwand.
Ich wartete gespannt, bewegungslos, eingehüllt in blaugrüne Dämmerung. Nach einer Weile öffnete sich die Tür erneut. Unter der Last eines Bücherstapels gebeugt, kam die kleine Gestalt wieder auf mich zu. Verblüfft nahm ich ihr die Bücher ab. Sie wandte sich wieder der Tür zu und sagte dabei etwas, von dem ich nur einen Bruchteil verstand: »... wenn du damit fertig bist, mußt du sie an den Richtigen weitergeben.« Sie verschwand. Die Tür klickte ins Schloß.
Für eine ganze Weile stand ich regungslos da, ohne einen Gedanken fassen zu können. Endlich trug ich die Bücher in mein Zimmer hinauf, ließ sie aufs Bett gleiten und machte Licht.
Zu meiner großen Verwunderung stellte ich fest, daß es sich um unschätzbar wertvolle, handgeschriebene alte Yoga-Bände in englischer Sprache handelte. In der Einführung stand, daß diese Bücher für die Auserwählten im Westen bestimmt und nicht verkäuflich seien.
Ich las, durchflog diese Bände die ganze Nacht. Und wenn es auch noch so unglaublich klingt, mir wurden die Augen geöffnet! Ich entdeckte Geheimnisse, die ich

in keinem der Yoga-Bücher, die ich später erwarb, je wiederfand.
Als ich sie am nächsten Morgen gegen acht völlig erschöpft aus der Hand legte, klopfte jemand an die Tür. Draußen stand Ang, mein chinesischer Studienfreund.
»Wie kannst du nur in einer so schauderhaften Umgebung leben«, empörte er sich. »Ich hab dich über tausend Umwege aufgetrieben, am besten kommst du gleich mit zu mir.«
Unerklärlich! Auf einmal fühlte ich mich wieder frei und konnte das Haus verlassen, ich war nicht mehr gefangen. Meine Habe war schnell gepackt. »Ich ziehe aus, das restliche Geld können Sie behalten«, sagte ich der Wirtin.
»Übrigens, wer ist eigentlich die Frau, die in dem Raum hinter der Küche wohnt?«
»Welche Frau? Welcher Raum?« fragte die Wirtin perplex.
»Ich meine die schmale Tür in der Küche, die muß doch in das Zimmer führen, in dem die alte Frau wohnt?«
Die Wirtin sah mich an, als zweifle sie an meinem Verstand. »Sie wissen doch genau, daß dort die Besenkammer ist.«
Ich verließ das Haus mit Ang und kehrte nie wieder zurück.
Inzwischen sind Jahre vergangen. Und wenn ich heute darüber nachdenke, ist mir klar, daß es tatsächlich eine Besenkammer war. – Außerdem trug die Fremde für Australien die völlig falsche Kleidung: Man läuft dort nicht im Tweedkostüm herum, am allerwenigsten im heißen Sommer.
Und noch etwas – das kam mir allerdings erst später ins Bewußtsein – die Fremde sprach mit einem starken schottischen Akzent.

Und die Yoga-Bände? – Die habe ich später an den Richtigen weitergegeben, das weiß ich bestimmt.

Gerd Czechatz

Sascha

Die Firma hatte mich von Hamburg nach München versetzt. Ich ging nicht gern, obgleich man mir dort raschen Aufstieg prophezeite. Am meisten schmerzte mich, daß ich meine Familie erst mal zurücklassen mußte. »Das regeln wir später«, trösteten die Bosse.

Das Schicksal hat alles geregelt. An einem hellen Mainachmittag – ich war gerade einen Augenblick nicht in meinem Büro – wurde ich gesucht. Eine über den Gang huschende Sekretärin sagte: »Kommen Sie schnell ans Telefon, Ihre Frau, dringend.«

Um diese Zeit rief Maria nie an. Unbehagen stieg mir würgend in den Hals. »Ja?« fragte ich in die Muschel. Die Sekunden tropften. Am anderen Ende der Leitung schien das Nichts. Dann ihre Stimme. Scheu, unwirklich. »Es ist, es ist...« Sie stockte. Fand ihre Stimme wieder, die jetzt alt und müde klang: »Es ist etwas Furchtbares passiert.«

Ohne zu überlegen, ohne die Frageform zu wählen, sagte ich: »Sascha!« Die Stimme in Hamburg antwortete: »Ja!« Ohne einen Moment zu zögern, sprach ich es aus: »Er ist tot!« Wieder dieses ohnmächtige »Ja!« Sascha, 8 Jahre alt, das jüngste unserer drei Kinder, war eine Stunde zuvor bei einem Unfall auf einem Spielplatz gestorben. Die Schaukelschnur hatte ihn erdrosselt. Am nächsten Tag stand es in den Zeitungen. Es gibt keine Erklärung dafür, warum ich sofort wußte, daß es ein Todesfall war. Noch weniger weiß ich, warum ich sofort den Namen von Sascha nannte. Es war wie eine Explosion in meinem Gehirn. Zu Hause las ich in seinem Schulheft das Märchen von der Schneeflocke, das ich für ihn erfunden hatte.

»Jede Schneeflocke, die sich auf die Nase eines kleinen Jungen setzt, muß sterben«, hatte ich erzählt, »aber weil es immer wieder Millionen von Schneeflocken gibt, müssen die kleinen Jungen nicht weinen, wenn eine stirbt.« Er hatte verstanden, daß die Natur das Leben immer wieder neu erschafft.

Nach meinem Schock kam der ewig bohrende Schmerz. Und es tat sich Merkwürdiges, das ich nur der starken seelischen Ausstrahlung meines kleinen Toten zuordnen kann. Eines Tages ging ich mit dem Tonbandgerät zu seinem Grab. Als ich zu Hause die Kassette abspielte, war nach langem Rauschen ein ganz leises, gehauchtes »Ja, Papi« zu hören. Wie unter innerem Zwang habe ich diese Kassette überspielt. Sie nicht zu einem Parapsychologen gebracht. Es gab zu Lebzeiten von Sascha zwischen ihm und mir ein unzertrennliches Band. Ich wußte, daß es der Tod nicht durchschneiden konnte.

Monate danach saß ich in einem Flugzeug. Der Himmel war makellos blau. Sein Leuchten wurde immer kräftiger. Ich blickte aus dem Kabinenfenster. Erschrak überhaupt nicht über das, was ich plötzlich sah. Fast über den ganzen Horizont nahmen ganz langsam die Gesichtszüge eines Kindes Konturen an. In zarten Pastellfarben erschien aus unendlichen Tiefen das Gesicht von Sascha. Nichts Verklärtes war an der Erscheinung. Das lausbübische Lächeln, in das ich so vernarrt war, erschien nur noch angedeutet. Es lag mehr Wissen in diesen Zügen, als mir jemals alle Bücher vermitteln werden. Plötzlich wurde das Licht so grell, daß die meisten Passagiere verwundert ihre Köpfe zu den Kabinenfenstern drehten. In dieser Lichterfülle verschwand das Gesicht. Ruhig zog der Jet am Himmel seine Bahn.

Ein Jahr später kam ich nach Kenia. Ich floh aus den Luxushotels am Indischen Ozean und durchstreifte die Eingeborenendörfer. Überall tobten zahlreiche nackte Kinder, während die Alten in ihren Hütten dösten. Die Kinder umringen natürlich immer einen Fremden, in der Hoffnung auf eine Münze. Plötzlich sah ich Sascha. Er war einer der Übermütigsten in der Schar. Ich winkte ihn heran. Mein Sohn mit dunkler Haut. Aber das war sein Gesicht, sein Lachen, die Bewegung seiner Hände.

Hand in Hand wanderten wir ans nahe gelegene Meer, gefolgt von den kreischenden anderen. Ich riß mir die Kleider vom Leibe, und mein schwarzer Sascha und ich stürzten uns in die warmen Fluten des Ozeans. Als wir wieder an Land kamen, war das halbe Dorf auf den Beinen, palaverte und klatschte Beifall. Sie zündeten Feuer an und brieten einen gewaltigen Zackenbarsch. Mein schwarzer Freund war nicht mehr von meiner Seite zu bringen. Ein paar Sekunden hatte ich einen vermessenen Gedanken. Ich könnte doch diesen Leuten vorschlagen, daß ich dieses Kind mit nach Deutschland nehmen will. Alle Eltern haben hier viele Kinder und sind bettelarm. Es ist ja in Kenia nicht unmöglich, Eltern ein Kind abzukaufen. Dann fand ich diesen Gedanken schäbig und absurd. Man kann seine toten Kinder nicht zurückkaufen.

Die Touristen fragten mich abends an der Bar, wo ich Einzelgänger den ganzen Tag gesteckt hätte. Einige Herren blinzelten. Im Dorf kann man sich nämlich schöne Negermädchen kaufen. Für Stunden. Ich nippte

etwas ärgerlich an meiner Cuba-Libre und ging früh in mein klimatisiertes Zimmer. Der Mond stand über dem Meer. Ich holte mir aus der Brieftasche das Bild von Sascha und betete.
Gott hat mir geantwortet. Sascha und ich sind nie wirklich voneinander getrennt worden. Wir haben uns nur entfernt. Täglich wird der Abstand kleiner. Was mich erwartet, wenn ich sterbe, weiß ich nicht. Nur habe ich gelernt, mit einem Kind zu leben, das schon gegangen ist.

Erich von Däniken

Warnung aus dem All?

30. August 1975.

Quetta, Pakistan. Eine Hunderttausend-Einwohner-Stadt im Kreuzungspunkt der Straßen nach Kandahar in Afghanistan, Zaidan im Iran, Multan und Sukkur. Die alte Mogulenstadt ist heute industrialisiert und vergleichsweise sauber und geordnet. Sie hat sogar ein brauchbares Hotel, das sinnigerweise »Lourdes« heißt und mich spontan an mein Buch »ERSCHEINUNGEN« erinnerte. Ich konnte an diesem frühen Morgen noch nicht ahnen, was sich spät in der Nacht ereignen würde, sonst hätte ich womöglich im Hotel »Lourdes« einen Fingerzeig Gottes erblickt. Der blaue Verputz am zweistöckigen Hotelbau blätterte an mehreren Stellen und entblößte eine alte Lehmwand, die mit Stroh und vereinzelten, unregelmäßigen Steinen ausgefüllt war. Das Zimmer roch muffig nach Terpentin und Insektiziden, an der Decke drehte müde ein alter Propeller, als ob er vom vielen Insektenvertilgungsmittel an Vergiftungserscheinungen leide.
Wir, mein Mitarbeiter Willi und ich, waren am Nachmittag nach einer Irrfahrt von mehreren Tagen von Multan herkommend hier eingetroffen. Irrfahrt deshalb, weil der Indus wieder einmal über die Ufer getreten war und alle üblichen Verbindungswege nach Quetta entweder gesperrt oder weggespült worden waren. Unser nächstes Ziel war die iranische Grenzstadt Zai-

dan, 721 Kilometer von Quetta entfernt, quer durch die Wüste von Belutschistan. Wir hatten unseren »Range-Rover« vollgepackt. Mineralwasser, Benzintank und zusätzlich achtzig Liter in vier Kanistern, eine weiße, dreißig Liter fassende Plastikflasche mit destilliertem Wasser, einige Dosen Cola, den Werkzeugkoffer oben auf, Karte, Kompaß, Pistole und Tränengas-Spray unsichtbar, aber griffbereit.

Um 6.30 Uhr waren wir startbereit. Der Portier, ein nobler, alter Engländer mit langer Erfahrung im Lande, hatte die Hintertüre des Wagens zugeschlagen, stand nun da, winkte und rief: »Viel Glück!«

Wir kamen sehr zügig voran und hatten um die Mittagszeit knapp die Hälfte zurückgelegt. Das Gebirge lag hinter uns, vor uns endlose Wüste.

Nie zuvor habe ich derart schwarze Berge gesehen, sie flimmerten in der Mittagshitze. Ein optisches Phänomen. Die Straße wurde zur Piste, der Untergrund zu einem Wellblechband mit nur fünfzehn bis zwanzig Zentimeter Abstand zwischen den Wellen. Erst dachte ich, man müsse langsam darüber wegfahren, dann aber ratterte, zitterte, vibrierte der »Range-Rover« unerträglich. Etwa sechzig bis siebzig Stundenkilometer erwiesen sich schließlich als Idealgeschwindigkeit, die allerdings insofern Gefahren in sich barg, als überraschend immer wieder Sandverwehungen die Wellblechstraße überdeckten. Geriet man mit den Rädern schräg in den Sand, stellte sich das Auto quer – wie auf Glatteis, das vergleichsweise den Vorzug hat, erkennbar zu sein und am Straßenrand zu enden. Hier aber lauerten Treibsandlöcher, in denen man einfach verschwinden konnte. Ich kam mir am Steuer wie ein Mann am Preßlufthammer vor. Schlag auf Schlag übertrug sich auf meine Knochen. Wie lange hält der Wagen das aus? Die beige-

braune Farbe verschwand unter einem weißgrauen Sandstaub. Wie lange macht der Luftfilter das mit? Wann stellen Zündkerzen und Verteiler ihre Funktion ein? Die Außentemperatur lag bei vierundvierzig Grad. Ich konnte meine Ellbogen nicht aus dem offenen Wagenfenster halten, denn das Blech hatte sich zum Sonnenofen aufgeheizt.
Nachmittags um vier, mitten in der Wüste, einige Häuser. Ich fuhr darauf zu, bis zu einer Tafel: Zoll. Der Zöllner sprach Englisch und erklärte, dies sei die letzte pakistanische Siedlung, zweihundert Kilometer von der iranischen Grenze. Nok-Kundi hieß der Wüstenort. Die Strecke hinter uns war die Vorhölle, jetzt fuhren wir direkt in die Hölle. Die Piste hielt sich nicht mal mehr an die Wellblechregel. Die Abstände wurden unregelmäßig, die Wellen tiefer, die plötzlichen Sandverwehungen häufiger. Zwar gab es jetzt weit und breit keinen Wassertropfen, aber einmal im Jahr muß es hier wie aus Kübeln gießen, denn die Piste ist abrupt abgerissen, weggespült. Es geht nur noch im Zuckeltempo mit zwanzig Kilometern in der Stunde. Durch den Rückspiegel sehe ich in der Abenddämmerung eine lange Staubfahne.
Sieben Uhr abends. Immer noch diese aggressive Hitze. Position: 126 Kilometer vor der iranischen Grenze in der Wüste von Belutschistan.
Willi hat seit zwei Stunden Fieber. Sein Gesicht ist aufgeschwollen, seine Augen rot unterlaufen. Der Schweiß quillt ihm aus allen Poren, doch trotz der Hitze fröstelt er. Er keucht und hustet: Stauballergie. Er zieht die rote Gletscherbrille über, während ich ihn in Dekken hülle. Mit dieser bandagierten, hustenden Mumie neben mir geht's weiter; mühsam, Kilometer um Kilometer. Eine riesige, prall goldene Scheibe versinkt

hinter einer Sanddüne. Die Hitze läßt nach. Position: 98 Kilometer vor der iranischen Grenze. Wir machen Halt und erfrischen uns. Willis Zustand ist besorgniserregend. Wir beschließen, hier zu übernachten, um Willis Körperzellen Gelegenheit zur Regeneration zu geben. Es war die Nacht, in der das Wunder geschah.
Willi klapperte mit den Zähnen, er hatte 39,6 Grad Fieber. Mit Mineralwasser schluckte er fiebersenkende Tabletten und Antihistamine aus der Bordapotheke. Damit er auf den Vordersitzen Platz hatte, sich ganz hinzulegen, richtete ich mich auf dem Autodach ein. Vereinzelt wehte eine kühle Brise über die Wüste, trieb Sand in die Augen und Nase, Ohren und Mund, drang in den Schlafsack. Über mir ein Sternenhimmel, wie es ihn nur über der Wüste gibt. Klarer als in jedem Planetarium scheinen die fremden, himmlischen Welten zum Greifen nahe. Trotz lähmender Müdigkeit blieb ich wach. Unter mir hustete Willi. Jede seiner Bewegungen übertrug sich über die Autoreifen auf die Karosserie des Wagens. Nach Mitternacht schlief ich ein, wachte aber schon eine Stunde später wieder auf. Es war bissig kalt geworden. Ich starrte zu den funkelnden Brillanten am Nachthimmel und begann zu träumen. Irgendwo in den Weiten des Alls kurvten fremde Raumschiffe von Planet zu Planet, brachten Güter von bizarren Welten in abgelegene Ecken der Milchstraße. Gab es vielleicht Kriege zwischen Planeten oder ganzen Sonnensystemen? Vielleicht jagten jetzt überlichtschnelle Informationen zwischen dem Sternbild der Plejaden und dem Polarstern hin und her und wir Menschen, wir mikroskopisch kleinen Winzlinge da unten, erfuhren von nichts.
Meine Träumereien wurden abrupt unterbrochen. Der Wagen ruckelte, Willi brummte etwas vor sich hin und öffnete die Türe.

Ich war plötzlich hellwach. Irgendeine Stimme – kam sie aus meinem Unterbewußtsein, kam sie aus dem Weltall? – signalisierte: Gefahr! Gefahr!
»Willi, was ist?« erkundigte ich mich buchstäblich »von oben herab«.
»Nichts«, antwortete er, »ich muß mal...«
»Zieh die Schuhe an«, empfahl ich vom Wagendach. Willi schimpfte. Ich wiederholte, hartnäckiger, meine Bitte. Dann beugte ich mich vom Dach herunter und sah, wie Willi in die Schuhe stieg. Er trottete einige Meter vom Wagen weg, tat, was er tun mußte, und begab sich zurück auf seine unbequemen Schlafsitze. Ich döste wieder ein.
Als der Himmel sich blaurot zu färben begann, erwachten wir beide. Willi hatte klare Augen. Die Rötung war zurückgegangen, sein jugendliches Gesicht machte einen fast normalen Eindruck.
Eingedrückt wie Fußstapfen auf der Mondoberfläche bemerkten wir im Wüstensand die Spur seines nächtlichen Ganges. Sie endete dort, wo er gepinkelt hatte. Jetzt stand ich an derselben Stelle, starrte gedankenverloren auf den Boden. Da sah ich zwei kleine, winzige Fühler und den Oberkörper eines ausgewachsenen Skorpions.
Der Hinterleib mit dem hochgiftigen Stachel war zerquetscht – von Willis Schuhabsatz.

Anke Manuela Doublon

Tiefe Bindungen

Es waren schon schwere Zeiten, die Kriegsjahre, und den einen ging es besser, den anderen schlechter. Besonders gut ging es denen, die auf dem Lande lebten, und Stadtmenschen wurden beneidet, wenn sie eine solche Verwandtschaft besaßen. So erging es auch Flori, dem Cousin meiner Mutter, der mit Tante und Schwester seine Ferien bei meiner Großmutter verbringen durfte. Meine Mutter hat sieben Geschwister, und so kann man sich vorstellen, daß immer Leben auf dem Bauernhof am Chiemsee in Oberbayern war. Dies bedeutete aber auch eine große Anstrengung für meine Großmutter, all die Münder, dazu noch die von Mägden und Tagelöhnern, zu stopfen. Denn auch hier waren Mehl und Kaffee knapp und ich wundere mich, wie erfinderisch sie war und heute immer noch ist, und wie sie aus dem Nichts immer wieder etwas hervorzaubern konnte. Flori erzählte mir oft von dieser Zeit, wo man im See gebadet hatte, auf der Wiese herumtobte, mit dem Pony ritt, auf die Berge stieg und von Großmutter, die auf alles achtgab, und die der ruhende Pol war. – Von dieser Zeit, wovon er immer zehren konnte, wenn er zurück mußte.

Die Jahre vergingen, der Krieg war aus, aber die Erinnerungen blieben und die Besuche auf dem Bauernhof, die aber bei Flori immer seltener wurden und schließlich ganz ausblieben. Der sonst so Lustige wurde immer

stiller. Keiner wußte warum, doch jeder machte sich so seine Gedanken, denn Floris Besuche bei Ärzten wurden immer häufiger. Dann ging es ihm mit einem Mal wieder besser und alle waren froh.
Meine Großmutter saß still in ihrer Stube, allein, denn mein Großvater war schon vor langer Zeit gestorben. Sie las eine ihrer fünf Zeitungen, die sie jeden Tag von vorne bis hinten durchkämmte.
Da ging die Tür auf, Flori kam herein und lächelte sie ganz lieb an. »Ja Flori«, meinte sie, »ich hab dich ja gar nicht klingeln g'hört. Ja so eine Überraschung, wie bist du denn hereingekommen? Ich hab dich ja seit Jahren nicht mehr gesehen!«
Aber sie bekam keine Antwort, denn er war so plötzlich wie er kam wieder gegangen. Und da wußte Großmutter, daß er sich von ihr verabschieden wollte, und sie saß ganz still da, und dachte an vergangene Zeiten.
Später erfuhren wir, daß Flori genau in der gleichen Stunde in einem Münchner Krankenhaus gestorben war, angebunden an komplizierte medizinische Geräte.

Frank Elstner

Ein Traum wird wahr...

Jeder von uns kennt diesen milden Zustand zwischen Tag und Traum. Es sind die Sekunden und Minuten, die wir nicht mehr ganz wach, aber auch noch nicht eingeschlafen sind. Wir sind bereit, uns fallen zu lassen. Aber noch klammern sich unsere Gedanken an die Ereignisse des Tages, doch sie vermischen sich schon sanft mit den aufsteigenden Träumen der Nacht.

Die Mediziner sagen, unser Gehirn arbeite jetzt im Alpha-Rhythmus. Der Zustand sei eine Art Trance und begünstige die Phantasie. Mit ein wenig Übung kann man diese Situation ausdehnen und für sich nutzbar machen. Ich kann das nur bestätigen, denn in diesem Bewußtseinszustand hatte ich den besten Einfall meines Lebens: die Idee zu »Wetten daß...«

Nach dem Erfolg der »Montagsmaler« hatte mir das ZDF eine große Show angeboten und man kannte auch schon das Konzept: eine Neuauflage des »Goldenen Schuß«. Der Vorschlag schmeckte mir nicht. Ich wollte gerne mit einer eigenen Idee vor mein Publikum treten, mit einer Spiel-Show, die es noch nirgendwo gegeben hatte. Nach den »Montagsmalern« hatte ich eineinhalb Jahre Fernsehpause und eigentlich genug Zeit, über Form und Inhalt meiner ZDF-Premiere nachzudenken. Aber wie das so ist, wenn man viel Zeit hat, man schiebt die Arbeit immer wieder hinaus.

Schließlich hatte ich als Programmdirektor von Radio

Luxemburg genug zu tun. Doch Termine rücken näher, die Herren in den ZDF-Etagen wollten eine Entscheidung.
So kreisten denn jeden Abend vor dem Einschlafen meine Gedanken nur um ein Thema: den Einfall zur großen Show.
Was hatte es noch nicht gegeben? Mit was beschäftigen sich die Menschen, um Abwechslung in ihr Leben zu bringen?
Bilder stiegen in mir auf: Ich sah Hunde über eine Rennbahn flitzen. Aufgeregte Menschen wetteten auf ihre Favoriten. Ich erinnerte mich: ein Hunderennen in London, der »Grand International«, an dem ich zufällig einmal als Zuschauer teilgenommen hatte. Ich hatte weder von Hunden noch von ihrer Eigenschaft als Sprinter eine Ahnung. Doch instinktiv setzte ich damals ein paar Pfund auf ein Tier, das mir besonders gefiel: »Sunrise«. Der Hund ging gleich vom Start weg in Führung und gewann. Mir brachte dieses »Wett-Ereignis« bare 4000 Mark.
Die Bilder aus England, für mich lange Vergangenheit, verschwanden wieder in der Tiefe meines Bewußtseins. Neue Szenen tauchten auf: Menschen, die wetteten. Im Fernsehen, vor den Kameras, im Studio.
Die Ereignisse des Tages waren für mich längst ausgeblendet, den Schlaf drängte ich beiseite. Und in diesem herrlich entrückten Zustand wußte ich auf einmal klar und deutlich: Wetten im Fernsehen, das ist es, was die Leute unterhalten könnte. Ich wußte auch, daß dieses Konzept Erfolg haben würde. Im Wachzustand hätte ich bestimmt daran gezweifelt, aber auf dieser Ebene meines Bewußtseins gab es keine Einwände.
Ich verließ mein Bett, setzte mich in der Küche an den Tisch und schrieb auf einen Zettel den Inhalt meiner

gerade geborenen Show nieder. Es war vier Uhr nachts. Das Papier habe ich noch heute. Und an den Grundlagen dieser Idee hat sich nichts geändert. Eine Stunde später rief ich meinen Freund und Mitarbeiter Dr. Heinrich Walter an, zwei Stunden später den Unterhaltungschef des ZDF, Wolfgang Penk.
Am nächsten Nachmittag um drei Uhr verabschiedeten wir drei das Konzept zu einer Fernseh-Show, die mein größter Erfolg werden sollte.
Es war mir im wahrsten Sinne des Wortes im Traum eingefallen, in einem »Klartraum«, wie die Psychologen sagen. In solchen Träumen wird einem klar, daß man träumt und man kann das Traumgeschehen entsprechend beeinflussen.
Diese Nacht hat mein Leben verändert. Ich gab meinen Job als Programmdirektor bei RTL in unkündbarer Position auf, wurde freier Mitarbeiter des ZDF und gründete eine eigene kleine Firma, in der sogar neue Arbeitsplätze geschaffen wurden.
Meine »unglaubliche Geschichte« findet noch heute täglich statt: zwischen Tag und Traum habe ich stets die besten Ideen...

Josef E.

Herbstspaziergang

Es war einer jener milden Herbsttage, von denen die Dichter sagen, daß sie golden und verklärt sind. Das Sonnenlicht ergoß sich in zarten Wellen über die Wälder der Eifel, ein paar Insekten schaukelten sich im Wind.

Ich liebe meine Heimat. Und so oft ich kann, erwandere ich sie. Ich bin Steinmetzmeister und habe einen eigenen Betrieb. Die Leute, die zu mir kommen, kaufen Grenzsteine, Randsteine und Pflastersteine aus Granit, der in Jahrtausenden hier gewachsen ist. Der Steinbruchbetrieb läßt mir genügend Zeit für meine Ausflüge.

So war ich auch an jenem Tag mit meiner Frau hinausspaziert. Es dämmerte, als wir uns wieder unserem schönen Hohenfels näherten. Merkwürdig. Kein Mensch war auf der Straße, nirgends brannte Licht in den Häusern. Die Stille war spürbar.

Wir gingen die Straße hinunter, direkt auf unsere alte Dorfkirche zu.

Meine Frau und ich hörten sie beide gleichzeitig, jene berauschend schöne Orgelmusik, die aus dem Kirchenschiff zu uns herüberklang. Um diese Zeit ist normalerweise kein Gottesdienst und der Organist pflegt um diese Stunde zu Hause zu sein. Die Musik zog uns fast magisch an. Da sahen wir auch schon das seltsame, merkwürdige Flackern hinter den Kirchenfenstern. So,

als brannten dort viele Kerzen. Wortlos näherten wir uns der großen Freitreppe, die zu den Portalen des Gotteshauses führte. Ohne miteinander ein Wort gewechselt zu haben, taten wir fast mechanisch das gleiche.
Da, was war das? In die fast überirdisch schöne Musik der Orgel mischte sich plötzlich das Schreien von Menschen, das in ein herzzerreißendes Gejammer überging. Erschrocken gingen wir schneller. Noch ein paar Schritte trennten uns von der Tür der Kirche. Die Orgel, das Wimmern wurde stärker. Zwanghaft griff ich nach der eisernen Klinke, durchschritt mit meiner Frau rasch den Vorraum und öffnete die Pendeltür zum Kirchenschiff.
Nichts. Keine Musik, kein Gewimmer. Die Kirche war leer, dunkel und still...

Johannes und Peter Fiebag

Die Suche nach dem Heiligen Gral

Als wir zum ersten Mal die Sage von Parzival und dem Heiligen Gral hörten, waren wir noch Kinder. Wie alle Buben faszinierte uns dieser Ritter der Tafelrunde König Artus', seine Abenteuer und seine Suche nach dem »geheimnisvollen Gefäß«. Wir konnten damals nicht ahnen, daß wir selbst viele Jahre später dieser Überlieferung nachspüren und zu »Gralssuchern« werden würden, daß wir uns in einem großen wissenschaftlichen Abenteuer wiederfänden, das schon seit mehr als 3000 Jahren andauert...

*

1979 trafen wir auf einer Konferenz der »Ancient Astronaut Society« in München zwei britische Wissenschaftler, die kurz zuvor ein aufsehenerregendes Buch veröffentlicht hatten: George Sassoon, Elektronik-Ingenieur und Linguist, und Rodney Dale, Ingenieur für Maschinenbauwesen und Naturwissenschaftler. Beide hatten durch Zufall die »Kabbalah« gelesen, eine lange Zeit geheimgehaltene jüdische Überlieferung. Ihnen war dort die Beschreibung des sogenannten »Alten der Tage« aufgefallen, von dem überliefert ist, er habe das biblische Manna hergestellt. Eine genaue Untersuchung der beiden Wissenschaftler ergab, daß hier offensichtlich *nicht* eine ominöse »Gottesgestalt«, sondern eine Maschine charakterisiert wurde, die den Israeliten vermutlich nach ihrem Auszug aus Ägypten, also zu Beginn der jahrelangen Wüstenwanderung durch das Sinai-Gebiet, von außerirdischen Intelligenzen (die sie als Gott und die Engel ansahen) übergeben wurde und sie mit Nahrung versorgte.

Als wir das erste Mal von dieser Theorie der beiden Briten hörten, waren wir über ihre Schlußfolgerungen nicht wenig verwundert. Aber ihre wissenschaftlich präzise vorgetragenen Forschungsergebnisse überzeugten uns von der Richtigkeit ihrer Annahme. Demnach war die »Othiq Iumin« genannte Maschine (d.h. »Der Transportierbare mit den Behältern«) ein Gerät, das auf die Grundlage der Vermehrung einer Algenkultur arbeitete, die durch die Zufuhr von Tau – also Wasser – und die Bestrahlung durch eine starke, nuklear betriebene Lichtquelle am Leben erhalten wurde. Die Beschreibung in der Kabbalah ist so genau, daß Sassoon und Dale die Maschine in allen Einzelheiten nachbauen konnten. Die Apparatur besaß an der Spitze einen Tau-Destillierapparat, der eine abgekühlte, gebogene Oberfläche besaß. Über ihn floß Luft, aus der Wasser kondensierte. Dieses Wasser war Grundstoff für den Behälter im Zentrum, der die Algenkultur beherbergte. Durch verschiedene biochemische Prozesse wurde aus dem Algenschaum ein malzartiger Stoff hydrolysiert und schließlich als »Manna« abgezapft.

Freilich hatten Sassoon und Dale keine technischen Bedienungspläne erhalten. In der kabbalistischen Beschreibung waren die verschiedenen Teile und deren Funktionen mit Begriffen versehen, die den Menschen um 1000 v.Chr. vertraut waren. Die Priester des alten Israel verfügten ja nicht über eine »technische Sprache«. So setzten sie beispielsweise anstelle von »Plexiglaskuppel« Begriffe wie »durchsichtige Ätherhaut«, aus den »Algenkultivierungsbehältern« wurden »ausgehöhlte Köpfe«, »Schädel«, »Gesichter«, aus einem Schlauchzirkulationssystem durchsichtige »Bärte«, durch die sich das »Öl der großen Güte« bewegte, und Kontrollampen wurden zu »strahlenden Augen«.

Den Berichten zufolge wurde das Gerät in der »Bundeslade« aufbewahrt, die als Transportbehälter für die unter Wüstenbedingungen sehr störanfällige, nuklear betriebene Maschine diente. Unter David und Salomo fand sie ihren Platz im Allerheiligsten des zu diesem Zweck (!) erbauten Jerusalemer Tempels, der auch der »Salomonische Tempel« genannt wird. Der letzte alttestamentarische Hinweis findet sich im Makkabäer-Buch, wonach der Prophet Jeremias Lade und Maschine am Berg Nebo versteckte. Dann schweigt die Bibel, und nirgends in ihr findet sich eine weitere Spur.

*

Das war der Stand der Dinge, als wir Sassoon und Dale trafen. Wir begannen darauf, uns intensiver mit der Geschichte der Manna-Maschine zu befassen. Eines Abends kam uns ein Gedanke, ein Verdacht: Uns fiel eine alte Sage wieder ein, eine Erzählung, bei der es um ein »Gerät« ging, das wie die Manna-Maschine Nahrung produziert hatte: die Legende von Parzival und dem Heiligen Gral.

Wochen zuvor hatten wir uns gefragt, ob ein Gerät wie die Manna-Maschine, ein so außergewöhnlicher Gegenstand, tatsächlich ohne weiteres »verschwinden« kann oder ob es nicht im Verlaufe der folgenden 2500 Jahre wieder aufgetaucht sein könnte. Unsere Vermutung verstärkte sich, als wir unser altes Sagenbuch auf-

schlugen und die Geschichte nachlasen. Durch Zufall gerieten wir wenig später an eine Arbeit, die das Gral-Thema behandelte, allerdings auf religiös-mystische Weise, was für unsere Vorstellungen keinen großen Wert hatte. Immerhin stießen wir dort auf einige Originalpassagen der Legende, die im 12. Jahrhundert von Wolfram von Eschenbach aufgezeichnet worden war.
Wir merkten allmählich, daß wir hier möglicherweise einer »großen Sache« auf die Spur gekommen waren. Aber wir wußten von Anfang an, daß wir nur mit wissenschaftlichen Methoden an dieses Problem herangehen konnten, daß man unsere Ideen nur akzeptieren und unsere Gedanken würde nachvollziehen können, wenn unsere Theorie abgesichert werden konnte. Als erstes mußten wir also an die Originaltexte der Gralslegende gelangen. Einer von uns hatte sich damals gerade für ein Studium der Philologie eingeschrieben, und so begann er, Vorlesungen und Seminare in Mediävistik, der Erforschung mittelalterlicher Literatur, zu besuchen, um die mittelhochdeutschen Texte selbst lesen zu können. Und wie in einer Detektivstory begannen sich die Indizien zu verdichten, die Spuren zu konkretisieren, entwickelte sich eine Theorie.
Schon bald stellten wir fest, daß wir unsere bisherigen Vorstellungen von der Parzivalsage als einheitliches literarisches Gebilde über Bord werfen mußten: In Wirklichkeit stellt die Erzählung ein Sammelsurium unterschiedlichster Texte dar. Schon lange bevor Wolfram von Eschenbach, Chrestien de Troyes und Robert de Borron den Stoff niederlegten, existierte eine keltische Mythe, die bereits zahlreiche Elemente der späteren Legende enthielt. Hinzu kamen Teile des König-Artus-Stoffes, verschiedene heidnische Mythen, christliche Einflüsse und die eigentliche Grals-Überlieferung

selbst, die, was den Ursprung betrifft, von den anderen völlig isoliert zu betrachten ist.
Was nun war dieser Gral eigentlich? Aus alten, schon arg verstaubten Manuskripten erfuhren wir, daß die Autoren des Mittelalters bei der Beschreibung vorsichtig vorgegangen waren. Schließlich hatten sie das »heilige Gerät« nie gesehen. Die Franzosen charakterisieren es meist schlicht als »Gefäß« oder als »metallene Schale«, und für Robert de Borron ist es sogar der Abendmahlskelch. Wolfram von Eschenbach hingegen erzählt lediglich von einem »Ding«, zuweilen auch von einem »Stein« im Sinne eines Edelsteines, also eines kostbaren Gegenstandes.

*

So kamen wir nicht weiter. Wir schlugen daher einen zweiten Weg ein: Im Deutschen Seminar in Göttingen suchten wir aus hohen Regalen Berge von wissenschaftlichen Abhandlungen über das Grals-Thema heraus. Dabei stießen wir auf die verschiedensten Herleitungsformen des Grals-Begriffes: »Becher«, »Napf«, »Annehmlichkeit«, »Gnade«, »Brot« und – wir trauten unseren Augen nicht – von »gangandi greidi«: »Gerät der umherwandelnden Wegzehrung«!
Neue Spuren zeigten sich, als wir der Beschreibung Wolframs nachgingen. Er hatte wiederholt im Zusammenhang mit dem Gral von einem »Stein« gesprochen, den er »lapsit exillis« nannte. Aus der umfangreichen Begleitliteratur erhielten wir eine große Anzahl der Deutungsmöglichkeiten: »Stein der Weisen«, »Stein des Exils« oder – aus »lapis lapsus ex illis stellis«: »Stein, der von jenen Sternen herabgekommen war«, wie es Professor Bodo Mergell übersetzt.

Aus der Kabbalah war uns eine Stelle bekannt, in der es über die Manna-Maschine heißt: »Und von diesem Tau mahlen sie das Manna der Gerechten für die kommende Welt. Damals ernährte der ›Alte der Tage‹ sie von dieser Stelle aus. Und es wird gesagt: Seht, ich will euch Brot vom Himmel regnen lassen! Und auch: Gott gebe euch vom Tau des Himmels.«
Da verfügten die Israeliten also über eine Maschine, die von ihren Priestern »Alter der Tage« genannt wurde und die sie mit Manna, also mit Nahrung versorgte. Fast eine identische Aussage traf Wolfram von Eschenbach aber auch über den Gral: »Nun vernehmet eine andere Kunde: Hundert Knappen wurden aufgeboten, die nahmen auf weißen Linnen ehrfürchtig Brot von dem Gral. Darauf gingen sie und verteilten sich an die Tische. Man sagte mir und ich sage es auch euch, daß vor dem Grale bereit lag, wonach ein jeder die Hand ausstreckte... Denn der Gral war die Frucht der Seligen, eine solche Fülle irdischer Süßigkeiten, daß er fast all dem glich, was man sagt vom Himmelreich.«
Eine nicht unwichtige Frage war, ob das »Brot«, von dem Wolfram und Chrestien sprechen, tatsächlich zu vergleichen ist mit dem biblischen Manna. Schließlich erwähnt weder Chrestien noch Wolfram dieses Wort. Dennoch können wir heute mit einiger Berechtigung sagen, daß die Parallelität Gralbrot–Manna durchaus gegeben ist. Dies schon deshalb, weil eine solche Assoziation auch in der wissenschaftlichen Literatur selbst vorgetragen wird. Dies erscheint uns vor allem deswegen von Bedeutung, weil die entsprechenden Forscher ja niemals an eine Verbindung von Gral und Manna-Maschine gedacht haben und als völlig »unverdächtige« Zeugen gelten können. In einem Buch, das Prof. Mergell 1952 geschrieben hatte, fanden wir beispiels-

weise folgende Stelle: »Für Wolfram ist festzuhalten, daß für ihn das Motiv der Speisung durch den Gral durch die Erinnerung an die biblische Speisung mit Manna nahelag.«

Das war einfach ungeheuerlich, bekamen wir doch unvermittelt »Schützenhilfe« aus dem etablierten literaturwissenschaftlichen Lager. Weitere Parallelen fanden wir bei Faugère und Gelbhaus. Letzterer schreibt: »Die Eigenschaft des Grals, allerlei Speisen zu gewähren, erinnert an die Eigenschaft des Manna, jeden gewünschten Geschmack anzunehmen.« Und vollends bestätigt wurde unser Verdacht durch E. Jung, die hinsichtlich der etymologischen Bedeutungsanalyse des Wortes »Gral« folgende Verbindung aufzeigt: »Dem Wort ›grès‹ nahe stehen ›grèle‹ = Hagelstein und ›grésil‹ = Reif, die als vom Himmel kommende runde und weiße Steine die Vorstellung von Manna erwecken...«

*

All diese Übereinstimmungen hätten freilich wenig Aussagekraft gehabt, wenn sich durch die Texte der Parzivalliteratur hätte belegen lassen, der Gral sei ein irdisches »Ding« gewesen, d.h. aus den Werkstätten eines Goldschmiedes oder Steinmetzen hervorgegangen. Das Gegenteil zeichnet sich jedoch ab. Dies wurde bereits durch die Ableitung des Wortes »Lapis exillis« aus »Stein des Himmels« oder sogar von »Stein, der von jenen Sternen herabgekommen ist« deutlich. Diese Interpretation wäre für die Manna-Maschine, die ja offensichtlich das Produkt einer außerirdischen Technologie war, eine zutreffende Beschreibung.

Wolfram von Eschenbach gab uns einen noch eindrucksvolleren Hinweis. Er ist – im Hinblick auf unsere

Vorstellung einer Identität von Manna-Maschine und Gral – geradezu überwältigend. Und überwältigt waren wir in der Tat, als wir das im 13. Jahrhundert geschriebene Manuskript lasen. Dort steht: »Ihn brachte einstmals eine Schar, die wieder zu den hohen Sternen flog, weil ihre Unschuld sie heimwärts zog.«
Vielleicht kennen Sie diese ganz seltenen Augenblicke, in denen man eine großartige Bestätigung für etwas lange Geahntes erfährt, Momente, in denen sich die verstreuten Steine eines Mosaiks zusammenzufügen beginnen, Minuten, die einen zutiefst berühren und die man sein Leben lang nie wieder vergessen wird. Hier standen wir unvermittelt in einer solchen Situation, denn mit diesen Sätzen schloß Wolfram von Eschenbach jede andere Deutungsmöglichkeit aus: Es waren Wesen – sogar eine ganze Schar –, die den Gral einst zur Erde gebracht hatten, bevor sie zu den heimatlichen Sternen zurückgekehrt waren.
Wir konnten eine Zwischenbilanz ziehen. Es hatte sich bestätigt, daß die Manna-Maschine und der Gral die gleiche Nahrung produzierten, daß Manna-Maschine und Gral unabhängig voneinander mit gleichen Attributen charakterisiert wurden und daß Manna-Maschine und Gral künstlichen, außerirdischen Ursprungs waren. Es handelte sich lediglich um zwei verschiedene Namen für ein und dasselbe Objekt!

*

Wie aber war die Überlieferung von der Manna-Maschine eigentlich in ein Sagenepos des Mittelalters gekommen? Denn zunächst riß die Spur dieses außerirdischen Gegenstandes ja im sechsten Jahrhundert vor Christi ab.

In der Grals-Überlieferung fanden wir den entscheidenden Hinweis. Robert de Borron und Chrestien de Troyes betonten, sie hätten ihre Informationen aus einem »großen Buch, in dem die erhabenen Mysterien beschrieben sind, die nach dem Gral benannt sind«. Wolfram schreibt ausführlicher: »Kyot, der wohlbekannte Meister, fand zu Toledo verworfen, in heidnischer Schrift, die Urfassung der Aventüre.«
Toledo in Spanien wurde somit Angelpunkt unserer weiteren Erkundigungen. Dort nämlich fand ein gewisser Kyot die Urfassung der Gralssage und zwar – erstaunlicherweise – in »heidnischer Schrift«. Doch ein Blick auf das mittelalterliche Spanien genügt, um zu erkennen, daß die Iberische Halbinsel lange Zeit von den Moslems besetzt war, Toledo sogar das Zentrum der Wissenschaften der islamischen Welt war. Dort also hat der von Wolfram zitierte Kyot eine möglicherweise arabische Schrift entdeckt, die die eigentliche Gralsüberlieferung zum Inhalt hatte. Über den ursprünglichen Autoren dieses Textes schreibt Wolfram: »Ein Heide Flegetanis, einst hochberühmt durch seine Künste, dieser Kenner der Natur, war mütterlicherseits geboren von Salomo aus israelitischer Sippe. Väterlicherseits war er ein Heide, Flegetanis, der ein Kalb anbetete, als wäre es sein Gott. Der schrieb von der Aventüre des Grals.«
Generationen von Wissenschaftlern haben gerätselt, wer damit gemeint gewesen sein könnte, denn ein Moslem betreibt bekanntlich keinen Götzendienst. Doch für uns begann sich ein Kreis zu schließen: Wolfram gab uns den Anhaltspunkt: Salomo! Und in der Tat gab es zu dessen Zeit einen Mann, auf den die oben genannten Beschreibungen zutreffen. Im Ersten Buch der Könige erfahren wir eine ganze Menge über ihn. Er stammte

aus dem jüdischen Stamm Naphtali, sein Vater war ein Phönizier und betete im Gott Baal das Kalb an. Er war, so schreibt die Bibel, »voll Weisheit, Verstand und Kunst«. Sein Name: Hiram-Abi. Sein Status: Architekt und Astrologe des Königs von Tyrus. Sein Lebenswerk: die Erbauung des Salomonischen Tempels!

Es gibt seltsame Zufälle, aber hier konnten wir beim besten Willen nicht mehr an einen solchen glauben. Hiram-Abi – als Konstrukteur des Jerusalemer Gotteshauses – war der einzige Außenstehende, der wissen mußte, um was es wirklich ging. Für die Annahme, daß er wußte, was er da baute, spricht auch die Tatsache, daß er nach Abschluß der Arbeiten ermordet wurde. Offensichtlich aber ist es ihm zuvor noch gelungen, einen schriftlichen Bericht an seinen Herrn, den phönizischen König von Tyrus, abzufassen, einen Bericht über die Manna-Maschine, der auf diese Weise zunächst in die heidnische, später moslemische Welt und nach der Einnahme Spaniens durch die Araber schließlich ins dortige Zentrum des Wissens, nach Toledo, gelangte.

*

Wie ging es weiter? Leider erhielten wir durch Wolfram keinerlei Lebensdaten seines Gewährsmannes Kyot. In der Legende wird der Gral von einer sogenannten »Gralsritterschaft« bewacht. Wolfram gibt ihr den Namen »Templeisen«. Dieser Name erinnerte uns an den Mönchsritterorden der »Templer«. Er wurde 1128 offiziell gegründet und 1312 durch den damaligen französischen König, Philipp den Schönen (er war insbesondere an den Reichtümern des Ordens interessiert), aufgelöst. Waren die »Templer« also im Besitz der Manna-

Maschine, waren *sie* die »Hüter des Grals«? Über viele Jahrhunderte hinweg hatten wir die Spur der Manna-Maschine oder des Heiligen Grals verfolgt. Würde es uns gelingen, auch den nicht minder verschlungenen Weg dieses seltsamen außerirdischen Gerätes auf unserer Erde zu verfolgen? Würde sich der Nebel der Vergangenheit lichten?
Durch Freunde überall auf der Welt fanden wir schließlich den »roten Faden«.
Bis heute rätselhaft sind jene Ereignisse, die sich im Vorfeld der »Templer«-Ordensgründung abspielten. Die beiden führenden Leute waren Graf Hugo de Champagne und sein Offizier Huge de Payens. 1099 und 1104 waren sie im Heiligen Land gewesen, und als sie nach Frankreich zurückkehrten, nahmen sie Kontakt mit dem neugegründeten Orden der Zisterzienser auf, deren Mönche mit einem langwierigen Studium alter hebräischer Texte begannen. Für diese Zeit sehr ungewöhnlich: zu Übersetzungsarbeiten wurden auch jüdische Rabbiner herangezogen. 1119 trieb die ganze mysteriöse Angelegenheit ihrem Höhepunkt zu: Hygo de Payens tritt zusammen mit sieben Getreuen die erneute Reise nach Jerusalem an. Sie nennen sich dort »Arme Ritterschaft vom Salomonischen Tempel«, und das nicht ohne Grund: Ihr Quartier befindet sich nämlich genau über den Ruinen des alten Gotteshauses. Bis 1127 bleiben sie dort und nehmen Ausgrabungen im Tempelbereich vor oder streifen wochenlang durch Palästina. Dann ist die Entscheidung offenbar gefallen: zwei Templer reisen nach Frankreich zurück, informieren Bernhard von Clairvaux (den späteren heiligen Bernhard), der die ganze »Operation Heiliger Gral« offenbar von Europa aus leitete, dieser schreibt Briefe an den Papst, den König von Frankreich und die Templer in

Jerusalem. Vom Heiligen Land aus setzen sich diese in Bewegung. Nach ihrem Eintreffen wird der Orden offiziell gegründet, und dennoch läßt Bernhard bereits jetzt in die Ordensregeln schreiben: »Mit Gottes Hilfe ist das große Werk vollendet worden.«
Was ist hier eigentlich geschehen, in diesen Jahren zwischen 1105 und 1128? Es gibt nur eine Erklärung: die Templer waren *nicht* nach Palästina gereist, um sich an den dortigen Kämpfen der Kreuzzug-Kriege zu beteiligen, sondern um etwas besonders Wichtiges zu finden, etwas, das sich in Israel befand und das sie erst nach jahrelangem Suchen entdeckten: die Manna-Maschine, den Heiligen Gral!
Um diese Annahme abzusichern, brauchten wir eindeutige Hinweise. Und wir fanden sie! Wir wurden nicht nur in die Lage versetzt zu belegen, daß die Templer im Besitz des Grals waren, sondern auch, daß es sich bei diesem Gral unzweifelhaft um die Manna-Maschine gehandelt hat.
Als die Inquisition nämlich Anklage gegen die Templer erhob, beschuldigte man sie, ein »Idol« zu verehren, ein »Bild wie ein Gott«, das »Köpfe« und »Gesichter« gehabt haben soll. Nur wurde bei der Durchsuchung der Templer-Klöster kein einziges dieser angeblich zahllosen Götzenbilder gefunden, es kann also nur ein einziges gegeben haben. In der Tat haben die Ordensobersten dessen Existenz nie in Abrede gestellt. Aus den Verhören geht unzweideutig hervor, daß es sich bei diesem »Baphomet« genannten Idol um nichts anderes handelte als um die Manna-Maschine. Wie in der Kabbalah, so wird das Idol auch hier als hell-dunkle Einheit der göttlichen Gegensätze, als »männlich und weiblich zugleich« beschrieben, und genauso wie dort werden dieselben Umschreibungen für technische Details ver-

wendet. Der »seltsame Bart«, der an verschiedenen Stellen des Körpers »heraus- und wieder hineinwächst« und den Sassoon und Dale als Schlauchsystem identifizieren konnten, die »Köpfe«, die ineinandergeschachtelt angeordnet gewesen sein sollen und verschiedene Behälter darstellten, die »leuchtenden Augen«, die in Wirklichkeit Lampen waren – all dies taucht auch hier wieder auf. Und das verblüffendste: Dr. E. Jung sah 1960, als sie von unserer Theorie nichts ahnen konnte, bereits Verbindungen zwischen dem Idol der Templer und dem Gral. Der Kreis hatte sich geschlossen!

*

Auch damit wollten wir uns nicht zufriedengeben. Uns interessierte jetzt, wohin die Manna-Maschine bei der Zerschlagung des Templer-Ordens gebracht worden war. Denn sollten wir sie wirklich irgendwo wiederfinden können, würde eine Umwälzung im menschlichen Denken stattfinden und in der Wissenschaft eine neue »kopernikanische Wende« eintreten.

Während der Inquisition gegen den Orden fanden die Häscher des Königs das Gerät offensichtlich nicht. Also müssen die Templer es zuvor versteckt haben. Die Frage war, ob wir Hinweise auf ein solches Versteck finden würden, eine Spur, die uns vielleicht zum derzeitigen Aufenthaltsort der Maschine führen könnte.

Seit Beginn unserer Untersuchungen waren etwa eineinhalb Jahre vergangen, als wir auf einen seltsamen Vorfall stießen: Das Ganze ereignete sich in Frankreich im Jahr 1944. Damals begann Roger Llomoy, ehemaliger Aufseher der alten Templerburg oberhalb der Stadt Gisor, mit Wissen des Staatssekretariats für Kunst, aber ohne offizielle Grabungserlaubnis, den Brunnenschacht der Festung freizulegen. Nach Monaten erreichte er den Grund, dann einen Seitengang, in dem er 1946 auf eine Mauer stieß. Llomoy durchbrach die Wand und befand sich oberhalb einer unterirdischen Kapelle. Mitten im Raum befanden sich 30 Truhen aus Metall, aufgestellt in Zehnerreihen, jede 1,80 Meter hoch, 2,50 Meter lang und 1,60 Meter breit. Llomoy berichtete von seiner Entdeckung, doch niemand wollte ihm glauben. Schließlich wurde der Schacht auf Anordnung der Stadt wieder zugeschüttet.

1959 erfuhr der damalige Redakteur der französischen Nachrichtenagentur »Agence France Presse«, Gérard de Sède, von den Vorgängen. Er begann daraufhin, nach alten Unterlagen zu suchen und entdeckte tatsächlich mittelalterliche Zeichnungen, die mit der von Llomoy beschriebenen unterirdischen Kapelle übereinstimmten.

1961 interessierten sich endlich auch staatliche Stellen für den Fund. Eine Kommission, offiziell unter dem Vorwand, »alte Fresken« zu erforschen, wurde unter Leitung von Prof. M. de Bourard vom Ministerium für Kultur zusammengestellt. Der Brunnen wurde freigelegt, aber noch vor Erreichen des Seitenganges wieder zugeschüttet. Das Ganze geschah – ohne jede plausible Erklärung – insgesamt dreimal. Und dann ereignete sich etwas *sehr* Seltsames: Im Februar 1964 wurde das Gelände um die Burg Gisors zum militärischen Sperrgebiet erklärt und die Fortsetzung der Grabungsarbeiten dem Armeeministerium unterstellt. Für mehrere Monate durfte kein Außenstehender die Festung betreten.

Heute ist die Burg Gisors wieder jedermann zugänglich. Für ein geringes Eintrittsgeld werden neugierigen

Touristen der Turm und einige unterirdische Gänge gezeigt; die von Llomoy entdeckte Kapelle ist nicht darunter...

Warum wurden archäologische Grabungen von der französischen Armee durchgeführt? Welches außergewöhnliche, unter allen Umständen zu bewahrende Geheimnis hüllte sich um die Burg Gisors? Was befand sich in den Truhen? Was hatten die Templer dort versteckt? Gold? Edelsteine? Wertvolle Dokumente? All das hätte ein militärisches Unterfangen dieser Art nicht gerechtfertig. Nein – Gisors Burg diente ganz offensichtlich als Versteck für etwas völlig Ungewöhnliches, völlig Unerwartetes. Lag hier die Manna-Maschine? Wurde sie nach ihrer Entdeckung im Jahr 1964 vom französischen Militär abtransportiert? Wir wissen es nicht. In einem Brief vom 9. Februar 1982 bestätigte uns der französische Minister für Kultur zwar die Ausgrabungsarbeiten und auch die Zusammenarbeit mit dem französischen Militär. Gefunden aber hätte man nichts, schreibt er. Eine andere Antwort wäre wohl auch kaum zu erwarten gewesen.

Dies ist nicht die einzige Spur, die wir haben verfolgen können. Wie wir inzwischen in einem Buch ausführlich darlegten, könnte die Manna-Maschine von den Templern auch nach Mexiko gebracht worden sein. Aus alten Aufzeichnungen wissen wir heute, daß Amerika schon lange vor Kolumbus in Europa bekannt war. Und wenn man sich die Lage der Häfen der Templer ansieht, so fällt eine Küstenstadt besonders auf: La Rochelle. Es ist bis heute rätselhaft geblieben, wohin die Schiffahrtslinien von dort aus führten. Segelten die Templer von hier aus nach Amerika, wie etliche Forscher inzwischen nachzuweisen glauben?

Aus alten Berichten hatten wir nämlich zusätzlich erfahren, daß die Templer in Mexiko möglicherweise so etwas wie einen eigenen kleinen Staat gegründet hatten. Von den Eingeborenen wurden sie »Nonohualca Teolixa Tlacochcalca« genannt, und das heißt nichts anders als »Soldaten, die eine fremde Sprache sprechen, von Gott gesandt sind und von jenseits des östlichen Meeres kommen«. Eine zweite Bezeichnung für sie war »Tecplantlaca«, was »Leute vom Tempel« bedeutet. Dieser Name war bereits 1902 von dem Sprachwissenschaftler René Beauvois mit dem Orden der Templer in Verbindung gebracht worden.

Überlieferungen weisen darauf hin, daß die Indianer in diesem Gebiet die Geschichte vom Wüstenzug des Volkes Israel und insbesondere von der Bundeslade kannten. Ja, nicht nur das: sie wußten von einem darin untergebrachten »Idol«, das von den »Trägern Gottes« transportiert wurde, das Anweisungen gab und dem heilige Hütten und Tempel errichtet wurden. All das trifft exakt auf die Manna-Maschine zu, und von ihr können die Indianer nur von den Templern erfahren haben. Doch wo haben die Mönchsritter sie damals versteckt? Wir wissen es leider nicht. Sollte das Gerät tatsächlich nach Amerika gebracht worden sein, dürften alle Spuren zunächst durch die Kriegszüge der Azteken, später durch die »Christianisierung« vernichtet worden sein. Es hat möglicherweise Aufzeichnungen darüber gegeben, Markierungen, Zeichen, die für später kommende Europäer gedacht waren. Aber diese Hinweise sind längst verschwunden, verbrannt, vermodert, vom Urwald überwuchert. So wurde uns vielleicht die letzte Möglichkeit genommen, genaueres über das Schicksal der Manna-Maschine zu erfahren, jeder Weg verbaut, der zu ihrer Entdeckung hätte führen können. Wenn der Gral eines Tages ans Licht kommen sollte, dann nur durch einen Zufall. Es sei denn, er befindet sich noch immer hier in Europa...

*

Im November 1982 trafen wir uns erneut mit George Sassoon. Diesmal in Wien. Wir tauschten wieder einmal Informationen aus. George, der in den Jahren, seit wir ihm unsere Theorie zum ersten Mal vorgetragen hatten, nicht untätig gewesen war, verfolgt derzeit zwei Hinweise, die vielleicht auch zum Versteck der Maschine führen könnten. Und auch uns ist es gelungen, eine weitere Spur aufzufinden, eine Spur, die schon längst vom Staub der Zeit verdeckt zu sein schien. Wir sind gerade dabei, den Staub vorsichtig »wegzufegen«.
Als wir zu Gast bei RTL und Rainer Holbe waren, unterhielten wir uns mit ihm auch über unser weiteres Vorgehen in Sachen »Heiliger Gral«. Sollten wir die Manna-Maschine eines Tages wirklich wiederfinden, wird ein RTL-Fernsehteam die (dann hoffentlich letzte) »Entdeckung des Heiligen Grals« filmen und so diesen großen Augenblick der Geschichte für spätere Zeiten dokumentieren. Es wäre doch gelacht, wenn wir das faszinierende Abenteuer um die Manna-Maschine, das um 1250 v.Chr. begann, nicht zu einem guten Schluß bringen würden. Seien Sie, verehrter Leser, also nicht überrascht, wenn Sie in ein paar Jahren eines Morgens die Schlagzeile lesen: »Außerirdische Maschine entdeckt!« Warten wir es ab. Es schaut besser aus, als Sie glauben...

Marie Louise Fischer

Das Haus am Wald

Jeden Tag sitze ich an meiner Schreibmaschine und erfinde Geschichten. Aber was ich hier erzähle, ist so wahr wie ich selbst. Und kein Mensch dieser Welt wird mir einreden können, ich hätte mir alles nur ausgedacht.
Ich lebe auf dem Samerberg in Bayern. Hierher war ich mit meinem inzwischen gestorbenen Mann Hans Gustl Kernmayr vor über zwanzig Jahren gekommen. Inzwischen kenne ich jeden Winkel meiner Umgebung, aber damals mußten wir auf langen Spaziergängen unsere neue Heimat erst mal erkunden.
An einem kalten und schneereichen Januartag zogen wir los. Ich war hochschwanger, und weil ich langsam müde wurde, schlug mein Mann eine Abkürzung vor. Doch wir gerieten nur noch tiefer in den Wald und immer tiefer und tiefer in den Schnee hinein. Ich kann mich noch genau erinnern.
Wir stapften weiter geradeaus, manchmal bis mit den Hüften in der weißen Pracht. Da wurde es auch meinem Mann unheimlich, und er schlug vor, einfach umzukehren. Wir hätten ja auf unserer Spur zurückgehen können. Aber ich konnte nicht mehr, ich war total erschöpft. Wir wußten wirklich nicht ein noch aus...
Es begann dunkel zu werden und der Himmel bezog sich mit grauen Wolken. Noch mehr Schnee würde fallen. Das friedliche Bild der bayerischen Landschaft wich immer mehr einem Szenario des Grauens. Gustl,

der sonst für jeden Scherz zu haben war, schien verzweifelt.
Es wäre wohl ein schlechter Witz des Schicksals, dachte ich, wenn wir hier vor Erschöpfung einschlafen und erfrieren würden. Schließlich waren wir nur ein paar Kilometer von unserem Haus entfernt.
Da fielen die ersten Schneeflocken, leise, feucht und bedrohlich. Wind pfiff durch die Tannen und wirbelte den sich ständig verdichtenden Vorhang durcheinander.
Mein Gott, da freut man sich ein Leben lang auf ein Kind und kurz vor seiner Geburt verwickelt man sich in ein lebensgefährliches Abenteuer.
Gustl sprach mir Mut zu, aber er selbst hätte des Trostes bedurft. Unsere Bewegungen wurden langsamer, das Denken ließ nach, der Mensch reagiert mechanisch im Angesicht des Todes. Wer würde an meinem Grab stehen, überlegte ich. Wer würde die Rede halten? Schließlich waren wir neu im Dorf und der Pfarrer noch kein guter Bekannter.
Seltsam. Ich war überhaupt nicht traurig, sondern eher neugierig. Wie von einer höheren Warte sah ich uns durch den Schnee stolpern, zeitlupenhaft wurde ich zum Darsteller meines eigenen Schicksals. Bald würde sich der Vorhang senken und das Stück zu Ende sein. Ob es Applaus geben würde? War das überhaupt ein Leben, das Beifall verdient hat?
Ich blickte noch einmal auf. Da sah ich plötzlich rechter Hand, also nicht direkt vor uns, auf einer Lichtung ein Forsthaus. Eine Treppe zog sich in den ersten Stock, darunter war Holz für den Kamin aufgeschichtet. Über der Tür war ein kleines Geweih befestigt und aus dem Schornstein kringelte der Rauch: Ein Forsthaus wie aus den Träumen meiner Kindheit.

War ich schon drüben? Stand dieses alte Gebäude, das Behaglichkeit und Frieden vermittelte, bereits in einer anderen Dimension?

»Sieh mal, da können wir telefonieren und uns ein Auto kommen lassen«, sagte ich ohne besondere Gemütsbewegung zu meinem Mann.

»Prima«, jubelte der. »Das ist wirklich unsere Rettung!«

Wir änderten die Richtung, verließen den Weg und liefen auf das Haus zu. Aber plötzlich verschwand es wie von Geisterhand, und an seiner Stelle sahen wir die Straße. Rasch hatten wir die Orientierung wieder gefunden. Und weil die Bayern meist freundliche Menschen sind, hielt der erste Autofahrer auf unser Winken hin an.

Axel Fitzke

Nur eine Panne

Es war ein Tag im Mai, und ich war glücklich. Mein Blick ging über die sanften Hügel der Luxemburger Landschaft. Die Sonne versank langsam am Horizont. Ein Tag ohne Aufregungen schien zu Ende zu gehen. Ich bin ein Mensch, der solche Augenblicke nicht einfach so hinnimmt. Ich weiß sie wohl zu schätzen.
Da klingelte das Telefon. Mein Kollege Rainer war am Apparat: »Monika ist gestorben!«
Ich hörte ihn schlucken. Ich weiß immer genau, wenn bei ihm etwas nicht stimmt. Wir kennen uns seit vielen Jahren.
Monika war schwer krank, das wußten wir alle. Seit Jahren schon plagte sie dieses Leiden. Aber Monika war voller Leben, voller Freude am Dasein. Wir bei Radio Luxemburg sind ein besonderes Völkchen. Unsere Fröhlichkeit vor dem Mikrofon ist nicht gespielt, unsere Heiterkeit ist gelebt. Wir lieben unseren Beruf, haben selten Ärger mit den Chefs und das Hobby zum Job gemacht. Wir feiern Feste und wissen das Leben auszukosten. Monika war eine von uns: großzügig, offen, hilfsbereit. Sie war kaum vierzig Jahre alt, als sie starb.
»Wir sollten zur Familie fahren«, sagte Rainer am Telefon. »Ich glaube, wir werden dort gebraucht!«
Ohne zu zögern, stieg ich in mein Auto. Ich hatte mit Rainer verabredet, daß ich durch sein Dorf fahren würde, um ihn mitzunehmen. Natürlich war unsere Stim-

mung so ziemlich am Boden. Wir sprachen von Monika und davon, wie schnell es oft vorüber ist. Darum gelte es, daß Leben so richtig zu genießen. Man redet viel in solchen Momenten, weil man eigentlich sprachlos sein sollte.

Wir fuhren durch die Stadt Luxemburg, dann auf der Straße in Richtung Arlon.

»Monika war immer jemand, die um den Tod wußte«, sagte Rainer gerade. »Deshalb hat sie auch jeden Tag genossen!«

Die Straße führte einen kleinen Berg hinauf. Wir fuhren am Fußballstadion vorbei.

»Nächstes Jahr wollten wir mit unseren Familien gemeinsam nach Kanada fahren«, erzählte Rainer. »Auf eine Ranch, darauf hat sie sich so gefreut!«

Ich hatte das Licht am Auto eingeschaltet. Es begann, dunkel zu werden.

»Wir werden ein Glas auf Monika trinken«, sagte ich. »Das wäre wohl ganz in ihrem Sinne!«

In diesem Moment reagierte das Auto nicht mehr. Der Motor war stehengeblieben. Ich trat auf die Bremse, um zu verhindern, daß der Wagen die Straße rückwärts hinunterrollte. Mit dem Zündschlüssel versuchte ich neu zu starten. Vergebens!

Wir hatten gerade eine Tankstelle passiert. Vorsichtig ließ ich den schweren Wagen nach hinten in eine Parklücke rollen. Aber auch der Mechaniker dort konnte nicht helfen.

»Seltsam«, sagte er nur.

Vom Büro riefen wir unsere Kollegin Cilly an. Sie kam vorbei, und gemeinsam fuhren wir nun zu den Angehörigen unserer verstorbenen Kollegin. Als wir zusammen vor dem Kamin saßen, merkten wir, daß wir Monikas Tod überhaupt noch nicht begriffen hatten. Im Laufe

des Abends kamen noch andere Freunde aus dem Sender. Wir hatten verstanden, daß eine Ära zu Ende gegangen war.
Lange nach Mitternacht fuhr Cilly uns wieder nach Hause. Als wir an der Tankstelle vorbeikamen, sagte ich beiläufig: »Laß mich doch mal probieren. Vielleicht springt er jetzt an!«
Ich versuchte es. Der Motor startete problemlos.
»Es wäre schön, wenn du noch zehn Minuten hinter uns herfahren würdest, damit wir nicht ausgerechnet auf der Autobahn stehen bleiben«, bat ich Cilly.
Aber am Geräusch des Wagens und an seinen Reaktionen merkte ich schon sehr schnell, daß diese Vorsorge nicht nötig sein würde.
Am anderen Morgen fuhr ich zu meiner Werkstatt. Der Meister selbst inspizierte das Auto. Er konnte keinen Fehler finden. Und bis zum heutigen Tag bin ich es ohne Panne gefahren...

Friedrich M. Fleischmann

Die Wünschelrute

Es war am 26. August 1975, genau an unserem zehnten Hochzeitstag, als uns in der Kinderklinik in Nürnberg die erschütternde Diagnose mitgeteilt wurde: Unser sieben Jahre alter Stefan ist an akuter, lymphatischer Leukämie erkrankt und hat nur noch wenige Tage zu leben, wenn er nicht sofort behandelt wird. Die vorgesehene Therapie ist so radikal und gefährlich, daß sie einer Gratwanderung zwischen Leben und Tod gleichzusetzen ist. Außerdem ist die Behandlung wegen der nötigen Knochenmarkpunktionen sehr schmerzhaft. Meine Frau und ich wurden darauf hingewiesen, daß selbst bei erfolgreicher Therapie mit bleibenden Gesundheitsschäden für unseren Kleinen zu rechnen sei.
Eine Welt brach für uns zusammen. Ein fröhlicher intelligenter Junge wurde ein körperliches Wrack. Geistig war er hellwach und ohne die geringste Ahnung, daß er vielleicht schon in ein paar Tagen für immer Abschied von uns nehmen müsse.
Nach dem ersten Schock meinte meine Frau: »Nehmen wir unseren Stefan doch lieber wieder mit nach Hause, bevor wir ihm das noch alles antun lassen.«
Nun lag die endgültige Entscheidung allein in meinen Händen. Durfte ich entscheiden über das Leben meines Kindes? Nein, ich konnte und ich durfte es nicht. Wenn auch nur die geringste Chance bestand, mußten

wir sie nutzen. Ich gab schweren Herzens die Zustimmung zu der bevorstehenden Tortur.
Nach vielen Wochen zwischen Hoffen und Bangen war es endlich soweit: Unser Kind war vorläufig über den Berg. Stefan durfte wieder nach Hause. Das war ein Weihnachten – ich vergesse es nie! Stefan war wieder daheim, zwar ohne Haare, vom Cortison gezeichnet und im Gehen noch etwas behindert. Aber wir hatten ihn wieder.
Natürlich mußte Stefan jede Woche einmal in die Klinik zur Überwachung der Blutwerte und zur Fortsetzung der notwendigen Nachtherapie. Aber er konnte wieder in seine Schule gehen und brachte sogar ein prima Zeugnis heim. Wir konnten sogar gemeinsam in Urlaub fahren.
Im Sommer 1976 hatte ich kurz hintereinander einen prägnanten, aber für mich unfaßbaren Traum, der das kommende Schicksal ankündigte. Obwohl die Worte darin ganz klar waren und sich tief in mein Bewußtsein prägten, hatte ich diesen keinerlei Wert beigemessen. Leider, wie sich später herausstellte! Heute bin ich fest überzeugt, daß Träume oft wichtige Mitteilungen des Unterbewußtseins enthalten.
An unserem elften Hochzeitstag wurde es zur unfaßbaren Gewißheit: Unser Stefan hat einen Rückfall seiner Leukämie erlitten. Das ganze Drama ging von vorne los. Alle Hoffnung war dahin. Inzwischen war er achteinhalb Jahre alt und die Hoffnungslosigkeit seiner Situation war ihm nicht mehr zu verheimlichen...
Verzweifelt suchten wir nach allem, was vielleicht doch noch helfen könnte. Und so kam mir eine Broschüre in die Hand, die von dem Forschungskreis für Geobiologie in Waldkatzenbach bei Eberbach am Neckar herausgegeben wurde. Darin fand ich einen Beitrag, der den Titel trug: »Krebskranke über Reizzonen? Senkrechte

Strahlen durch Wünschelruten aufgespürt und durch Physik bestätigt.« Dort las ich zu meinem Erstaunen, daß schon im Jahre 1933 (!) Dr. Rambeau, damals Vorsitzender der Ärztekammer in Marburg, in drei Dörfern der Umgebung festgestellt hat, daß alle Schwerkranken, insbesondere aber die Krebskranken über »gestörten Reizzonen« lagen. Wörtlich aus Dr. Rambeaus Bericht: »Aus meiner statistischen Arbeit ergibt sich mit voller Klarheit, daß es keinen Fall von Krebs gibt, der nicht über einem geologisch gestörten Gebiet liegt...« Spontan drängte sich mir die Frage auf: »Warum sagt uns das denn keiner – wenn schon seit 1933 ein Mediziner und zugleich Vorsitzender einer Ärztekammer davon weiß?« Natürlich sprach ich darüber auch mit dem behandelnden Oberarzt unseres Jungen. Seine Antwort vergesse ich nie: »Ja, das wissen wir schon lange, aber es ist halt wissenschaftlich nicht nachweisbar!« Damit war dieses Thema für ihn erledigt. Das war für mich der Anlaß, diese Spur zu verfolgen. Ich hatte nur noch einen Gedanken: »Jetzt muß ein Rutengänger her!«

Dieser Rutengänger stellte fest, daß unser Stefan in seinem Bett auf einer »Hartmann-Kreuzung« lag, zusätzlich verstärkt durch eine »Wasserader«. Ich hatte mir dies genau markiert und dann am Körper unseres Jungen nachgemessen. Die Reizstreifen des »Hartmann-Gitters« kreuzten sich bei ihm im Bereich seines Beckens – also genau dort, wo sich im Knochenmark das Blut bildet!

Heute weiß ich, daß ein solches »Strahlungsbild« typisch ist für die Entstehung der Leukämie oder von Lymphdrüsenkrebs. In einigen Fällen liegen die Kreuzungspunkte dieser Reizstreifen (dies sind Quadrate von etwa 25×25 Zentimetern) auch ein bißchen höher. Nach seiner ersten Behandlung in der Kinik hatten wir unseren Sohn nicht mehr in sein Zimmer, sondern zu uns ins Eltern-Schlafzimmer gelegt, das wir natürlich auch vom Rutengänger untersuchen ließen. Dort lag er wieder auf einer solchen »Hartmann«-Kreuzung. Dies war bestimmt die Ursache für die Entstehung seiner Leukämie!

Nun war ich nicht mehr zu halten. Ich ließ mir Fachliteratur, Wünschelrute und Pendel schicken, denn ich wollte ja noch viel mehr wissen. Und so begann ich, mich in dieses außerordentlich interessante Wissensgebiet der Radiästhesie (Ruten- und Pendelkunde) einzuarbeiten.

Neben theoretischem Wissen gehört Sensitivität und Übung dazu, um ein brauchbarer Rutengänger zu werden. Das Rutengehen möchte ich als eine Art von »Hellfühlen« bezeichnen. Ich bin überzeugt, daß grundsätzlich jeder Mensch dieses Talent hat. Die Wünschelrute selbst ist nur ein Anzeigegerät. Das Unterbewußtsein des Menschen ist es, das diese »Energien« wahrnimmt und Reaktionen auslöst. Wir alle leben ständig in einem ganzen »Meer« solcher Strahlungen, die sich heute teilweise schon mit technischen Geräten messen lassen.

Allgemein bekannt sind die »Wasseradern«, deren Auswirkungen aber oft überbewertet werden. Viel weniger bekannt sind zwei Gitternetze von Reizstreifen, die von Ärzten entdeckt wurden. Das eine ist das »Curry-Gitter«, benannt nach Dr. med. Manfred Curry; das andere ist das »Hartmann-Gitter«, benannt nach dem deutschen Arzt Dr. med. Ernst Hartmann.

Hartmann nennt es »Global-Netzgitter«, weil es sich gitterförmig wie ein Netz über unseren Globus zieht. Es durchdringt sogar den »Faradayschen Käfig«. Dies bedeutet, daß es bis heute eine wirksame Abschirmung dagegen nicht gibt. Wir müssen also versuchen, diesen gefährlichen, etwa 25 Zentimeter breiten Reizstreifen gezielt auszuweichen.

Dieses Hartmann-Gitter läuft von Norden nach Süden in Abständen von nur zwei Metern und von Osten nach Westen in Abständen von 2,5 Metern. Es kreuzt sich also auch!

Dieses Gitternetz ist so engmaschig, daß Sie es in allen Räumen antreffen und daß davon viele Menschen in ihrem Bett erfaßt werden. Die Kreuzungs-Quadrate von etwa 25×25 Zentimetern sind besonders gefährlich. Nach meinen Erkenntnissen sind sie fast ausnahmslos immer dabei, wenn Krebs entsteht.

Nun aber muß ich noch einmal zurückkommen zu dem Leiden unseres kleinen Stefan. Von Mitte August bis etwa Mitte November 1976 lag er wieder in der Klinik. Wieder Knochenmarkspunktionen, wieder Chemotherapie und wieder Bestrahlung von Kopf und Rückenmark, aber diesmal so stark, daß die behandelnden Ärzte wegen der Höhe der Dosis selbst in Streit gerieten.

Wir wußten, daß er sterben mußte. Und er wußte es auch. Ich las ihm aus dem Buch von Arthur Ford vor »Das Leben nach dem Tode« und wir alle schöpften Hoffnung in dem starken Glauben an ein Leben nach dem Tode und auf ein Wiedersehen in der Ewigkeit...

Es war ein paar Tage vor seinem neunten Geburtstag. Ganz blaß lag er auf der Couch im Wohnzimmer, als er plötzlich fragte: »Papa, lohnt es sich eigentlich überhaupt zu leben?«

Bis zu diesem Tag hatte ich daran noch keinen Gedanken verloren. Aber dieses Nachdenken hat später mein Leben verändert.

Ein paar Tage vor seinem Tod sagte mir mein kleiner Sohn: »Ich bin froh, wenn ich jetzt endlich drüben bin.«

Sein Tod war eine Erlösung für ihn und für mich der Anlaß, nach dem Sinn meines Lebens zu suchen. Ich dachte an das alte Sprichwort: »Geführt wird, wer sich hingibt – wer sich sträubt, der wird gezogen!« Wir aber wurden nicht nur gezogen – wir wurden gezerrt und gestoßen und geprügelt, und zwar so lange, bis wir dort waren, wo wir hingelangen sollten. Das Schicksal hat mir nun den Weg gezeigt.

Ich begann mit Wünschelrute und Pendel zu arbeiten, weil ich ja selbst ergründen wollte, ob es wirklich diese »Reizstreifen« sind, die Krebs verursachen. Und was tut man so als Anfänger, wenn man in seinem eigenen Haus schon alles durchgetestet hat? Man geht zu Freunden, zu Bekannten und Verwandten, um dort zu suchen und zu finden.

Wenn ich mit der Wünschelrute arbeite, möchte ich vorher nicht wissen, an was die Person leidet, deren Schlafplatz ich gerade untersuche. Denn nur so ist es möglich, unbeeinflußt zu bleiben und durch ein zutreffendes Ergebnis sich selbst und andere zu überzeugen.

So fing ich also an bei Onkel und Tante. Sie hatten ein ziemlich kleines Schlafzimmer und die Betten getrennt aufgestellt. In einem Bett fand ich einen Reizstreifen im Bereich des Kopfkissens und im anderen Bett eine »Kreuzung« etwa in der Bettmitte. Es war meine Tante, die mit ihrem Kopf auf einem »Hartmann-Reizstreifen« lag und nachts kaum ein Auge zutun konnte. Auch litt sie öfter unter Migräne-Anfällen und unter Verspannungen. Das Bett wurde sofort umgestellt und schon ein paar Tage später kam die Nachricht, daß sie wieder wunderbar schlafen könne und alle Schmerzen vorbei seien.

Viel schlimmer war es bei meinem Onkel. Er hatte seit vielen Jahren Diabetes und er verfiel sichtlich. Er war

ein Mensch, der um den Arzt einen großen Bogen machte. Nach meiner »Untersuchung« der Strahlungsverhältnisse in seinem Bettplatz riet ich ihm nun ganz energisch, doch sofort zum Arzt zu gehen, denn die Gefahr, daß er im Magen-Darm-Bereich erkranken könnte, hielt ich für akut.
Noch im gleichen Monat überwies der Hausarzt meinen Onkel an die Universitäts-Klinik in Erlangen. Dort stellten die Ärzte einen Krebs-Tumor im Darm fest. Mein Onkel mußte so bald wie möglich operiert werden. Nach dieser Operation lautete die Diagnose: Zusätzlich Metastasen in Leber und Lunge. Hoffnungslos! Kurz nach Weihnachten ist mein Onkel gestorben an diesem Krebsleiden, von dem niemand vorher etwas geahnt hatte.
Mein nächster Besuch galt einem Ehepaar, dessen Sohn ebenfalls mit Leukämie in der Klinik lag. Hier kannte ich also bereits das Leiden, um das es ging. Deshalb bat ich die Eltern, das Bett des Jungen vor meinem Besuch an anderer Stelle aufzubauen, damit ich selbst suchen konnte, wo sein Bett gestanden haben mußte.
Ich fand eine »Hartmann-Kreuzung« über dem Schreibtisch des Jungen. Genau dort hat bisher sein Bett gestanden. Und das Kreuzungsquadrat von 25×25 Zentimetern befand sich auch bei ihm im Bereich seines Beckens! Dasselbe Ergebnis wie bei unserem eigenen Kind und leider auch mit demselben tragischen Ende...
Unglaubliche Geschichten? Bitte glauben Sie mir: Alles ist wahr, was ich Ihnen hier berichte! Und so könnte ich noch viele Erlebnisse erzählen aus meinen Erfahrungen als Rutengänger...

Elmar Gruber

Der doppelte Zufall

Es sollte eine lange Fahrt werden. Ich war froh, mein Abteil nur mit einem älteren Ehepaar teilen zu müssen. Von Wien ging's bis Paris, und ich hatte mich deshalb mit Lesematerial gut eingedeckt. Damals fesselte mich die bizarre Welt der rätselhaften Übereinstimmungen von Ereignissen besonders. Jene undurchschaubaren und zutiefst überraschenden sinnvollen Zufälle sah ich als Schlüsselereignisse zum Verständnis einer verborgenen Wirklichkeit an.
In dem sanft das Donautal entlanggleitenden Zug hatte ich ein Buch von Carl Gustav Jung aufgeschlagen. Eine merkwürdige Geschichte verbat es mir, auf die vorbeifliegenden Wiesen und Felder zu achten. Jung erzählt von einer Patientin, die er einst, nach wenigen ergebnislosen Konsultationen, als »untherapierbar« nach Hause schicken wollte. In ihrer vermeintlich letzten Stunde erzählte sie endlich einen Traum – den ersten, an den sie sich nach langer Zeit erinnern konnte. In diesem Traum sieht die Patientin einen Käfer – einen goldenen Skarabäus. Während sie den Traum erzählt, raschelt es am Fenster. Jung öffnet es und holt einen Rosenkäfer ins Zimmer. Der Psychologe war nicht wenig erstaunt über die Tatsache, daß der Käfer, entgegen seiner naturgewollten Gewohnheit, vom hellen Licht ins dunkle Zimmer gekommen war, und das genau zu dem Zeitpunkt, an dem seine Klientin zum ersten Mal

einen Teil ihrer Psyche offenbarte, nämlich den Traum vom Skarabäus. Der gemeine Rosenkäfer ist in unseren Breitengraden der dem Skarabäus ähnlichste Käfer. Jung folgert, daß eine starke emotionale Besetzung ihres Zustands die Patientin in die Lage versetzte, einen solchen sinnvollen Zufall zu erleben. So interpretiert der Seelenphilosoph Jung: Bei den Ägyptern war der Skarabäus ein Erneuerungs- und Wiedergeburtssymbol, also wird sich seine Klientin erneuern, wird die Therapie anlaufen, wird sie endlich an ihre Gefühle herankommen können. Jung behielt recht. Ein sinnvoller Zufall hatte ihm die Klarsicht erleichtert.

Unser Zug setzte sich nach einigen Stunden Fahrt von München aus wieder in Bewegung. Eine junge Frau gesellte sich in unser Abteil. Wieder wurde es nichts mit der Landschaftsbetrachtung. Statt dessen unterhielt ich mich mit ihr angeregt über Soziologie und französische Gegenwartsphilosophie; zumindest so lange, bis sie plötzlich das Gespräch unterbrach und unvermittelt die Frage stellte: »Wissen Sie, was ich meinem Freund zum Geburtstag schenke?« Ich war erstaunt über diesen überraschendem Wechsel des Gesprächsstoffs und schüttelte den Kopf. Sie zog eine Kette aus der Tasche, an der ein Anhänger baumelte: »Einen goldenen Skarabäus!« Jetzt horchte ich auf.

Ich fragte, was ihr Freund denn mache, und erwartete etwas über seinen Beruf zu hören. Statt dessen erfuhr ich, daß er sich in einer Psychotherapie befinde und daß der Therapeut diese eigentlich aufgeben möchte, weil sein Patient nicht an seine Gefühle herankomme. Spontan erzählte ich von sinnvollen Zufällen und von jener auffälligen Geschichte, von der ich gerade bei C. G. Jung gelesen und die soeben ein Nachspiel erlebt hatte.

»Die Übereinstimmungen sind so überzeugend«, sagte

ich zu der überraschten Frau, »daß zur Vervollkommnung dieses doppelten Zufalls nur noch fehlt, daß Ihr Freund, wenn er Ihr Geschenk erhält, ebenfalls mit seiner Therapie weiterkommt.« Daß ein Rosenkäfer jetzt noch zum Fenster hereinkommen würde, hielt ich denn doch für unwahrscheinlich. Da klopfte mir der ältere Herr auf die Schulter, der mit seiner Frau schon seit Wien im gleichen Abteil reiste. Er trug einen Ring mit einem goldenen Skarabäus...

Helga Guitton

Das verschwundene Dorf

In Königsberg bin ich geboren, aber die Erinnerung an meine Kindheit im Lande der Masurischen Seen verblaßt, so wie ich an Lebensjahren gewinne. Die kräftigen Farben eines ostpreußischen Sommers sind zarten Pastelltönen gewichen; ein Schleier liegt zwischen mir und dem Dasein.
Und doch sind es die frühen Erlebnisse, die den Weg eines Menschen bestimmen: die ersten Worte der Mutter, der Geruch geernteter Kartoffeln im Herbst, die weißgetünchten Lehmhäuser am Rande des Dorfes. Bilder aus einer weit entfernten Existenz.
Inzwischen bin ich anderswo zu Hause, habe eine Heimat gefunden in der Mitte Europas. Ich reise gerne, und am liebsten bin ich in Frankreich. Oft schon habe ich meine Ferien in der Bretagne verlebt. Das rauhe Meer, das schwere Geblüt der Bretonen, ihre deftige Küche, der hausgebrannte Schnaps und der selbstgemachte Apfelwein, all dies ist ehrlich, bodenständig, klar.
An den Ufern des schmalen Flusses Oust hatte ich mit Freunden vor einigen Jahren ein Ferienhaus gemietet. Wir genossen die hellen Tage des Frühsommers und den weiten Blick in die Sterne, wenn es Nacht wurde und wir noch nicht schlafen wollten.
Zum Einkaufen fuhr ich regelmäßig in die kleine Stadt Josselin, die um ein altes normannisches Schloß hoch auf dem Felsen herum erbaut worden ist. Die Straße

nach Josselin war eher ein asphaltierter Feldweg, ohne Randbefestigungen und Verkehrsschilder. Ich kann mich nicht erinnern, daß mir jemals ein anderes Auto oder gar ein Fußgänger begegnet wären. Sanft geschwungene Wiesen, satte Kornfelder, über allem die hohe Kuppel des bretonischen Himmels.

Auf der Rückfahrt hatte ich stets knackiges Weißbrot, frische Milch, ein paar Liter Landwein und oft auch einen Korb Austern im Gepäck, den die Fischer von St. Marlo am Morgen auf den Markt geschafft hatten.

Zwischen Josselin und dem Ferienhaus lag weder ein Dorf noch ein größeres Anwesen. Und doch sah ich eines Tages auf einem Hügel eine kleine Kirche, um die sich ein paar weißgetünchte Häuser gruppierten. Davor eine Art Ziehbrunnen, Gänse und Enten; ein Gemälde wie aus einem fernen Jahrhundert.

Auf meiner Fahrt in die Stadt freute ich mich schon auf diesen Anblick, der mich ein wenig an die Dörfer meiner Kindheit erinnerte: ein Idyll, wie es sich nur in Erinnerungen formt.

Es war immer das gleiche Bild. Die Kirche mit dem Hahn auf dem Turm, die weißen Häuser, der Brunnen und die Gänse und Enten, die geschäftig herumliefen. Niemals sah ich einen Menschen.

Der Anblick berührte mich von Mal zu Mal mehr. Er machte mich heiter und auf eine merkwürdige friedliche Weise sogar glücklich.

Ich beschloß, mein Dorf zu fotografieren. Lieber hätte ich es natürlich gemalt, aber leider bin ich weder begabt, noch hatte ich das nötige Handwerkszeug.

Ich stoppte also das Auto, um über die Wiesen etwas näher an den kleinen Weiler zu gehen. Durch den Sucher der Kamera versuchte ich, das Motiv schon einmal zu fixieren.

Aber da war nichts: keine Kirche, keine Häuser, kein Brunnen und auch kein Federvieh. Eine Landschaft wie aus dem Bilderbuch, aber kein Hinweis auf eine menschliche Siedlung.
Verwirrt stieg ich in den Wagen und fuhr nach Josselin, machte meine Einkäufe und bummelte ziellos durch die alten Gassen. Das Messingschild eines Ladens zog mich an. Durch das blinde Glas des Schaufensters waren ein paar merkwürdige Gegenstände zu sehen: Mörser, hölzerne Schüsseln, Mühlen, eine Laterne, eine Sichel und ein paar Tonkrüge, deren Farben verblaßt waren. Ein »Antiquariat«, eher ein Laden mit Krimskrams aus alten Zeiten.
Ich ging hinein, doch niemand kam, um nach meinen Wünschen zu fragen. Ich nahm einen Kerzenleuchter in die Hand, begutachtete eine Milchkanne und ein schweres Bügeleisen.
»Die Leute sind tot, denen das alles gehörte«, sagte eine tiefe Stimme neben mir. Ein alter Mann war leise hinter die Verkaufstheke getreten.
»Diese Sachen sind vor ein paar hundert Jahren gemacht worden«, sagte der Mann. »Und sie blieben in den Familien. Damals hat man nicht alles gleich weggeworfen, wenn es beschädigt war!«
»Sind diese Dinge hier aus der Gegend?« fragte ich.
»Das meiste kommt aus einem Dorf nicht weit von hier«, antwortete der Mann. »Diese Marienstatue war das Zentrum einer kleinen Kirche!«
Die hölzerne Madonna war angekohlt. Nur mühsam konnte ich auf ihr ein paar Farbreste erkennen.
»Eine Feuersbrunst hat das Dorf vernichtet«, erklärte mir der freundliche Bretone, dessen Gesicht ich im trüben Licht des Ladens nicht genau erkennen konnte.
»Alles, was sie hier sehen, wurde in den Trümmern

gefunden und ist dann auf einem Dachboden vergessen worden. Ich habe es vor ein paar Jahren entdeckt und hierher geschafft. Manches ist aber auch schon verkauft«, lächelte er. »Die Touristen nehmen gern etwas Altes!«
Ich berührte den Mörser, strich mit den Händen über das brüchige Holz eines langstieligen Löffels, nahm fast ein wenig ehrfürchtig die Krüge vom Bord: Alltägliches aus ferner Vergangenheit.
Unten im Regal entdeckte ich dann das Bild, eine Federzeichnung unter Glas. Mit den Fingern wischte ich den Staub weg. Und da konnte ich es ganz deutlich sehen: Mein Dorf, die Kirche mit dem Hahn auf dem Turm, die kleinen weißgetünchten Häuser, den Ziehbrunnen und die Enten und Gänse.
»Wo finde ich diesen Ort?« fragte ich den Mann.
»Ich weiß es nicht, Madame«, erklärte er bedauernd. »Ich weiß nicht, woher dieses Bild stammt, wer es gemalt hat und was es darstellen soll. Es ist auch kein typisches Dorf aus der Gegend. Die Kirchtürme hier haben keine Hähne auf der Spitze!«
Ich habe mir das Bild gekauft. Inzwischen bin ich noch oft zwischen Josselin und dem Ferienhaus hin und her gefahren. Doch die Häuser und die Kirche, den Brunnen und die Tiere habe ich nie wieder gesehen...

Manuela Hake

Diktat aus einer anderen Welt

Der 11. August war für mich ein Ferientag wie jeder andere: Lange schlafen, Stunden vertrödeln, Zeit haben. Am Nachmittag kamen die Freundinnen. Wir saßen um meinen Schreibtisch herum, der immer noch nicht aufgeräumt war, obwohl meine Mutter mich schon mehrmals ermahnt hatte.
Während ich mit meinen Freundinnen sprach, kritzelte ich mit einem Kugelschreiber kleine Figuren aufs Papier, fuhr mit der Mine ein paar Kreise, ohne es bewußt zu merken.
Plötzlich spürte ich in meiner rechten Hand eine merkwürdige, fremde Energie. Ich bemerkte, daß nicht ich es war, der den Schreiber lenkte, sondern jemand, der unsichtbar blieb. Irgend etwas hatte von mir Besitz ergriffen; ich fühlte mich nur noch als Werkzeug.
Ich wollte meinen Augen nicht trauen. Auf dem Papier stand in großen, geschwungenen Buchstaben und überhaupt nicht in meiner eigenen Handschrift: »Jesus Christus, Heiland der Menschheit!«
Meine Freundinnen dachten zuerst, ich wolle ihnen etwas vormachen. Als sie aber merkten, wie verwirrt ich auf die Schrift starrte, begriffen auch sie, daß etwas Außergewöhnliches geschehen war. Ich wußte zwar, daß es auf dieser Welt unerklärliche Dinge gibt, hätte aber im Traum nicht daran gedacht, daß sie mich eines Tages auch betreffen könnten.

Aufgeregt ging ich zu meinem Vater. Er hörte mir zu, aber ich hatte das Gefühl, daß er mich nicht ernst nahm. Also berichtete ich meiner Mutter, was geschehen war. Ich erzählte ihr von diesem unsichtbaren »Jemand«, der mit einer ungeheuren und doch wieder sanften Kraft meine Hand gelenkt hatte. Ich bin meiner Mutter noch heute dankbar, daß sie mich nicht eine »Spinnerin« gescholten hat, als sie den Namen »Jesus« auf dem Papier las. Wir sind in der Familie alle katholisch, aber nicht übermäßig fromm.

Meine Mutter bat mich, daß Experiment zu wiederholen. Also hielt ich den Kugelschreiber locker in der rechten Hand über dem Papier. Sofort schrieb ich automatisch die gleichen Zeilen. Ich möchte versichern, daß diese lenkende Kraft nicht von mir ausging, da ich kein Mensch bin, der sich selbst betrügt.

Meine Mutter war nach dieser Vorführung sehr beeindruckt und – was am wichtigsten war – auch überzeugt. Warum sollte Christus nicht durch mich schreiben? Schließlich hat er eine Botschaft für jeden von uns.

An jenem Abend hatte ich den aufrichtigen Wunsch, in die Messe zu gehen. Ich betete darum, daß ich nicht zum Spielball irgendwelcher bösen Mächte werden möge. Zu Hause angekommen, versuchte ich es noch einmal mit Kuli und Papier. Und tatsächlich wurde meine Hand geführt; schnell und ohne zu zögern. Während ich schreibe, ist mein Kopf leer und ohne Gedanken.

Jesus hatte inzwischen durch mich Berge von Papier beschrieben. Jedesmal beginnt seine Botschaft mit einem kleinen Kreuz und endet auch damit.

Der Inhalt der Manuskripte betrifft mich oft ganz persönlich, oft werde ich aufgefordert, meine Mitmenschen zu unterrichten.

Neun Tage nach meinem ersten »Schreibkontakt« ge-

gen 14.30 Uhr erhielt ich dann von Jesus eine Botschaft für die von ihm über alles geliebte Menschheit. Diese sollte ich veröffentlichen. Die wichtigste Zeile schien mir zu sein: »Liebe auf der ganzen Welt ist mein Ziel!« Können wir uns dies überhaupt vorstellen? Keinen Krieg mehr, keine Streitigkeiten, keine Grenzen, keinen Hunger? Natürlich kannte ich die Botschaften des Gottessohnes schon aus der Bibel. Aber leben wir danach? Kein Wunder, daß ER um uns besorgt ist.
Wo aber sollte ich mich mit diesen Aussagen hinwenden? Wer würde mir glauben, wenn ich sage, Christus schreibt durch mich?
Da meine Eltern und ich oft schon die »Unglaublichen Geschichten« bei Radio Luxemburg gehört hatten, in denen es um Grenzgebiete menschlichen Seins geht, riefen wir einfach beim Sender an. Prompt erhielten wir eine Einladung.
Natürlich war ich aufgeregt und hätte so gerne vorher noch mit meinem Pfarrer gesprochen. Doch wegen der Ferien konnte ich ihn nicht erreichen. Während dieser Zeit ist der schriftliche Kontakt zu IHM nie abgerissen. ER versprach mir seinen Schutz.
In Luxemburg wurde ich mit meinen Eltern freundlich empfangen. Zu den Rundfunk- und Fernsehsendungen der »Unglaublichen Geschichten« waren noch andere Gäste eingeladen: So eine Gastwirtin aus Dortmund, die durch Händeauflegen Krankheiten heilen kann, und ein älterer Mann, der mit einem Pendel und einem ausgelegten Alphabet Kontakt zu Verstorbenen glaubt herstellen zu können.
Ich fühlte mich wohl, zumal es nicht das Bestreben der Redakteure, Moderatoren und Experten war, uns als Schwindler zu entlarven. Es sind eben »unglaubliche Geschichten«, die wir da erleben.

Auf dem Weg ins Fernsehstudio überkam mich ein gewaltiger Druck im Kopf, mir wurde ganz grau vor den Augen. Erst dachte ich, es wäre die Angst vor dem Auftritt. Aber dann spürte ich, es war eigentlich die Kraft, die von IHM ausging und die ich plötzlich als angenehm verspürte.
Der Moderator Rainer Holbe und der Parapsychologe Elmar Gruber berichteten den Zuschauern erst einmal vom Phänomen des »automatischen Schreibens«, das häufig auftrete und oft schon im Experiment nachgewiesen werden konnte.
Da gab es zum Beispiel eine Frau, die mit der rechten und linken Hand gleichzeitig völlig verschiedene Texte in völlig verschiedenen Sprachen schreiben konnte, Sprachen, die sie niemals gelernt hatte: nämlich Aramäisch und Latein.
Natürlich wollten die beiden Interviewer von mir wissen, ob ich sehr religiös sei, da die Gefahr frommer Wahnvorstellungen natürlich immer gegeben sei.
Elmar Gruber meinte auch, daß eine Erklärung für das »automatische Schreiben« auch die »animistische Version« sein könne, daß nämlich das Unterbewußtsein des Experimentators für die Botschaften auf dem Papier verantwortlich sei.
Für meine Person will ich diese Möglichkeit ausschließen. Ich bin fest davon überzeugt, daß Jesus an mich und durch mich schreibt.
Als Rainer Holbe mich bat, vor den Kameras zum Kugelschreiber zu greifen, begann sich meine Hand wie von selbst zu bewegen: »Ich bin Jesus Christus, der Sohn Gottes!«
Millionen Zuschauer waren Zeugen des Geschehens. Natürlich konnten sich die Macher der Sendung nicht dazu entschließen, alles so zu glauben, wie es geschah.

Aber was ich erlebe, ist ja auch so ungewöhnlich, daß ich niemandem böse bin, wenn er erst mal ungläubig reagiert.
Immerhin gestand mir Rainer Holbe zu, daß er mich nicht als Schwindlerin sieht, die sich wichtig machen möchte, sondern daß ich durchaus subjektive Erlebnisse habe.
Für mich allerdings sind diese Botschaften objektiv wahr und bedeutsam.
Nach den RTL-Sendungen riefen mich zahlreiche Leute an, schrieben mir Briefe und hofften auf einen Kontakt. Heute weiß ich, warum Jesus mich bat, öffentlich aufzutreten. Dadurch sollte *den* Menschen Mut gemacht werden, die schon Erfahrungen mit der jenseitigen Welt haben und den Kontakt zu anderen suchen, die nicht über sie lachen.
Inzwischen habe ich viele Kontakte zu gleichgesinnten Erwachsenen, die wie ich der Meinung sind, daß diese Welt und ihre Bewohner nur durch Liebe, Verständnis und Toleranz zu retten sind. Unser Erdball, dieser lebende Organismus im Universum, darf nicht durch Unachtsamkeit zerstört werden. Umweltverschmutzung muß abgebaut, Krieg verhindert werden. Immer wieder erfahre ich in den schriftlichen Nachrichten, daß Gott einen Heilsplan für die Menschheit hat, der Güte und Liebe zu seiner Erfüllung braucht. Immer mehr Menschen sollen sich zusammenschließen zu einem unzerstörbaren Netz, in dem Freude und Verstehen eingewoben sind. Wir sollten die Ausgeglichenheit in uns finden, denn äußerer Frieden setzt Frieden mit sich selbst voraus. In den Hinweisen, die ich erhalte und von denen ich glaube, daß sie von Gott inspiriert sind, werden die Menschen immer wieder zur Umkehr aufgefordert.

Gott gibt den Menschen einen freien Willen, mit dem er sein Leben und seinen Glauben entscheidet. Auch bei allen Irrwegen: der freie Wille wird im göttlichen Gesetz akzeptiert.
Dies alles wird merkwürdig klingen für Leser, die noch nie etwas vom automatischen Schreiben gehört haben und die vielleicht unserem Gott zu sehr entfremdet sind. Aber ich versichere noch einmal, daß ich keine bitterernste Frömmlerin bin, sondern ein aufgeschlossenes Mädchen, das ebenso gern in die Disco geht wie in den Sonntagsgottesdienst.
Wie hieß es doch in einer der letzten Botschaften, die mir aus einer anderen Dimension diktiert wurden: »Alle seid ihr Gotteskinder in frischer, fröhlicher Form. Dies ist ein großer Schutz!«

Marina Hirth

Das Leben, ein Traum…

Ich erinnere mich genau an diesen Tag im Winter, obwohl es eigentlich ein Tag wie jeder andere war: Schule, Hausaufgaben, ein bißchen Freizeit. Aber in der Nacht darauf hatte ich einen Traum, der meine bisherige Weltordnung aufhob und durch eine andere Sicht der Dinge ersetzte.
Ich sah mich in der Vorhalle meiner Schule, umgeben von schwatzenden Mitschülern. Es war Pause und wir besprachen völlig belanglose Sachen. Da kam eine Freundin auf mich zu und berichtete, daß ein Foto meines Ex-Freundes am »Schwarzen Brett« der Schule angebracht war. Irritiert folgte ich ihr, konnte mir aber kaum vorstellen, daß sie die Wahrheit sprach.
Aber da! Ich sah es ganz deutlich. Ein Bild von O. Ehe ich mich ganz darauf konzentrieren konnte, sah ich mich an meiner Bushaltestelle stehen. Dort fuhr regelmäßig mein Ex-Freund mit dem Fahrrad vorbei, um einen ganz bestimmten Weg nach Hause einzuschlagen. Tatsächlich. Im Traum fuhr O. an mir vorbei, änderte aber auf einmal die Richtung und bog in eine andere Straße ein. Unverständlich war mir, warum er diesen Umweg einschlug. Obwohl der Traum mich nicht beunruhigt hatte, wachte ich auf, dachte über das merkwürdige Geschehen nach und konnte lange nicht wieder einschlafen.
Zwei Wochen später stand ich inmitten meiner Mitschüler in der Vorhalle meiner Schule. Da kam eine

Freundin und berichtete, daß ein Foto meines Ex-Freundes am »Schwarzen Brett« der Schule angebracht war. Die Szene kannte ich, es war wie in meinem Traum. Und wie damals im Schlaf folgte ich ihr und entdeckte tatsächlich das Foto von O. aufgepinnt und für alle sichtbar. Er hatte mit seiner Rudermannschaft einen Wettkampf gewonnen und wurde auf diese Weise geehrt.

Weil damals der Traum eine Fortsetzung gehabt hatte, wartete ich an der Bushaltestelle, ob mein Ex-Freund wohl gleich mit dem Fahrrad vorbeikommen und statt des gewohnten Weges den Umweg einschlagen würde. Ich war überhaupt nicht erstaunt, als alles genau so geschah, wie ich es geträumt hatte.

Ein Zufall? Ich denke, nein.

Reales Geschehen und irreale Träume sind nicht immer voneinander zu trennen. Träume haben ein Eigenleben. Sie sind Wahrheiten, denn wir leben sie ja. Seit dieser Zeit frage ich mich: Wie viele Wahrheiten gibt es wohl? Und gibt es Wahrheiten, bevor sie wahr werden? Fragen, die jeder für sich beantworten muß. Hinweise gibt es ja genug!

Peter Hofmann

Die weiße Frau von Schönreuth

Wenn sich der blaue Himmel über das Frankenland spannt, zeigt sich Schloß Schönreuth von seiner freundlichen Seite. Die rosa Fassade kontrastiert wirkungsvoll zum üppigen Grün des Parks, der seit fünfhundert Jahren das Anwesen umrahmt. 1470 haben die Baumeister das Jagdschloß ihren Besitzern übergeben. Seitdem haben Generationen von Menschen hier gelebt, gelacht, geweint. Alte Häuser können gute und böse Geschichten erzählen.

Hier wohne ich mit Deborrah, meiner Frau, mit meinem Bruder, der mein Büro führt und mit einem richtigen Geist. Manchmal nämlich sehen wir in den Zimmern und auf den Fluren eine Frau mit weißem Haar, das zu einem Knoten gebunden ist. Eigentlich sehen wir sie immer nur von hinten, sie verschwindet dann im Nichts, löst sich einfach auf.

Seltsame Wesen aus dem Zauberreich der Phantasie sind mir natürlich vertraut. Aber dann sind sie meist aus Pappmaché und stehen als Dekoration auf der Bühne. Die weiße Frau von Schloß Schönreuth aber ist so real, wie Geister eben real sein können. Sie spukt nicht nur in meinem Kopf; meine Frau, mein Bruder, sie alle haben sie gesehen: wortlos, schwebend, zieht sie bisweilen durch das Haus. Mein Bruder, der ein Stockwerk tiefer wohnt, hatte schon oft das Gefühl, im Schlaf gestreichelt worden zu sein.

Überhaupt haben wir vor dieser Erscheinung keine Angst. Nichts an ihr ist wirklich gespenstisch und furchterregend.
Einmal, kurz vor einer Reise nach Moskau, haben Deborrah und ich auf einer Schlafzimmerwand plötzlich rote Flecken entdeckt. Langsam verteilte sich die mysteriöse Flüssigkeit über die ganze Wand. Natürlich dachten wir sofort an Blut, aber es roch eher nach Mundwasser, obwohl wir nirgendwo derartige Essenzen aufbewahren.
Und von dem Kuß möchte ich noch erzählen, der mich eines Morgens weckte, obwohl Deborrah neben mir tief und fest schlief und noch heute heilige Eide darauf schwört, keinen Scherz mit mir gemacht zu haben.
Ein fünfhundert Jahre altes Gemäuer darf seine Geheimnisse haben. Und vielleicht war unter den Bewohnern von Schönreuth einmal eine alte, weißhaarige Frau, deren Spuren wir in unserer Gegenwart wahrnehmen können.
Ich finde es schön, daß uns solche Signale erreichen. In unserer nüchternen Welt sollte Platz für das Phantastische sein, damit unsere Seelen nicht verkümmern und unsere Körper sich nicht in Roboter verwandeln.

Julia Carolin Holbe

Vier Millionen Jahre

Niemand aus unserer Gegend wußte, woher er kam. Er saß immer nur hier auf der Parkbank; vom frühen Morgen bis weit in den Abend hinein. Mit seinem grauen Filzhut und dem dunklen Lodenmantel sah er manchmal richtig gespenstisch aus, wenn er in der Dämmerung sein letztes Brot an die Tauben verfütterte. Manche Leute hatten Angst vor ihm, aber das brauchten sie eigentlich nicht.

Ich habe nämlich einmal neben ihm gesessen und ein Gespräch begonnen. Er war sehr nett. Er erzählte mir, daß er allein lebt und sich deshalb immer in den Park setzt, Tauben füttert und die Menschen beobachtet. Und dann meinte er beiläufig, daß er eigentlich nur auf seine Freunde warte, die ihn bald abholen würden. Er wolle endlich heim ins All.

Ich wunderte mich nicht über seine Worte. Er war halt ein alter Mann.

Seine Statur war untersetzt, seine Haare waren schlohweiß und sein Gesicht blaß und von tiefen Falten durchzogen. Er zitterte nicht und hatte einen wachen Verstand, obwohl er wirklich schon sehr alt war.

»Vier Millionen Jahre«, sagte er zu mir, als ich ihn danach fragte. Ich sah keinen Grund, dies anzuzweifeln. Alles an ihm wirkte ehrlich.

Ich traf ihn eigentlich jeden Tag, wenn ich meinen Spaziergang durch den Park machte. Letzte Woche, als ich

mich wieder einmal mit ihm unterhalten wollte, war er weg.
Also schlenderte ich nach Hause und hoffte, daß ihm nichts zugestoßen sei. Die nächsten Tage kam er auch nicht mehr. In der Zeitung fand ich keine Notiz, daß irgendwo ein alter Mann tot aufgefunden worden war. Nur auf der letzten Seite fiel mir ein Artikel mit einer dicken Überschrift auf: Man hatte ein helles, unbekanntes Flugobjekt über unserer Stadt gesehen.
Und ich hatte geglaubt, es sei das Alter…

Rainer Holbe

Der Kreis schließt sich

Frauschiele heißt heute Vrasîla, aber das ist auch schon alles, was sich in dem kleinen Dorf in Nordböhmen in den letzten vierzig Jahren geändert hat. Frauschiele hieß deshalb so, weil der Granitfelsen, auf dem seine wenigen Häuser stehen, die Gesichtszüge von einer schielenden Frau trägt. Meine Großmutter hatte dort ein Gasthaus, und die Bauern des Ortes pflegten bei ihr von Sonnenuntergang bis Sonnenaufgang »Schafskopf« zu spielen und dabei Unmengen Bier zu trinken. Selten kamen einmal andere Gäste; Frauschiele lag halt abseits großer Attraktionen.
Für mich war das Dorf das Paradies meiner Kindheit, und meine Erinnerung daran ist ungetrübt. Manchmal wünsche ich meinen Töchtern so einen Ort, ohne Autoabgase, Flugzeuglärm und Fernsehapparate.
Aber dann meine ich, daß sie es heute trotz alledem besser haben. Denn als ich ein Kind in Frauschiele war, heulten manchmal in der Ferne die Sirenen. Es war Krieg. An diese Zeit wurde ich erinnert, als ich eines Tages auf einer Wiese voller duftender Himmelschlüssel einen Panzer stehen sah. Ich war vier Jahre alt und meine Spielkameraden nicht viel älter. Panzer kannten wir bisher nur aus den Wochenschauen. Und als das Ding so eine Weile stur und stumm dastand, kletterten wir über die Ketten auf seinen Turm. Die Luke war geöffnet und das dargebotene Bild für diese Zeit ver-

ständlich: Der Soldat hatte den Kopf etwas zur Seite geneigt, die Augen waren geschlossen. Nur ein paar Tropfen Blut sickerten aus dem kleinen Loch in seiner Stirn.
Ich habe diesen Anblick nie vergessen, obwohl ich eigentlich nicht sehr erschrocken war, damals. Was mich viel mehr faszinierte, war das Fernrohr, das der Tote an einem Lederriemen um seinen Hals trug. Ich habe es ihm abgenommen, vorsichtig und ohne ihn dabei zu berühren. Das Glas trug die Aufschrift »Hensoldt Wetzlar« und bot mir Fernes in Zukunft »6×42« vergrößert.
Meine Mutter war erschrocken, als ich mit meinem Fund nach Hause kam: Diebstahl von Heereseigentum. Aber zurückgeben wollte sie das Glas auch nicht, dazu fehlte es ihr an Mut.
So benutzte ich das Fernrohr heimlich, holte mir nachts den Mond vom Himmel und sah damit viel mehr Sterne als andere.
Ein paar Monate später, im Frühjahr 1945, weckte mich einmal meine Großmutter sehr früh. Sie zog mich an und führte mich auf die »Skalle«, sozusagen den Kopf der »Frau Schiele«, von der man einen weiten Blick hinüber aufs Erzgebirge hat. Der Himmel war rot, von einem Ende zum anderen. Dresden brennt, sagte die Großmutter. Aber sosehr ich auch mit meinem Fernrohr versuchte, Einzelheiten zu erkennen, ich sah nichts als diesen schaurig gefärbten Horizont.
Im Sommer danach wurden wir ausgewiesen. In offenen Viehwagen brachte man uns über die Grenze ins ehemalige Reich. Meine Großmutter und meine Mutter hatten unsere Habseligkeiten in ein paar Koffern verstaut. Mein Fernrohr war zwischen zwei Pullovern versteckt.
Viel später, in der Mark Brandenburg, hat mir ein Bauer

zwei Kilo Butter dafür geboten. Und als wir längst im Westen waren, habe ich auf Schulausflügen von meinen Klassenkameraden zehn Pfennig fürs »Durchgucken« verlangt. Das Fernrohr verlieh mir eine gewisse Position, ließ mich nicht nur ein Flüchtlingsjunge sein.
Als ich vierzig Jahre alt wurde, wollte ich erfahren, ob die Erinnerungen an meine Kindheit auch eine Wirklichkeit haben. So fuhr ich denn letzten Sommer in die Tschechoslowakei. Nach Frauschiele führt inzwischen ein geteerter Weg, aber noch immer liegt der Ort fern von dieser Welt: ein paar Hühner, ein paar Gänse und Stille. Das Haus meiner Großmutter ist eine Ruine, um die sich ein weißer Rosenbusch rankt.
Natürlich hatte ich auch das Fernrohr mitgenommen. Mit meinen beiden Töchtern stand ich an genau jener Stelle auf dem Felsen über dem Dorf, von der aus ich in jener Nacht Dresden hatte brennen sehen. Das Glas hing um meinen Hals. Als ich es an die Augen setzen wollte, um hinüberzuschauen, so wie damals vor Jahrzehnten, riß plötzlich der feste Lederriemen genau in der Mitte durch, und das Fernglas zerschellte auf einem Stein zu meinen Füßen. Der Kreis hatte sich geschlossen…

Henry Jaeger

Eine andere Welt

Eigentlich wollte ich nie darüber schreiben, denn es ist fast nicht darzustellen. Als Phänomen hat es mich jedoch fasziniert in all den Jahren, die seither verflossen sind. Ich war einmal tot. Das war im Jahr 1976, im Januar, als ich von einem Aneurysma im Gehirn getroffen wurde. »Getroffen« ist der richtige Ausdruck, denn es hat mich niedergestreckt wie der Schlag mit einem Hammer. Meine Frau fand mich an einem Mittag in der eigenartigen Haltung, die »Pfötchenstellung« genannt wird. Ohne Bewußtsein, unansprechbar und nur ein Organismus, dessen Herz gerade noch schlug. Die meisten Menschen sterben daran. Meine Chancen standen eins zu tausend!

Aber das wußte meine Frau nicht, als sie Ärzte anrief, die mit uns bekannt waren. Jedenfalls hat sie mir mit ihren Bemühungen dennoch das Leben gerettet, denn alle Mediziner, die sie befragte, sagten übereinstimmend: Sofort ins Hospital! Ich wurde während des Transports die vielen Stiegen vom Haus zur Straße hinauf einmal kurz wach, als die vier Männer – sie brauchten vier Mann für diesen steilen Weg – mit der Trage ins Straucheln kamen. Ich hatte nichts von den vorausgegangenen Vorbereitungen bemerkt und war für den Bruchteil einer Sekunde höchst überrascht, mich auf diesem ungewöhnlichen Weg zu finden. Zu weiteren Überlegungen war ich nicht fähig.

Ich wurde in das Krankenhaus »St. Agnese« in Locarno gebracht. Davon weiß ich nichts mehr. Dort wurde gewartet, bis die Blutung im Gehirn abgeklungen war. Eine Röntgenuntersuchung ergab: Aneurysma, eine ausgebuchtete Arterie war geplatzt. Die einzig mögliche Rettung: sofortige Operation.
Es gab da eine lange Fahrt mit einem Spezialwagen ins Züricher Kantonalkrankenhaus. Auch davon weiß ich nur noch Schemenhaftes. Es war mir jedoch klar, daß ich in einem Krankenwagen lag und zu einem bestimmten Platz transportiert wurde. Seltsam war meine innere Übereinstimmung mit allem, was mir geschah. Ich fürchtete nichts, hatte aber die unbestimmte Ahnung, daß ich in höchster Gefahr schwebte. Was war mit mir geschehen?
Und dann gab es eine Phase der Krankheit, in der ich das genaue Gefühl hatte, ich hätte mich aus mir entfernt. Und irgendwo war auch die Gewißheit: Jetzt wirst du sterben. Ich erkannte es mit einer Gelassenheit, die mich heute noch verblüfft.
Ich kam zu einem gewaltigen Felsen – mehr ein Tor –, hinter dem ich einen hellen Schein erkennen konnte. Das Gelände erschien mir vertraut. Ich sah nur freundliche Farben. Dann hörte ich eine Musik, wie ich sie niemals zuvor gehört hatte. Es waren Tonabläufe großer Harmonie und Schönheit, eine Musik der Stille, die von niemandem gespielt oder gemacht wurde, sondern die aus sich selber zu wachsen schien. Ein tiefer Frieden breitete sich in mir aus, eine Sicherheit, angekommen zu sein, einer unvorstellbaren inneren und äußeren Harmonie gegenüberzustehen. Tatsächlich hatte ich ständig das Gefühl zu stehen oder langsam zu gehen, auf einem mir vorgeschriebenen Weg.
Wenn ich alles zusammenfasse, was ich sah und hörte

und fühlte, dann kann ich es nur als ein nie gekanntes Glücksgefühl beschreiben. Die Landschaft sah aus wie in gewissen Gegenden Griechenlands: sanfte Hügel, glasklare blaue Seen und freundliche Bäume.
Es war unbeschreiblich, und ich kann nur mit dürren Worten versuchen, alles einzufangen und sichtbar zu machen. Eines wußte ich genau: Ich hatte meine Welt verlassen und war in einer anderen, besseren Welt angekommen, nach der ich mich gesehnt hatte, seit ich denken und fühlen kann.
Tage später, nach einer geglückten Operation, die ein meisterhafter Neurochirurg an mir vorgenommen hatte, erfuhr ich, daß ich so gut wie tot gewesen war. Ich glaube tatsächlich, daß ich mich in einer anderen Welt befunden habe, aus der ich wieder zurückgekehrt bin. Ob diese Rückkehr aber ein für mich so großes Glück war, wage ich zu bezweifeln, nach dem, was ich »dort« kennengelernt hatte...

Brigitte Juren

Im Tunnel des St. Gotthard

Sooft ich nur kann, halte ich oben auf dem Parkplatz mit dem wunderschönen Blick auf den Vierwaldstätter See und wandere durch das kleine Tal hinunter zur Tellskapelle. An dieser Stelle soll der Schweizer Nationalheld seinen Häschern durch einen kühnen Sprung in einen Nachen entkommen sein. Ich liebe solche romantischen Geschichten, und gerne halte ich mich an Orten auf, die Schauplatz solcher Begebenheiten waren.
Früher mußte jeder Autofahrer auf dem Weg in die Südschweiz dort vorbei. Inzwischen schwingt sich eine kühne Autobahn in das Bergmassiv und zur Tellsplatte mit dem kleinen Kirchlein muß man schon einen Umweg machen.
Ich fahre gerne, oft und auch schnell mit dem Auto. Aber manchmal bedauere ich es schon, daß durch die europäischen Autobahnen das Reisen so praktisch geworden ist. Als ich früher von Basel über Luzern und Altdorf ins Tessin fuhr, vorbei an rauschenden Wasserfällen und tiefen Schluchten, mußte man zwar höllisch aufpassen, ständig Kupplung und Schalthebel bedienen, aber man hatte doch das Gefühl, die Alpen zu erobern. Auf engen Serpentinen kroch man nach Göschenen und konnte sich – je nach Jahreszeit und Wetter – entscheiden, ob man über den Paß fahren oder seinen Wagen mit dem Autozug durch den Berg transportieren lassen wollte. Inzwischen haben tüchtige Mineure den längsten Auto-

tunnel der Welt durch das graue Gestein des Gotthards gebohrt. Langsam näherte ich mich dem Nordausgang, sah die gelbe Beleuchtung und die zweifach gezogene Sicherheitslinie, die jedes Überholen auf den 16 Kilometern untersagt. Schilder weisen auf die Geschwindigkeitsbegrenzung hin: 80 Kilometer.
Mir war ein wenig wehmütig zumute, dachte ich doch an die oft abenteuerlichen Fahrten über den Gotthard, an die Autos, die mit kochendem Kühlwasser am schmalen Straßenrand standen, an den herrlichen Ausblick auf die vielen Kurven und das stolze Gefühl, wenn man die Paßhöhe erreicht hatte. Oben war meist dichter Nebel und auch bis weit in den Mai hinein lag dort der Schnee auf den Böschungen.
Jahrelang hatten sich dann die Fräsen und Preßlufthämmer durch das Massiv gefressen, Menschen waren dabei ums Leben gekommen. Bis der große Tag kam und die Arbeiter aus dem Norden ihren Kollegen aus dem Süden die Hände reichen konnten.
Ich schaltete zurück, die Tachonadel pendelte sich auf die zugelassene Geschwindigkeit ein. Schweizer Polizisten sind unerbittlich. Der Verkehr floß zügig, die Autofahrer hatten die Lampen eingeschaltet. Die Fahrt war so selbstverständlich, als würde ich gerade einen Straßentunnel in München passieren. Und doch lasteten Millionen Tonnen Gestein auf der schmalen Röhre, erhob sich unsichtbar der alpine Gigant.
Was war jetzt? Vor mir leuchteten Bremslichter auf, ohne ersichtlichen Grund verlangsamte sich die Kolonne in Richtung Süden. Ich hielt den nötigen Abstand zum Vordermann, die Geschwindigkeit hatte ich notgedrungen auf 30 Stundenkilometer reduziert. Wir schlichen dahin. Der Verkehr auf der Gegenfahrbahn aber verlief zügig.

Vor mir fuhr ein Mercedes mit deutschem Kennzeichen, davor zuckelte ein roter Ford Capri. Ja, das war eigentlich schon alles. Die Fahrerin in dem Ford war offensichtlich kurz vor dem Einschlafen. Auch das ungeduldige Hupen des Mercedeslenkers konnte sie nicht aus der Ruhe bringen. An den Leitplanken war zu erkennen, daß wir gerade erst vier Kilometer der Tunnelstrecke hinter uns gebracht hatten. Und da geschah das Seltsame. Der Mercedesfahrer blinkte nach links, überholte trotz doppelter Leitlinie und Gegenverkehrs das Auto vor ihm und bremste ab. Notgedrungen hielt auch die Fahrerin des Fords.

Ich traute meinen Augen nicht. Der Mann im ersten Wagen stieg aus, öffnete die Tür des hinter ihm stehenden Fahrzeuges und verpaßte der Frau einen gewaltigen Schlag ins Gesicht. Natürlich hatte ich auch angehalten; an ein Überholen war ja nicht zu denken.

Noch ehe ich mich über diesen brutalen Akt aufregen oder gar in die Handlung eingreifen konnte, fuhr der Mann weiter, gefolgt vom roten Ford Capri.

Die Frau vor mir fuhr wieder die vorgeschriebene Geschwindigkeit, der Mercedes verschwand langsam aus meinem Blickfeld. Er muß wohl ziemlich schnell gewesen sein. Am Tunnelausgang sah ich dann schon das blinkende Blaulicht der Verkehrspolizei, die sowohl den Mercedes wie auch den Capri gestoppt hatte.

Wahrscheinlich hatten die Beamten über die Fernsehkameras, die zur Überwachung des Verkehrsablaufes im Tunnel eingesetzt sind, den Vorfall beobachtet und die Gerechtigkeit nahm jetzt hoffentlich ihren Lauf.

Über Bellinzona setzte ich meine Reise fort und war eine Stunde später bei meinen Freunden in Ascona. Beim Begrüßungs-Campari auf der Terrasse mußte ich natürlich gleich mein Erlebnis im Gotthard-Tunnel er-

zählen. Doch meine Gastgeber schienen gar nicht verwundert.
»Ja, ja, der Kilometer vier hat schon seine Tücken«, erzählte mir meine Freundin Elke. »Da passieren immer wieder merkwürdige Dinge. Aber nur, wenn man vom Norden in den Süden will!«
Staunend erfuhr ich, daß fast alle Autofahrer genau an dieser Stelle ihre Geschwindigkeit enorm reduzieren, daß sie justament an diesem Punkt im Schleichtempo weiterfahren. Es soll sogar einen belgischen Autofahrer gegeben haben, der dort sein Auto in eine Nische lenkte, den Motor abstellte und sich schlafen legte. Erst die Tunnelpatrouille konnte ihn aufwecken.
Drei junge Deutsche begannen sogar einmal, genau bei Kilometer vier ihr Auto anzuhalten, ihr Zelt auszupakken und Heringe in den Betonboden zu treiben, als Polizisten sie zum sofortigen Abbruch des Nachtlagers drängten.
»Hat man diese seltsamen Vorfälle denn nicht näher untersucht?« fragte ich meine Schweizer Freunde.
»Natürlich«, antwortete Elke. »Man hat sogar die Tunnelbeleuchtung höher gedreht. Auch hat man auf der Kurvenaußenseite bei Kilometer vier eine extra Beleuchtung installiert. Der Erfolg war gleich Null!«
»Trink noch einen Schluck«, forderte mich mein Gastgeber auf. »Trink einen Schluck auf die alten Geister des Berges, die sich von einem solchen technischen Tunnelmonster einfach nicht vertreiben lassen!«
Wir lachten. Die Luft am Lago Maggiore war mild, ein wunderbarer Mond ließ eine sanfte Stimmung zu. »Die Geister des Berges«, dachte ich. Und ich beschloß, auf der Heimreise den Tunnel zu ignorieren und den beschwerlicheren Weg über die alte Paßstraße zu nehmen...

Christine Kaufmann

Das Stimmchen

Die junge Frau mit dickem Stirnpony und einem langen Zopf, der fast bis zum Saum ihres gelben Minikleides reichte, ging alleine eine Moskauer Straße entlang. Bis auf den westlichen Stil ihres Kleides hätte man sie für eine Russin halten können. Nicht nur ihre breiten Wangenknochen, sondern auch die eigenartige Proportion des langen Halses bis zu dem reichlichen Hinterteil ist für Russinnen typisch. Sie war aber keine Russin, sondern ein »europäisches Gemisch« mit deutschem Paß und zum ersten Mal in der Sowjetunion. Das Jahr: 1963. Der Anlaß: ein sommerliches Festival der Künste. Ihr war es irgendwie gelungen, sich vom Rest der westlichen Besucher zu lösen und spazierte nun langsam und ziellos eine gelbe Straße entlang. In Moskau gab es viele gelbe Straßenzüge. Die Sonne hatte nun alles, die Frau und die Straße, mit ihrem warmen Licht vergoldet.
Es hatte sich eine faule Sommernachmittagsatmosphäre breitgemacht, die alle gewöhnlichen Großstadtbewegungen und Geräusche geschluckt zu haben schien. Kein Auto, kein Hund, keine Katze – nichts bewegte sich. Außer der jungen Frau natürlich, doch auch ihr schien alles verlangsamt, ein Unterwassergefühl ohne die Kälte. Sie war eingetaucht in die Stille des Nachmittags, allein, doch geborgen. Die Straße war ihr nicht fremd. Nein, sie war ihr sogar ganz vertraut. Und in diese staunende Stille flüsterte ihr nun ein Stimmchen

zu. Das Stimmchen war nicht neben ihr, sondern in ihrem Ohr, sogar *in* ihrem Kopf zu hören und flüsterte behutsam: »Siehst du die gelbe Mauer? Nach einigen Metern wird rechts ein offenes Tor sein, dahinter steht ein braun-grünes Holzhaus, umrahmt von üppigen Laubbäumen.«

Ganz angespannt und sehr neugierig ging die junge Frau mit klopfendem Herzen die Straße hinunter. Nach einigen Metern erschien die vorher unsichtbare Öffnung in der Mauer, das Tor, die Bäume und das Haus. Sie war beruhigt. Das Stimmchen hatte sie nicht belogen.

Finden Sie diese Geschichte unglaublich? Ich nicht, denn die junge Frau war ich. Dies war, soweit ich mich entsinnen kann, meine erste relativ bewußte Konfrontation mit meinem »Stimmchen«. Die folgenden Male waren es jedoch keine optischen Ankündigungen, sondern eher bodenständige, nützliche Ratschläge.

1964, im April, Los Angeles. Ich war schwanger, das Wetter schon heiß und ich nachts oft durstig. Dafür stand auf meinem Bettkästchen eine mit Wasser gefüllte Karaffe und ein Glas.

Als ich wieder einmal aufwachte und nach dem Glas griff, das ich am Abend schon gefüllt hatte, sagte das Stimmchen: »Trink nicht, es ist eine Spinne drin!« Ich trank nicht. Am nächsten Morgen erwachte ich und sah als erstes nach dem Glas. Mit einer merkwürdigen Genugtuung registrierte ich den Anblick. Eine schwarze Spinne mit dicken Beinen trieb leblos auf der Wasseroberfläche...

Einige Wochen später träumte ich, daß eine schwarze Spinne über das weiße Einschlagtuch meines Bettes krabbelt. Ich wachte auf, weckte meinen Mann und sagte: »Mach das Licht an, eine Spinne läuft über mein

Bett!« Schläfrig und mit liebevoller Geduld sagte er: »Aber es ist doch zu dunkel, um etwas zu sehen.« Er knipste das Licht an und...
Ich kann leider nicht leugnen, daß ich eine *tiefe* Genugtuung empfand, als ich das scheußliche schwarze Tier auf dem Laken sah. Mein Mann entfernte es und sah mich sehr, sehr mißtrauisch an.
Jetzt war für mich der Punkt gekommen, an dem ich sehen wollte, ob dieses Stimmchen auch abrufbar für mich sein könnte. Als Schwangere interessierte mich am allermeisten, wen ich denn in meinem Bauch beherbergte.
So machte ich, was man eben so macht, wenn man eine Nachricht von der einen Ebene zur anderen bringen möchte. Man beschwört Geister. Ich hatte eine ungefähre Ahnung vom Tischerücken und probierte es. Konzentriert saß ich mit geschlossenen Augen vor einem kleinen italienischen Tisch. Einmal Klopfen, hatte ich ausgemacht (mit wem auch immer!), bedeutete ja, zweimal nein. Nach einer Weile hatte ich folgendes »herausgeklopft«: Das erwartete Kind ist ein Mädchen, wiegt um die neun Pfund und kommt am 19. Juli zur Welt. Mit gelassener Miene nahm mein Frauenarzt beim nächsten Besuch meine Ankündigung entgegen. Was sollte man von einem Teenager schon erwarten. Als dann meine Tochter Alexandra am 19. Juli zur Welt kam und nur ein wenig mehr als neun Pfund wog, nannte er mich nur noch »die Hexe«.
Es gibt in meinem Leben hundert Geschichten dieser Art. Nicht alle so greifbar. Als Zufall konnte ich diese Begebenheiten nicht abtun. Zumal das »Stimmchen« – Telepathie, Vorahnung, wie immer man es nennt – etwas ist, was jeder gelegentlich hört oder spürt.
Banale Beispiele sind oft Lebensmittelvergiftungen.

Fast ausnahmslos sagt das Opfer hinterher: »Ich hab' ja gewußt, daß ich es nicht hätte essen dürfen!« Im Laufe der Zeit habe ich eine für mich befriedigende Erklärung für meine »unglaublichen Geschichten« gefunden. Also:

Spinne 1 – Phobie – Zufall!
Spinne 2 – Phobie – Zufall!

Aber das in Rußland könnte nur ein sehr seltener Zufall sein. Nein! Es kann auf gar keinen Fall Zufall sein! Für mich ist folgendes plausibler: Wir alle, das heißt, alles, was derzeit auf der Welt ist, stammen von der gleichen »Urzelle« ab. Im Lauf der Zeit entwickelte sich der Mensch. Die Information seiner Entwicklung muß daher in jedem Menschen enthalten sein. Mein Urgroßvater stammt aus Rußland. Vielleicht hatte er in dieser Straße eine Geliebte? Vielleicht lebte sie in diesem Haus? Als ich die Straße hinunterging, meldete sich vielleicht eine kleine Zelle, in der die Erinnerung meines Urgroßvaters gespeichert war. Mein Urgroßvater lebt ja gewissermaßen in mir, zwar in veränderter Form, aber dennoch, weiter. Seine Geliebte ist tot. Das Haus steht noch. Es war sicher ein Zufall, daß ich dort entlang ging, jedoch nicht, daß ich es sah, bevor es sichtbar wurde. Das war kein Zufall, sondern eine echt unglaubliche Geschichte.

Alexander Kerst

Mondnacht auf dem Lohbachhof

Der Lohbachhof kurz vor der österreichischen Grenze ist ein schönes, altes Bauernhaus, das bestimmt schon vor sechshundert Jahren hier gestanden hat. Mein Freund, der Schauspieler Walter Rilla, und seine Frau Alix hatten es gekauft; sie konnten stolz sein auf diesen Besitz.

Vor ein paar Jahren war ich dort zu Besuch. Die Rillas hatten für mich das Gästezimmer im ersten Stock vorgesehen, mit alten Möbeln und einem gemütlichen Bett. Alix du Fenes, die Schriftstellerin, kündigte mir für die Nacht einen Spuk an, der sich manchmal dort oben auf dem Dachboden ereignen solle. Natürlich glaubte ich an einen Scherz, gab nichts darauf und legte mich schlafen. Allerdings, so sinnierte ich noch eine Weile, hatten die Hunde meiner Gastgeber sich so eigenartig benommen. Sie waren nicht zu bewegen gewesen, mich in dieses Zimmer zu begleiten. Und an der Tür zum Speicher standen sie knurrend und mit gesträubten Haaren. Als ich mit einer Kerze nachsehen wollte, blies plötzlich ein eiskalter Lufthauch die Flamme aus. Eine schöne Spukgeschichte, dachte ich noch. Und du bist mittendrin. Dann schlief ich ein.

Die Landluft, der gute Wein, das schöne Essen, das herrliche Land: Ich war glücklich und zufrieden. Plötzlich wurde ich wach. Über mir auf dem Dachboden hörte ich ein seltsames Wehklagen. Es war, als ob jemand große Schmerzen auszuhalten hätte. Da hörte ich auch schon die Hunde vor der Tür, die aufgeregt bellten.

Es muß gegen drei Uhr morgens gewesen sein und der Mond stand noch hoch am Himmel. Irgendwie muß ich wieder eingeschlafen sein, bis die Hunde meiner Gastgeber an die Tür kratzten und dabei unheimlich winselten. Ich schloß auf und versuchte, die Tiere zu beruhigen. Später kletterte ich über eine alte, morsche Treppe auf den Boden des Hauses. Die Tür ließ sich nur schwer einen Spalt öffnen; ständig hatte ich das Gefühl, als ob jemand dagegen drückte. Mir war merkwürdig zumute und ich kroch zurück in das warme, weiche Bett. War's Einbildung oder hörte ich noch lange das seltsame Wimmern dort oben auf dem Speicher?

Beim Frühstück erzählten mir die Rillas ein paar Geschichten, die sich um den alten Lohbachhof ranken. Eine davon berichtet von einer Tragödie, die sich während des Dreißigjährigen Krieges ereignet haben soll: Ein österreichischer Pandur hatte sich hier mit einer schönen Frau versteckt und war in den frühen Morgenstunden von schwedischen Soldaten aufgebracht und ermordet worden. Und weil er nicht auf dem Schlachtfeld, sondern in den Armen der Geliebten gestorben war, soll er noch immer umherspuken.

Die Geheimnisse des alten bayerischen Gemäuers haben auch schon Erich Kästner und der Vater des Raketenpioniers Wernher von Braun erleben können. Von Kästner heißt es, daß er ob der schrecklichen Geräusche auf dem Speicher noch in der fraglichen Nacht ein anderes Zimmer bezogen hätte. –

Walter Rilla und seine Frau sind tot, der Hof ist inzwischen verkauft. Ob der Pandur noch immer ächzt und stöhnt? Ich weiß es nicht.

Knut Kiesewetter

Die Kartenlegerin

Immer, bevor ich anfange diese Geschichte zu erzählen, gebe ich zu verstehen, daß ich an das, was ich gleich erzählen werde, selbst fast nicht glauben mag – und doch weiß ich genau, daß es so geschah und ich nichts hinzufüge und nichts weglasse, was wichtig sein könnte. Mystische Geschichten gehören nicht zu meinem Repertoire, wo ich doch sonst gern Geschichten erzähle.
Es war Anfang 1950, unsere Familie wohnte in der Kleinstadt Garding auf der Halbinsel Eiderstedt in Nordfriesland. Viele Familien, Flüchtlinge wie Einheimische, lebten mit uns in dem großen Patrizierhaus am Markt Nr. 1, das das Wörpel-Haus genannt wurde, weil es Anfang des 17. Jahrhunderts von einem Dr. Wörpel erbaut wurde. Es stand unter Denkmalschutz und war das Wahrzeichen der Stadt. Später, als wir längst ausgezogen waren, beschloß der Magistrat der Stadt, dieses wunderschöne Haus abreißen zu lassen. – Inzwischen habe ich mich daran gewöhnen müssen, daß man in der heutigen Zeit so mit Baudenkmälern und Wahrzeichen umgeht.
In diesem Haus also wohnten wir, auf dem großen Flur gegenüber eine Familie, deren Tochter in demselben Alter war wie meine älteste Schwester. Die Mädchen waren so eng miteinander befreundet, daß sie als unzertrennlich galten. Sie besuchten in der nahegelegenen Kleinstadt Tönning die Mittelschule. Als Fahr-

schülerinnen mußten sie die 12 km lang Strecke Garding – Tönning mit der Bahn fahren.
Beide sollten gemeinsam im März konfirmiert werden und freuten sich schon sehr darauf.
Zur selben Zeit wohnte im Wörpel-Haus eine alte Flüchtlingsfrau in einer Stube direkt unterm Dach. Sie legte vielen Hausbewohnern die Karten und man sagte ihr nach, daß ihre Voraussagen verblüffend oft in Erfüllung gingen, sie habe offenbar das zweite Gesicht; etwas, das meine Mutter, die immer schon einen Hang zum Mystischen hatte, gern glaubte.
Diese alte Frau war lang und dürr, trug immer schwarze Kleider und ein schwarzes Kopftuch, hatte ein graues Gesicht, dessen lasche Haut durch tiefe Falten wie zerfurcht war. Hinter schweren Augenlidern saßen dunkle, stechende Augen. Ihre schwarzen Haare, die mit grauen Strähnen durchsetzt waren, waren straff zu einem Knoten gebunden. Ihre knochigen Hände hatten lange Finger, deren Spitzen gelb waren; das kam vom vielen Rauchen, denn sie war zigarettensüchtig und ließ sich ihre Kartenlegekunst auch mit Zigaretten bezahlen.
So kaufte also meine Mutter, die selbst nie rauchte, Zigaretten, um sich ab und zu von der Alten die Zukunft voraussagen zu lassen, denn die Zeiten waren schlecht und die Zukunft konnte doch nur besser werden.
Wenn die Alte dann nach langem Studieren sagte, daß über dieses Haus sehr viel Unheil, Trauer und Tränen kommen würden, schob meine Mutter das natürlich gleich beiseite und meinte, dieses Haus sei doch groß und viele Familien wohnten darin; nein, sie solle nur die Zukunft für uns, für unsere Familie voraussagen. Dann legte die Alte ihre Karten aufs neue und versuchte

durch bessere, hoffnungsvollere Prognosen, ihre Zigaretten und ihre Tasse Bohnenkaffee zu verdienen.
Ute, meine älteste Schwester, löcherte die Frau, ihr doch auch zu sagen, wie denn wohl ihre Zukunft aussähe. Diese schwieg eine Zeit und sagte: »Du wirst eine Reise machen und nicht zurückkehren.« Dann nahm sie ihre Zigaretten und verschwand.
Meine Schwester sprach lange mit meiner Mutter darüber, was das wohl zu bedeuten habe. Eine Reise an sich gefiel ihr natürlich sehr gut, doch konnte sich keiner von uns vorstellen, warum sie nicht zurückkehren solle.
So wurde die Alte einen Tag später wieder aus ihrer Dachstube geholt und sie mußte erneut ihre Karten legen.
Diesmal wollte meine Schwester wissen, was sie zu ihrer Konfirmation geschenkt bekäme. Unsere Familie war arm; so gehörten natürlich die Geschenke bei einer Konfirmation zum Wichtigsten.
Die Alte legte ihre Karten und sagte nach langem Überlegen in ihrem pommerschen Dialekt: »Blumen, Kindchen, viele Blumen wirst du bekommen.« Meine Schwester erwiderte, Blumen seien ja wohl selbstverständlich, aber es müßten doch auch andere Dinge dabei sein. »Nein«, antwortete die Alte, »Blumen, Kindchen, so viele Blumen.« »Und Annemusch?« fragte meine Schwester, so wurde ihre Freundin genannt, »was bekommt die?« »Blumen«, sagte die Alte, »nur Blumen, viel zu viele Blumen.«
Ich höre noch genau die Sirene auf dem Spritzenhaus von Garding. Es war wieder mal ein Tag, an dem meine Schwester und ihre Freundin vom Musikunterricht nach Tönning gefahren waren. Wir saßen am Tisch und warteten mit dem Abendbrot auf sie. Die Sirene ging,

weil ein Zug entgleist war. Der Abendzug aus Tönning.
Vier junge Mädchen starben.
Nie wieder habe ich so viele Blumen auf einmal gesehen.
Blumen auf ihren Gräbern.

Sigrid Kistenmacher

Der alte Mann

Zum ersten Mal begegnete ich ihm, als ich fünfzehn Jahre alt war, 1944 in Berlin. Kaum ein Tag verging, an dem uns die Bomben alliierter Flugzeuge nicht in Angst und Schrecken versetzten. Unerbittlich luden sie ihre tödliche Last über der Hauptstadt des damaligen »Deutschen Reiches« ab.

Ich besuchte die Handelsschule. Nie werde ich den Tag im Oktober vergessen. Wieder einmal kündigte der schrille Klang der Sirenen Tod und Grauen an. Unser Schulleiter hatte beschlossen, die kleineren Kinder bei Alarm in den Schutzkeller zu schicken, der nicht ausreichte, alle Schüler des Institutes zu beherbergen. Also mußten die Älteren mit einem Unterstand vorliebnehmen.

Erschrocken über das plötzliche Aufheulen der Sirenen, packten wir hastig unsere Schultaschen. Da riß der Griff und all meine Bücher und Hefte flogen auf den Boden. Hektisch versuchte ich, alles wieder zusammenzupakken, während meine Mitschüler schon aus dem Klassenzimmer rannten. Ich war allein. Ich spürte Ruhe um mich herum und plötzlich war alle Angst von mir gewichen. Auf dem leeren Flur kam mir ein alter gebeugter Mann entgegen, der mich mit seltsam bezwingendem Blick ansah. Was wollte der hier? Unwillkürlich blieb ich stehen. Als ich ihn fragen wollte, was er hier suche, und ob ich ihm helfen könne, war er plötzlich verschwunden. Zu spät für mich, den Unterstand zu erreichen. Gerade schaffte ich den Weg zu den Jüngeren im Luftschutzkeller. Das war mein Glück, denn Minuten später war der Unterstand von Luftminen zerfetzt. Einer der schwersten Angriffe hatte den Berliner Stadtteil Zehlendorf zerstört. Allein neunzig Opfer lagen unter den Trümmern des Unterstandes. Hätte der alte Mann mich nicht aufgehalten, wären es einundneunzig gewesen.

*

Kurz vor Ende des Krieges wachte ich mitten in der Nacht auf. Weil ich nicht mehr einschlafen konnte, beschloß ich, mich schon jetzt beim Bäcker um Brot anzustellen. Tagsüber war es mittlerweile fast unmöglich geworden, sich etwas Eßbares zu besorgen, denn Tiefflieger schossen wahllos auf Menschen, die sich aus ihren Häusern wagten.
Heimlich zog ich mich an. Als ich das Haus verlassen wollte, stockte das Blut in meinen Adern: der alte Mann stand wieder vor mir. Sofort dachte ich an unsere erste Begegnung. Zitternd rannte ich in die Wohnung zurück. Als ich mich auf der Treppe umdrehte, war er verschwunden.
Kurz darauf brach vor der Bäckerei ein Inferno los: Eine Stalin-Orgel war vor dem Eingang explodiert. Die Todesschreie der Menschen gellen mir noch heute in den Ohren.

*

Endlich war der Krieg zu Ende. Die Menschen erholten sich von Not und Verzweiflung. Ich hatte geheiratet. Die Aufregungen einer wirren Zeit verebbten.

Jahrzehnte nach den schrecklichen Erlebnissen in Berlin machten mein Mann und ich Urlaub in der Eifel. Es war ein herrlicher Sommertag. Der Friede schien vollkommen.
Auf der schmalen Straße mitten auf einem Hochplateau kam uns plötzlich ein Pferdewagen entgegen. Ich traute meinen Augen nicht. Vergangenes wühlte sich in mein Bewußtsein! Auf dem Kutschbock neben dem Bauern saß der alte Mann von damals. Und wie bei den beiden ersten Begegnungen schaute er mich an: fest und bezwingend.
Wie in Trance bat ich meinen Mann, sofort anzuhalten. Kaum, daß wir das Fuhrwerk passiert hatten, stoppten wir am Straßenrand.
Ein schrilles Pfeifen über uns! In einem Feuerschweif stürzte ein brennendes Flugzeug unweit von uns auf die Fahrbahn. Die Trümmer des Düsenjägers zerbarsten in den umliegenden Feldern.
Als wir schreckensbleich aus dem Wagen stiegen, sahen wir auch den Bauern hinter uns, der damit beschäftigt war, seine Tiere zu beruhigen.
Der alte Mann war auch diesmal verschwunden...

Es gibt mehr Dinge zwischen Himmel und Erde,
als Eure Schulweisheit sich träumen läßt!
(Shakespeare, Hamlet)

Johanna von Koczian

Es gibt mehr Dinge zwischen Himmel und Erde...

Zwischen Menschen, die sich nahestehen, gibt es zweifellos Verbindungen im Unsichtbaren, Gedankenströme und Ahnungen, die zu Ereignissen führen, die in unsere Realität nicht passen wollen. Egal, ob man bereit ist, an solche Ereignisse zu glauben, oder nicht – es gibt sie! Sie verhalten sich durchaus abweichend von dem, was man als normal bezeichnet, und sie werden um so unwahrscheinlicher, je mehr man versucht, sie auf eine geläufige Art zu deuten.

Mutter und Kind haben – vor allem in den ersten Jahren – eine starke, natürliche Bindung, die ein Verstehen untereinander ermöglicht, das für den Außenstehenden oft ans Wunderbare grenzt und das dennoch weitgehend mit Instinkt zu erklären ist. Aber manchmal gibt es da noch etwas, das nicht auf diesen einfachen Nenner zu bringen ist, etwas, das in höchst seltsamen Geschehnissen seinen Ausdruck findet, wie sie mir auch sonst im Leben ab und zu widerfahren sind, und für die ich keine der üblichen Erklärungen zur Hand habe.

Vor einigen Jahren drehte ich einen Fernsehfilm, in dem

auch ein paar Wintersportszenen vorkamen. Die Außenaufnahmen fanden in Österreich statt. Wir alle, das ganze Team, waren in einem großen Sporthotel untergebracht. Ich lebte übrigens damals mit meiner Familie nur 70 Kilometer von Salzburg entfernt. Alexandra, meine kleine Tochter, ging noch nicht zur Schule und so konnte sie mich zusammen mit meinem Mann besuchen, sooft sich die Gelegenheit dazu ergab.

Das Sporthotel, ein in die Breite gezogener Gebäudekomplex, dessen Vorderfront nach Süden ausgerichtet war, lag sehr idyllisch abseits der Hauptstraße. Auf der westlichen Schmalseite des Hauses hatte der Produktionsleiter zusätzlich ein Zimmer gemietet, das als Schminkraum umfunktioniert worden war.

Mein vierter Drehtag begann eigentlich erst mittags. Das Fernsehteam war schon am Morgen mit der Seilbahn hinauf zu einer Skihütte gefahren, um einen Abfahrtslauf zu drehen. Ich sollte erst am frühen Nachmittag drankommen. Man würde mich abholen, hieß es. Ich wollte mich selbst schminken, weil ich das sowieso meistens allein mache und weil die Maskenbildnerin am Drehort gebraucht wurde.

Es war März, und der Frühling ließ sich schon ahnen. Im Tal taute es bereits, während oben in den Bergen noch Schnee lag. Bei meist strahlendem Sonnenschein herrschten ideale Wintersportverhältnisse; genau das, was der Regisseur für seine Szenen brauchte.

Um die Mittagszeit schien das Hotel wie ausgestorben. Die meisten Gäste waren beim Skilaufen, Bobfahren oder Rodeln, und das Personal hatte kaum zu tun. Es war jedenfalls niemand zu sehen. Mein Mann war zu einer geschäftlichen Besprechung nach Salzburg gefahren und hatte Alexandra bei mir zurückgelassen, die unbedingt mit hinauf in die Berge wollte.

Jetzt saßen wir ganz allein im Schminkraum und unterhielten uns, wobei ich mich bemühte, auf die vielen bohrenden Kinderfragen die richtige Antwort zu finden. Schwierig waren jene Fragen, die sie mit »warum erlaubt der liebe Gott eigentlich...« einzuleiten pflegte. Manchmal trieb sie mich damit in die Enge und zu dem Bekenntnis, daß ich das auch nicht wüßte. Aber das tat der innigen Beziehung zwischen meiner Tochter und mir keinen Abbruch, im Gegenteil, ich hatte sogar das Gefühl, wegen dieser Ehrlichkeit in ihrer Achtung zu steigen. Mit großem Interesse beobachtete sie nebenbei die Fertigstellung meines Make-ups. Sie spielte ein wenig mit den Schminksachen, die ich ihr überließ, und probierte sie aus. Nachdem die Faszination von Lippenstift, Wimperntusche, Rouge und Puder sowie den dazugehörigen weichen Quasten nachgelassen hatte, begann sie sehnsüchtig nach draußen zu schauen.
Ob es schon Schneeglöckchen gäbe, wollte sie plötzlich wissen. Ich war gerade damit beschäftigt, vorgeheizte Lockenwickler in meine Haare zu drehen.
»Schneeglöckchen? – Vielleicht gibt es schon welche«, erwiderte ich nachdenklich. »Es taut ja schon und im März kommen die ersten.«
Alexandra sah mich hoffnungsvoll an. »Man könnte sie suchen!«
Ich lächelte ihr zu. »Mit ›man‹ meinst du mich, uns beide, nicht wahr?«
Sie machte ein verschmitztes Gesicht. »Wir können aber auch zusammen einen Schneemann bauen, oder hast du keine Lust?«
»Ich habe Lust«, sagte ich nicht ganz wahrheitsgemäß, »aber ich muß erst fertig werden.«
»Dann könnte ich doch...«
»Was?«

»Ein bißchen rumgehn und was ansehn.«
»Natürlich kannst du das«, sagte ich ohne Bedenken. Warum sollte sie bei dem schönen Wetter nicht draußen spielen? Ich packte sie in ihren warmen Anorak und zog ihr die Handschuhe an.
»Aber keine Mütze!« rief sie protestierend.
»Doch«, sagte ich mit Nachdruck. »Die Sonne täuscht, es ist noch nicht so warm draußen!«
Alexandra ließ es ungeduldig über sich ergehen, daß ich ihr die bunte Wollmütze über die langen blonden Haare stülpte.
»Aber bleib in der Nähe!« ermahnte ich sie, obwohl ich wußte, daß ich mich auf sie verlassen konnte. Scheinbar sagen alle Mütter in gewissen Situationen dasselbe.
»Lauf nicht weg, hörst du!«
»Immer nur ums Hotel«, versprach sie und rannte zur Tür.
»Wenn du aus dem Zimmer kommst, gehst du nach links, ein kleines Stück den Gang hinunter. Dort ist der Hinterausgang, er ist offen!« rief ich ihr nach.
Alexandra drehte sich um, kam noch einmal zu mir zurück, um mir zu versichern, wie lieb sie mich hätte, und lief dann hinaus.
Wenig später sah ich sie draußen durch den Schnee hüpfen. Sie suchte mein Fenster, entdeckte mich, lachte und warf mir vergnügt mit aufgeblasenen Backen Kußhände zu. Nachdem ich einige zurückgeschickt hatte, wandte ich meine Aufmerksamkeit wieder den Lockenwicklern zu.
Nach einer Weile hörte ich sie rufen.
»Mama!«
Meine Tochter hat eine ganz bestimmte Art, Mama zu sagen. Es klingt, als wäre das erste A beinahe ein Doppel-A und das zweite M nicht ganz ein Doppel-M.

Ganz weich klingt dieses »Mama«, ganz melodiös, wie von einer kleinen Italienerin gesprochen und ich schmelze dahin wie Wachs in der Sonne, wenn sie mich so ruft.
»Mama!« Wieder hörte ich die Stimme, laut und deutlich. Es war nicht weit weg, dieses »Mama«. Es klang eindringlich, aber sonst völlig normal, so, als wäre Alexandra ganz in der Nähe, irgendwo draußen vor dem Fenster.
Sie will mir etwas zeigen, dachte ich. Wahrscheinlich hat sie einen Schneemann gebaut oder tatsächlich Schneeglöckchen gefunden.
»Mama!« rief sie erneut. Die Stimme klang weich und zärtlich und hatte, wie konnte es anders sein, etwas Unwiderstehliches für mich. Ich band ein Kopftuch über die Lockenwickler, zog meinen Mantel an und ging aus dem Zimmer und dann durch den Hinterausgang, der ins Freie führte.
Draußen war nichts zu sehen. Niemand von den Gästen, niemand vom Hotelpersonal, und auch keine Spur von meinem Kind.
»Alexandra!« rief ich.
Keine Antwort.
Ich ging auf die Seite, wo sich das Fenster des Schminkraumes befand. Von dort schien die Stimme ja gekommen zu sein.
»Alexandra, wo bist du?«
Nichts rührte sich.
Ich lachte vor mich hin. Sie hat sich versteckt! Sie will spielen! Sie hat es schon geschafft, daß ich aus dem Haus gekommen bin!
Langsam schritt ich die langgestreckte, nach Norden ausgerichtete Hinterfront des Hotels entlang.
»Heiß oder kalt?«

Keine Antwort.
Ich blieb stehen und sah mich suchend um.
»Alexandra! Wo bist du? Ich will erst wissen wo du bist, dann können wir meinetwegen auch Verstecken spielen!«
Alles blieb still.
»Also gut, dann geh ich wieder zurück«, sagte ich etwas verstimmt. Ich wollte mich umdrehen –, da hörte ich es wieder.
»Mama!« Es war ganz dicht bei mir, zum Greifen nah. Ich hielt inne und blickte aufmerksam nach allen Seiten.
Ich hätte das Kind sehen müssen! Dort, wo ich gerade stand, gab es keine Schlupfwinkel. Die Fenster im Erdgeschoß waren alle geschlossen und wie hätte Alexandra auch in ein fremdes Zimmer kommen sollen? Hinter dem Hotel war eine leicht ansteigende Wiese, halb abgetaut mit breiten vereisten Schneeflecken auf dem wintermüden Gras. Erst viel weiter oben standen mehrere entlaubte Büsche und Nadelhölzer.
Hätte Alexandra sich dort irgendwo versteckt, hätte ich sie bestimmt entdeckt. Außerdem hätte ihre Stimme entfernter geklungen.
»Mama!« tönte es abermals, ganz deutlich und plötzlich auch sehr eindringlich. Ich fuhr herum. Es schien, als stünde das Kind dicht bei mir, neben mir, hinter mir... und doch war niemand zu sehen! – Irgend etwas narrte mich da, schien wie ein Spuk am hellichten Tag. Es war Mittag und der Schnee glitzerte in der Sonne. Die Gegend wirkte immer noch idyllisch, obwohl ich auf einmal ein eigenartiges Gefühl von Bedrohung verspürte. Die Kälte biß in meine Wangen und in meine Fingerspitzen und ließ mich keinen Augenblick daran zweifeln, daß ich wach war.

Wo war mein Kind? Warum hörte ich seine Stimme, ohne es sehen zu können? Ein ungutes Gefühl überfiel mich mit jäher Heftigkeit.
»Alexandra!« schrie ich. Immer wieder schrie ich »Alexandra« und all die Kosenamen, die mir gerade einfielen. Aufgelöst rannte ich die ganze, mir endlos scheinende Hotelfront entlang. Abgesehen davon, daß sich immer noch niemand blicken ließ, war mir auch egal, was die Leute von mir denken würden; ich wollte nur endlich mein Kind wiederhaben.
Atemlos erreichte ich die andere Seite des Gebäudes, die Ostseite, die dem Schminkraum und seinem Fenster entgegengesetzt gelegen war.
Ich hörte ein leises Wimmern und dann sah ich sie!
Alexandra hing mit dem Kopf nach unten über einem reißenden Bach. Sie hatte eine Schaukel gefunden, einen alten, an einer Eisenkette befestigten Autoreifen und war hinaufgeklettert. Irgendwie hatte sich der rechte Fuß zwischen Gummi und Kette verklemmt und das Kind hatte sich nicht selbst befreien können. Der Bach, sonst vermutlich ein unbedeutendes Rinnsal zwischen zwei Baumstämmen, jetzt aber durch die Schneeschmelze bedrohlich angeschwollen, strömte dicht unter Alexandras herunterhängendem Haar. Wäre sie aus irgendeinem Grund noch ein wenig tiefer gerutscht, wäre sie ertrunken; eine Schreckensvision, die mich für einen qualvollen Moment die Augen schließen ließ, und die mich heute noch manchmal als Alptraum peinigt.
»Mama«, schluchzte Alexandra mit tränenüberströmtem Gesicht, nachdem ich sie aus ihrer unglücklichen und gefahrvollen Lage befreit hatte. »Mama, endlich bist du da – ich hatte solche Angst!«
Sie bohrte sich mit ihrem Kopf in meinen Mantel, als

wollte sie sich ganz darin verkriechen, wie ein Küken, das unter dem mütterlichen Flügel Zuflucht sucht.
»Natürlich bin ich da«, stammelte ich.
»Ich bin da und alles ist gut. Du brauchst keine Angst zu haben, ich bin doch gleich gekommen, als ich dich rufen hörte...«
Ich erstarrte und es lief mir kalt den Rücken herunter. Während ich den Körper meines Kindes an mich preßte, kam mir langsam zum Bewußtsein, daß das völlig unmöglich war! – Ich hätte Alexandra gar nicht hören können! Es war gänzlich ausgeschlossen, auf die große Entfernung eine Stimme zu vernehmen! Ich hatte mich auf der entgegengesetzten Seite aufgehalten, in meinem Zimmer, dessen Fenster nicht einmal geöffnet war. Zwischen diesem Zimmer und dem Ort, an dem Alexandra sich befand, erstreckte sich die gesamte Hotelanlage. Es war völlig unmöglich, auf diese große Distanz überhaupt jemanden zu hören. Auch wenn das Rufen aus der kräftigen und womöglich sogar geschulten Kehle eines Erwachsenen gekommen wäre, man hätte nichts hören können. – Erst recht nicht den schwachen Hilfeschrei eines verzweifelten kleinen Mädchens.
Die Stimme, die mich gerufen hatte, war keine Geisterstimme. Ich hatte sie von Anfang an als die vertraute Stimme meines Kindes identifiziert; aber bis heute fehlt mir jede Erklärung dafür, woher sie kam, und wieso ich sie hatte hören können.

Fidelio Köberle

Stimmen aus dem Jenseits

Es gibt ein Weiterleben nach dem Tod. Und seit etwa dreißig Jahren können die Toten mit uns Kontakt aufnehmen. Anders als die anderen »Unglaublichen Geschichten« in diesem Buch, die von ihren Erzählern zumeist subjektiv erlebt wurden, ist dies hier ein Tatsachenbericht. Tote können auf Tonband reden und auf ihnen gestellte Fragen antworten: leise zwar, bruchstückhaft und oft schwer zu verstehen. Wir Lebenden müssen das Hören wieder üben, um die Botschaften zu begreifen.

Das »Tonband-Stimmen-Phänomen« ist gerade im deutschsprachigen Raum ziemlich verbreitet, Fernsehen und Rundfunk, Zeitungen und Zeitschriften haben ausführlich darüber berichtet. Doch die meisten Menschen halten das Phänomen für an den Haaren herbeigezogen oder schlichtweg einfach für erfunden.

Mir ging es nicht anders, als ich zum ersten Mal etwas über die Tonbandstimmen las. Zwar war ich parapsychologischen Phänomenen gegenüber keineswegs verschlossen, hatten doch zwei Philosophie-Professoren sich in meiner Bonner Studienzeit positiv zu eigenen Beobachtungen bei spiritistischen Sitzungen geäußert. Aber nun wurde bei einer Besprechung des Buches von Friedrich Jürgenson »Sprechfunk mit Verstorbenen« behauptet, *jeder* könne per Tonbandgerät mit dem Jenseits Kontakt aufnehmen, und das sei auch *jederzeit* möglich. Das widersprach nun doch allem, was ich bis dahin wußte: Erstens haben nur besonders sensitive Menschen (»Medien«) solche Kontakte mit Verstorbenen und zweitens treten paranormale Phänomene ohne Medien nur überraschend auf, können also nicht im Experiment hervorgerufen werden.

Trotzdem kaufte ich mir das Buch und die dazugehörige Schallplatte mit Stimmenbeispielen. Der Entdecker der Tonbandstimmen beschrieb in autobiographischer und gar nicht trocken-wissenschaftlicher Form, wie die Stimmen zu ihm gekommen waren, welchen Problemen er sich ausgesetzt sah, und wie er sich durch die Konsultation von Fachleuten absicherte. Je mehr ich mich in das Buch vertiefte, desto mehr schmolz meine Skepsis dahin, und ich gewann die Überzeugung: Dieser Mann ist echt. Es lohnte sich, die Sache zu prüfen.

Das tat ich denn auch und lieh mir ein altes Tonbandgerät. Ich wollte ja keine unnützen Ausgaben machen, falls sich alles als Irrtum erweisen sollte. Diese Sparsamkeit sollte sich bitter rächen: Ich experimentierte sechs Monate lang täglich etwa eine Stunde lang (mit dem besonders zeitraubenden Abhören), ohne eine paranormale Stimme ausmachen zu können. Heute weiß ich, daß das an der viel zu geringen Verstärkung der Mikrofonleistung lag. Schließlich kam dann doch eine relativ laute Stimme, die ich nun nicht überhören konnte: »Hörst du das?« Leider habe ich damals meine Aufnahmen gleich wieder gelöscht. Es ist also möglich, daß bereits früher leise Stimmen auf dem Band waren, die ich aber mangels ausreichender Hörübung nicht wahrgenommen hatte.

Wie ich experimentiert habe? Ganz einfach: Ich ließ das Tonbandgerät mit angeschlossenem Mikrofon auf »Aufnahme« laufen. Anfänglich ohne etwas zu sagen. Später traute ich mich dann, Fragen zu stellen. Wie

allgemein bekannt, sind während der Einspielung keine Stimmen im Raum hörbar. Sie sind erst später, beim Abhören zu erkennen. Um die häufig leisen Stimmen besser identifizieren zu können, muß man »verdächtige Stellen« meistens oft wiederholen.
Nachdem ich meine ersten Erfolge gehabt hatte, wollte ich mir endlich ein eigenes Gerät kaufen und fragte (sinnvollerweise!) meine jenseitigen Gesprächspartner, was es denn sein sollte. Da kam deutlich von einer dunklen Männerstimme: »Kauf dir 'n Uher!« (Diese Stimme befindet sich heute im Archiv der Firma Uher in München.) Das tat ich denn auch, und ich bin gut damit gefahren. Das war 1969. Inzwischen hat sich der Tonbandgerätemarkt stark verändert. So arbeiten wir heute gern mit den leicht zu bedienenden Kassettenrecordern, die in der Tonqualität durchaus akzeptabel sind.
Jürgenson hatte in seinem Buch aber nicht nur von reinen Mikrofoneinspielungen gesprochen, sondern auch von solchen mit Radio. Jetzt wurde es kompliziert. Welchen Wellenbereich sollte man nehmen? Welche Frequenz? Sollte man zwischen die Sender gehen oder auf eine Stelle einstellen, bei der nur ganz leise in der Ferne etwas zu hören war? Wenn ich einmal auf gut Glück einen Versuch machte, war ich doch sehr unsicher, ob ich wirklich etwas »Paranormales« auf dem Band hatte oder nur irgendein Radioprogramm. Das war die Zeit, in der ich nach Kollegen Ausschau hielt, mit denen man über ihre Erfahrungen sprechen konnte. Es traf sich gut, daß es auch anderen so ging wie mir. Viele Menschen hatten an Hand des Jürgenson-Buches auf eigene Faust mit der Forschung begonnen und kamen schließlich an einen Punkt, wo sie Erfahrungsaustausch brauchten. Durch die Zeitschrift »Die andere

Welt«, die auch das Jürgenson-Buch vorgestellt hatte, erfuhr ich von einer Arbeitsgemeinschaft der Tonbandstimmenforscher, die eine Frau Hanna Buschbeck betreute. Sie veranstaltete jährlich ein Treffen im Hotel »Lindenhof« in Horb.

Als ich mich zum ersten Mal dort einfand, hatte ich das Gefühl, einen Meter über dem Boden zu schweben: So gut tat es, auf lauter Gleichgesinnte zu treffen, mit Menschen zu reden, die das Phänomen genauso selbstverständlich akzeptierten wie ich. Man konnte Fragen stellen, um die bei jedem Experimentator bestehenden Unsicherheiten abzubauen: Welche Geräte sind am besten? Was kann man technisch noch verbessern? Welche Methoden gibt es überhaupt? Ich kam auf diese Weise richtig in die Materie hinein. Für Stunden konnte man die hämischen Blicke und die spöttischen Bemerkungen vergessen, mit denen Verwandte und Freunde sonst unsere Experimente begleiteten.

Ich wurde von der allgemeinen Begeisterung angesteckt und getragen. Man fühlte sich einer verschworenen Gemeinschaft zugehörig, die Pionierarbeit leistete. Dieses Erlebnis gab mir die Kraft durchzuhalten.

Inzwischen hatten sich wunderschöne, sinnvolle und aufschlußreiche Stimmen eingestellt. Es gab nun keinen Zweifel mehr: Die Stimmen stammen aus einer anderen Dimension. Jeder, der eigene Erfahrungen hat, ist sicher, daß seine Stimmen von einem echten personalen Gegenüber stammen. Dieses Erlebnis ist der schönste Lohn für die Mühe des eigenen Experimentierens.

Von Außenstehenden wird gern bemängelt, daß die Tonbandstimmen inhaltlich »banal« seien, und man zeigt sich enttäuscht von ihren oft diesseitsbezogenen Aussagen. Manche sprechen verächtlich von »erdgebundenen Geistern«, mit denen wir nur in Verbindung kommen könnten, während die höherstehenden Wesen für uns unerreichbar wären. Dazu kann man auf Grund jahrzehntelanger Erfahrung sagen: Tote sind auch nur Menschen. Sie reden so, wie sie zu Lebzeiten geredet haben. Sie zeigen starkes Interesse an unserem Leben. Und wenn ein gestorbenes Kind zu seiner weinenden Mutter auf dem Band sagt: »Mutti – ich lebe! Weine nicht!«, dann möchte ich den sehen, der hier noch das Wort »banal« in den Mund nimmt. Es ist allerdings schon so, daß die Mehrzahl der Tonbandstimmen kommunikativer Art ist. Sie bringen zum Ausdruck, daß man eine Verbindung mit uns hat, daß man Anteil nimmt an unserem Schicksal. Vor allem aber will man uns sagen: Es gibt keinen Tod! Seht – wir leben ja noch.

Außer diesen Äußerungen, die es in tausend verschiedenen Formen gibt, haben wir auch sehr interessante Stimmen bekommen. Es kommt ja auch ganz darauf an, wie man fragt. Ich interessiere mich seit langem für die Wiedergeburt. In ihrem Sinne fragte ich einmal ganz allgemein die Freunde drüben, was ein mir nahestehender Mensch in einem früheren Leben denn gemacht habe, daß er das schwere Leid ertragen müsse, das wir jetzt miterleben. Darauf kam von einer etwas metallisch klingenden Frauenstimme: »An Wiederkunft hat und hat er nie gedacht!« Hier wird also meine Frage voll aufgegriffen. Es wird gesagt, daß der Betreffende in einem früheren Leben partout nicht daran denken wollte, daß er noch einmal wiederkommen würde, und daß er dann die Rechnung von damals zu begleichen habe. Das, was wir in diesem Leben beobachten konnten, war also die Folge von dem, was in einem früheren Leben wohl nicht ganz richtig gelaufen ist. Durch Leiden sollte jetzt eine Seite des Wesens nachentwickelt werden, die damals unbeobachtet blieb.

Wenn jemand nach einer »direkten Nutzanwendung« der Tonbandstimmenforschung fragen sollte, so kann auch er eine befriedigende Antwort erhalten. Mein Kollege Hans Luksch in Wien hat sich der Aufklärung von Verbrechen verschrieben. Er spricht Mordopfer an, deren Fall noch unaufgeklärt ist. Er fragt sie nach dem Täter. In einigen Fällen hatte er lange vor der Polizei die richtigen Namen erfahren.

Ein spektakuläres Beispiel ist der Fall des Günter Bahr. Er wurde in Begleitung seiner Frau und seines Buben auf dem Heimweg erstochen. Man hatte allgemein den Liebhaber der Frau im Verdacht. In diesem Sinne fragte Luksch denn auch: »Günter Bahr! Kennt Deine Frau den Namen deines Mörders?« Darauf kam laut, deutlich und präzise, von einer Männerstimme gesprochen: »Sie war's!« Er benannte also seine Ehefrau als Täter. Und tatsächlich gestand sie einige Tage später, ihren Mann erstochen zu haben.

Meine Frau Christine stand der Arbeit mit dem Tonband ursprünglich sehr ablehnend gegenüber. (Das erleben übrigens viele Kollegen mit ihren Ehepartnern.) Sie meinte: Das Leben ist schon so, wie es ist, schwer genug. Warum soll man sich mit den Toten beschäftigen?! – Da mein Motiv, Tonbandstimmenforschung zu betreiben, in erster Linie wissenschaftliche Neugier war, konnte ich ihre Haltung durchaus verstehen. Zumal sie durch die Pflege unseres spastisch gelähmten Thomas restlos beansprucht war. Als unser Sohn mit 18 Jahren starb, war diese schwere Aufgabe abgeschlossen, und sie fühlte eine plötzliche Leere, die durch geistige Verarbeitung des Erlebten ausgefüllt werden

wollte. Das erste von uns gemeinsam besuchte Treffen in Horb brachte sie dann auch mit Menschen zusammen, die sie für esoterisches Denken aufschlossen.
Von diesem Zeitpunkt an wuchs ihr Verständnis für die Sache, und sie organisierte mit Freude Zusammenkünfte in unserem Hause, die der Tonbandstimmenforschung, aber auch der geistigen Weiterentwicklung dienen sollten. Es entstand ein schöner Kreis gleichgesinnter Freunde, aus dem schließlich die Idee kam, den bis dahin bestehenden lockeren Zusammenhalt der Tonbandstimmenforscher überall in der Welt in eine festere Form einzubinden. Es wurde nämlich immer klarer, daß große Aufgaben auf uns warteten, die nur durch eine Organisation gelöst werden konnten. Wenn man das Wissen vom Fortleben der Öffentlichkeit bekanntmachen will, braucht man eine solide Basis. Es muß ein regelmäßig erscheinendes Mitteilungsblatt geben, die Massenmedien müssen interessiert und angesprochen werden.
Neue Techniken mußten entwickelt, es mußte sauber gearbeitet werden. Es kam zur Gründung des »Vereins für Tonbandstimmenforschung«, zu dessen Vorsitzendem ich gewählt wurde.
Nach und nach wurde die Öffentlichkeit aufmerksam. Karl-Heinz Wocker sprach in der Fernsehsendung »III nach neun« mit mir über Tonbandstimmen so, als würde es sich um die selbstverständlichste Sache der Welt handeln. Einige meiner »Jenseits«-Kontakte wurden vorgespielt. Die Folge war ein Telefon-Chaos in der Zentrale des Senders, weil die Zuschauer ausführlicher unterrichtet werden wollten. Die Fernsehleute wußten sich zu helfen. Sie blendeten die Schrift »Bitte nicht im Sender anrufen. Fordern Sie Informationsmaterial beim ›Verein für Tonbandstimmenforschung‹, 4 Düssel-

dorf 13, an!« Mehrere tausend Zuschriften in den nächsten Wochen waren die Folge.
Ich habe inzwischen viele Vorträge an Volkshochschulen gehalten, um die Tonbandstimmen populär zu machen und meine Zuhörer zu eigenen Experimenten zu ermutigen. Viele Teilnehmer erhielten bei Einspielversuchen in den Kursen interessante, an sie ganz persönlich gerichtete Stimmen. Zum Teil waren es Aussagen, die nur von den Empfängern gedeutet werden konnten.
Ein Mann fragte zum Beispiel seinen toten Sohn: »Hast du Papa noch lieb?« Die Antwort auf dem Band war leise, aber deutlich: »Deine große Schuld. Unterschrift geleistet!«
Auf meine Fragen zur Bedeutung dieser Antwort erklärte der Mann, daß er seinen lebensgefährlich erkrankten Sohn wegen einer Auseinandersetzung mit seiner Frau auf eigene Verantwortung aus dem Krankenhaus genommen habe, so daß der Junge bald darauf gestorben sei. Daher das Zitat: »Unterschrift geleistet!«
Das Nachrichtenmagazin »Der Spiegel« druckte kurz danach folgenden Text nach:

Hohlspiegel
Kursangebot im Programm der Düsseldorfer Volkshochschule: »Seit 20 Jahren gibt es die Tonbandstimmenforschung. Sie liefert die Beweise dafür, daß man mit den Toten über das Tonband Verbindung aufnehmen kann... Der Kursleiter ist Experte auf diesem Gebiet mit zehnjähriger Erfahrung. Der Kurs soll jeden, der sich ernsthaft bemüht, in den Stand setzten, bei eigenen Experimenten Stimmen Verstorbener zu erhalten. Aber auch derjenige, der nicht selbst forschen will, be-

kommt einen Einblick in die bis heute erhaltenen Informationen ›von drüben‹.

Da aber »Der Spiegel« gerade von Journalisten eifrig gelesen wird, folgte eine Fülle von Veröffentlichungen in den verschiedensten Blättern.
Mir wurde immer wieder Gelegenheit gegeben, auf Kongressen, teilweise vor vielen hundert Gästen, Vorträge über die Tonbandstimmen zu halten. In Recanati hatte ich in einem Vortrag davon gesprochen, daß man auf der »Jürgenson-Welle« gute Ergebnisse erzielen könne. An den darauffolgenden Tagen wurden nun die deutschen Kollegen von jungen Italienern auf der Straße angehalten und gebeten, ihnen auf mitgebrachten Transistor-Radios die Jürgenson-Welle einzustellen. Als ich an den Stand eines fliegenden Händlers in den Straßen Recanatis herantrat, der Rundfunkgeräte feilbot, deutete der Händler stumm auf die Skalen seiner Geräte, die er alle auf die Jürgenson-Welle eingestellt hatte. Abends waren wir Deutsche ständige Gäste in Don Dinos kirchlichen Räumlichkeiten, um mit behelfsmäßigem Gerät Einspielungen zu machen, die von der musikalischen italienischen Jugend hervorragend treffsicher abgehört wurden. Dort kam auch die schöne Stimme durch, die übersetzt lautet: »Jetzt kommen wir nach Recanati!«
Beim Imago-mundi-Kongreß in Innsbruck ging eine Zuhörerin auf meine Frau zu und überreichte ihr ein kleines Biedermeier-Sträußchen mit der Bitte, es mir zu geben, weil sie durch meinen Vortrag wieder zu ihrem Glauben zurückgefunden hätte. Meine Frau gab das Sträußchen aber an Prof. Resch, der diesen schönen Kongreß veranstaltet hatte.
Ich hatte das Glück, alle Pioniere der Tonbandstim-

menforschung persönlich kennenzulernen. Als ersten traf ich Dr. Konstantin Raudive, der von Friedrich Jürgenson in die Forschung eingeführt worden war, und der nun selbständig in Bad Krozingen forschte. In seinem Arbeitszimmer, das mit Büchern und Zeitschriften vollgestopft war, führte er uns in seine Arbeit ein. Es wunderte mich, bei ihm keine großen Apparate zu finden. Auf einem Stuhl hatte er vor sich ein ganz gewöhnliches Koffer-Tonbandgerät. Ich staunte darüber, daß er zur Wiederholung interessanter Passagen die Bandspule einfach von Hand zurückdrehte. An der Wand war auf einem kleinen Brett ein Rundfunkgerät angebracht, wie man es damals in allen Haushalten fand. Er suchte vor der Einspielung so lange, bis er einen französischen Sender fand. Dann begann er mit der Einspielung. Das Ergebnis war beeindruckend, und wir diskutierten bis in die Nacht hinein mit diesem liebenswürdigen Menschen. Am nächsten Morgen stellte er uns seiner Ehefrau, der Schriftstellerin Zenta Maurina vor. Einige Jahre später hatten wir noch einmal Gelegenheit, mit ihr zu sprechen. Es war einen Monat vor ihrem Tode. Sie war voll rastloser Geschäftigkeit. Ich führte die Stimmen ihres verstorbenen Mannes vor, unter denen eine sie besonders faszinierte: »Ich hab' so gehungert!« »Das ist doch Konstantins Leit-(Leid-) Motiv in seinem ganzen Leben gewesen: der Hunger!« rief sie erregt aus. Und tatsächlich brachte sie kurz darauf eine Sammlung von Raudive-Novellen heraus unter dem Titel »Lebenshunger«.
Beim Abschied nahm sie noch meine Frau beiseite: »Unterstützen Sie Ihren Mann nach Kräften! Machen Sie es nicht so wie ich. Ich war eifersüchtig auf Konstantins Arbeit gewesen, die ihn so oft von mir fernhielt.«

Auch den Schweizer Gemeindepfarrer Leo Schmid konnte ich noch kennenlernen. Wir hatten ihn zu einer unserer Tagungen eingeladen. Er war ein Forscher, der ganz bescheiden, aber selbstbewußt eigene Wege ging. Er durfte mit Duldung seiner Kirche öffentlich über die Tonbandstimmen reden, und dies stellt für viele Katholiken eine Beruhigung dar, wenn sie sich fragen, ob es denn erlaubt sei, »die Toten zu befragen«.
Übrigens sagt Pater Professor Andreas Resch, der einen Lehrstuhl an der vatikanischen Universität in Rom hat, gewissermaßen kirchlich-offiziell, daß eine ernsthaft betriebene »Tonbandstimmenforschung« von der Kirche nicht untersagt wird.
Mit Ingenieur Franz Seidl aus Wien, dem Erfinder des »Psychophons«, hatte ich bereits jahrelang eine lebhafte Korrespondenz, bis wir uns dann erstmalig in seiner Wohnung trafen. Ich hatte eine zum technischen Labor umfunktionierte Behausung erwartet. Statt dessen fanden wir eine aufgeräumte und gemütliche Wohnung vor. Augenscheinlich befaßte sich der Erfinder Seidl jeweils immer nur mit einer Sache, die er mit geringstem Aufwand fertigstellte. Seidl war ein Mann mit viel Humor. Er hat durch seine Veröffentlichungen viel dazu beigetragen, daß philosophische und physikalische Gedankengänge in bezug auf die Tonbandstimmenforschung sich einander nähern.
Nicht ohne Absicht spreche ich erst jetzt von Friedrich Jürgenson, dem Entdecker der Tonbandstimmen. Ihm verdanken wir schließlich diese faszinierende Möglichkeit, in die andere Welt hineinzuhorchen. Ich freue mich, diesen wunderbaren Menschen meinen Freund nennen zu dürfen. Ich kann durchaus verstehen, daß er – der sich zeitlebens von allen Organisationen ferngehalten hat – mit Skepsis meine Bemühungen beobach-

tet hat, den Verein groß aufzuziehen und die Idee der Tonbandstimmenforschung zu verbreiten. Er ist der feinnervige Künstler, dem jeder Lärm körperliche Pein bereitet.

Wir wohnten in seinem Haus in Schweden, er bei uns in Düsseldorf. Zwischendurch sind wir ständig telefonisch verbunden. Er will über alles informiert sein, was sich bei uns tut, sei es nun intern oder in der Öffentlichkeitsarbeit.

Viele Stunden verbrachten wir mit gemeinsamen Einspielungen, dem Abhören und Diskutieren der Stimmen. Jürgenson setzte auch seine guten persönlichen Verbindungen mit Italien ein, um eine engere Zusammenarbeit zu bewirken. Graf Dr.-Ing. Mancini-Spinucci, Fermo, und Virgina Ursi, Mailand, mit ihren vielen Anhängern wurden so näher mit uns verbunden.

Jetzt gibt es den internationalen Gedankenaustausch, den er sich schon immer gewünscht hat, der allerdings noch weiter ausgebaut werden muß. Jürgenson ist ein Mensch, dem sich alle Türen wie von selbst öffnen. Ich erinnere nur an seine guten Beziehungen zur Kurie in Rom. Wo er auftaucht, hört man ihm zu. Für viele Tagungsteilnehmer sind seine Ansprachen eine geistige Bereicherung.

Bei Radio Luxemburg hatte ich schon einige kleinere Sendungen gemacht. Richtig los ging es aber, als Rainer Holbe die Tonbandstimmen in seine Sendung »Unglaubliche Geschichten« hineinnahm. Holbe ist mittlerweile ein richtiger »Tonbandstimmen-Fachmann« geworden, der gut abzuschätzen weiß, was über den Sender gehen kann. Seine Beiträge werden von vielen Hörern mitgeschnitten, und uns erreichen häufig Kassetten von Mitschnitten, die neue paranormale Stimmen enthalten. Hier sei nur ein Fall erwähnt: Bei einem

Interview mit dem Sänger Peter Hofmann und seiner Frau erzählten beide, daß sie einen Geist in ihrem Schloß sehen würden. Da ruft eine paranormale, laut und gut artikulierte Frauenstimme dazwischen: »Ihr werdet sehend!«

Rainer Holbe ist kein unkritischer Ja-Sager. Er kennt die Probleme, die es auf dem großen Gebiet der Parapsychologie und natürlich auch auf dem der Tonbandstimmenforschung gibt. Andererseits ist er aber auch aufgeschlossen genug, Dinge für möglich zu halten, die viele Menschen »unglaublich« finden. Diese gesunde Mischung aus Aufgeschlossenheit und Kritik macht seine Sendereihe interessant, wertvoll und zum Nachdenken anregend. Er hilft mit, eine neue Sicht der Dinge zu ermöglichen, das Leben und das Schicksal spirituell zu betrachten. Bei den Tondbandstimmen ist ihm klar, daß sie – wenn sie das sind, wofür sie sich ausgeben – unser derzeitiges Weltbild grundlegend verändern können, ja, daß sie uns den Sinn unseres Lebens erkennen lassen, der letztlich nur dann gefunden werden kann, wenn wir das Leben vor dem Hintergrund unserer ewigen Existenz betrachten.

Peter Krassa

Ruf aus dem Reich der Toten?

Ich vermag nicht mit absoluter Bestimmtheit zu sagen, ob in mir irgendwelche paranormalen Fähigkeiten schlummern. Doch seit jeher hat mich die Ahnung um das beseelt und fasziniert, was William Shakespeare seinen Hamlet zu Horatio sagen läßt: »Es gibt mehr Dinge im Himmel und auf Erden, als eure Schulweisheit sich träumen läßt!«

Für mich bestehen daher nicht die geringsten Zweifel, daß es zwischen zwei Menschen, die sich sozusagen »blind« verstehen, irgendwelche telepathischen Kontakte geben muß. Intensive Gedankenströme, die den jeweiligen Partner fast automatisch die Überlegungen seines Gegenübers, nein: nicht »erraten«, sondern *erfühlen* lassen.

Ich bin aber auch überzeugt davon, daß es solche Wechselbeziehungen nicht nur unter besonders gut harmonierenden Menschen, sondern auch zwischen Mensch und Tier geben muß.

Ich bin ein großer Katzenfreund, ja ich habe eine unzweifelhaft liebevolle Beziehung zu diesen anschmiegsamen und doch stets selbstbewußten Wesen. Und wohl jeder wird den Schmerz verstehen, den ich fühlte, als ich völlig unvorbereitet meinen vierbeinigen Kameraden verlor.

Am 27. Dezember 1974 war ich mit meinem schwarzfelligen Kater »Mephisto« eilig zum Tierarzt aufgebro-

chen. In der Meinung, mein kleiner Freund habe sich über die Weihnachtsfeiertage eine Magenverstimmung zugezogen. Als ich zwei Stunden später die Tierklinik verließ, stand ich unter Schock.
»Mephisto« war tot. Der Tierarzt hatte ihn einschläfern müssen. Das Tier litt unter hochgradiger Leukämie...
Ich war am Boden zerstört, und ich gestehe es offen ein: Ich weinte bittere Tränen um meinen treuen Freund, den ich so plötzlich, nach siebenjähriger Partnerschaft verloren hatte. Wahrscheinlich war es damals gut, daß ich zum Jahresausklang von einem guten Bekannten nach Salzburg eingeladen worden war – der heitere Silvesterrummel lenkte mich von dem erlittenen Schmerz ab, half mir, auf andere Gedanken zu kommen.
Fast vier Monate lagen seit dem tragischen Ende meines geliebten »Mephisto« hinter mir. Doch in einer Nacht des April 1975 ereignete sich etwas Ungewöhnliches. Ich habe das genaue Datum vergessen, aber ich weiß noch, als wäre es gestern gewesen, was damals geschah. Ich erwachte plötzlich aus meinem Schlummer – es mochte gegen vier Uhr morgens gewesen sein. Ich erwachte, weil mich eine Bewegung der Bettdecke am Fußende irritierte. Ich kannte diese Bewegung von früher. »Mephisto« hatte sie verursacht, wenn er, bevor er sich abends mit mir schlafen legte und auf meiner Bettdecke zusammenrollte, zunächst mit den Vorderpfoten eine entsprechende Liegestatt zu »treten« begann. Jeder Katzenbesitzer kennt diese Eigenart unserer vierbeinigen Hausgenossen.
Aber ich spürte nicht nur die sich bewegende Bettdecke zu meinen Füßen – ich hörte gleichzeitig das mir wohlvertraute, unverkennbare Miauen meines toten Freundes. Es klang irgendwie gedämpft, so als befände sich eine Katze hinter einer Glaswand.

Als ich aus einem leichten Schlaf erwachte, lag ich seitwärts. Ich war vor Überraschung wie erstarrt, und mein erster Gedanke war (ich habe ihn nicht vergessen): »Das gibt's doch nicht!«

Leise legte ich mich auf den Rücken, dann begann ich meinen Freund zu rufen: »Mephisto, Mephisto!« Immer noch spürte ich das Ziehen an der Decke, fühlte die tretenden Pfoten meines Katers, hörte sein gedämpftes Miauen.

Ich vermag nicht zu sagen, wie lange dieses Phänomen dauerte – ich weiß nur eines: Ich habe damals nicht geträumt. Was mir widerfuhr, habe ich bewußt *erlebt*. Niemals zuvor, und auch niemals danach, ist mir Ähnliches passiert, und ich bin mir heute völlig sicher, eine außersinnliche Wahrnehmung gehabt zu haben. Ein ASW-Erlebnis, wie es die PSI-Forschung bezeichnet.

Warum, so frage ich, sollte es Kontakte Verstorbener zu ihren lebenden Mitmenschen, mit denen sie stets in inniger Beziehung gestanden sind, nicht auch bei Tieren geben? Dort, wo die geistige Verbindung zwischen zwei- und vierbeinigen Partnern besonders intensiv gewesen ist? So wie bei meinem Kater »Mephisto« und mir?

Natürlich weiß ich, daß ich diese Vermutung, nein: Behauptung, niemals werde beweisen können, aber mir persönlich genügt die *Gewißheit*, das hier Geschilderte tatsächlich empfunden und erlebt zu haben. Professor Hans Driesch, deutscher Philosoph und Biologe (1867–1941), der sich mit der seriösen Erforschung bestimmter parapsychologischer Phänomene beschäftigte, meinte einmal, eine außersinnliche Wahrnehmung (ASW) sei dann gegeben, wenn jene Person, die dieses Erlebnis hatte, in jenen Augenblicken deutlich gefühlt habe, etwas ganz Besonderes zu erleben – etwas, das sich von sonstigen Träumen klar unterscheide.

Das Lebenszeichen eines Verstorbenen beispielsweise – wie das meiner toten Katze. Vernahm ich ihren Ruf aus dem Reich der Toten?

Matthias Krings

Loch im Kopf

Mit dem Diesseits habe ich bereits so viel zu tun, daß ich mir nicht auch noch im Jenseits Probleme suchen muß. Im Klartext: ich glaube nicht an Tonbandstimmen, Seelenwanderungen und Erlebnisse der 27. Art. Basta!
Klingt doch ausgeschlafen, oder? Will sagen: Dieser Mensch liebt keine Schnörkel, dieser Mensch ist Realist, dem kann man kein »X« für nix vormachen. Wenn da nur nicht dieses Kindheitserlebnis wäre. Das paßt nun überhaupt nicht in die realistische Schublade. Also:
... als Achtjähriger bin ich mal so unglücklich gestolpert, daß ich mit dem Kopf genau auf die Ecke einer Treppenstufe aufgeschlagen bin. Loch im Kopf. Direkt über dem rechten Auge. Die Narbe kann heute noch gerne besichtigt werden. Stolpern, hinfallen – das alles muß ruckzuck passiert sein. Wie man mich gefunden hat und ins Krankenhaus geschafft hat, das weiß ich nur aus Erzählungen meiner Eltern. Ich habe eine ganz andere Erinnerung an diesen Vorfall. Taghell. Deutlich. Als sei es eben erst gewesen.
Immer wieder schien es mir, als würde ich in einen tiefen Schacht gezogen. Da war ein übermächtiger Sog. An diesen Sog erinnere ich mich noch heute, nach über 30 Jahren! Mit einem Gefühl der Beklemmung – aber auch der unbeschreibbaren Sehnsucht. In dem endlos tiefen Schacht waren merkwürdige Membranen eingezogen, wie übereinandergespannte dünne Bleche. Der

Sog zwang mich dazu, durch diese Bleche zu fallen, was einen ohrenbetäubenden Lärm verursachte. Kein Schlagzeug der Welt konnte mich bisher wieder an diesen unwirklichen »Sound« erinnern. Der Sog war so stark, daß er mir das Herz aus dem Leib zu schleudern schien, weil er meinen Körper in die Tiefe riß, das Herz aber – nach dem Prinzip der Trägheit der Masse – nicht. Wie tief ich gefallen bin – und wie oft – weiß ich nicht. Ich weiß nur noch, daß Furcht und Neugier sich die Waage gehalten haben.

In den anschließenden Fieberwochen lernte ich dann einen zweiten unheimlichen Sog kennen: plötzlich sah ich meine Umwelt wie durch einen umgedrehten Feldstecher: sie wurde klein und kleiner, stürzte vor mir weg... blieb aber bildscharf. Gleichzeitig schienen die Geräusche von mir weg zu rasen. Wenn sich jemand über mich beugte, sah ich ihn meilenweit entfernt und hörte ihn reden wie durch hundert Sandsäcke hindurch. Und immer wieder dieser verrückte Sog! Ein unbeschreibbares Gefühl: panisch und lustvoll gleichzeitig. Die Erinnerung an dieses Gefühl verblaßt auch nicht: im Gegenteil! Ich weiß genau, daß ich irgendwann hinter das Geheimnis kommen werde...

Bruce Low

Die Brücke in Surinam

Ich bin Holländer. Und zur Zeit meiner Geburt lebten meine Eltern in Surinam. Mein Vater war Missionar. Wenn ich an meine Kindheit denke, durchzieht mein Gemüt der Duft von Orchideen. Ich spüre dann die warme Sonne auf meiner Haut und höre die vielfältigen Geräusche des Dschungels.
Es war ein herrliches Leben. Die Menschen dort sind freundlich, und das Lachen auf ihren Gesichtern macht die Welt zum Paradies. Als Weiße hatten wir natürlich viele Dienstboten, aber da mein Vater nicht nur Seelsorger von Beruf, sondern auch aus Berufung war, gab es hier kein Gefälle von Rang und Stand.
Wir liebten uns, und manchmal wünschte ich mir, es gebe einen großen, goldenen Schlüssel, um das Paradies meiner Kindheit von innen zu verschließen. Ich konnte mir nicht vorstellen, jemals von hier wegzugehen.
Vor unserem Haus lag eine stille Lagune. Für Schmetterlinge, exotische Vögel und allerlei Wassergetier war sie der ideale Lebensraum. Gespeist wurde der kleine See von einem Fluß, über den kunstvoll eine Brücke aus Bambus gespannt war.
Wie es genau passierte, weiß ich heute nicht mehr. Vielleicht war eine Bohle defekt, vielleicht war ich aber auch aus Übermut zwischen die Hanfseile des Geländers gekrochen, auf jeden Fall stürzte ich mit einem Schrei des Erschreckens ins Wasser. Sofort

erfaßte mich die Strömung und trieb mich in die Lagune.
Merkwürdig war nur, daß ich nicht in Panik geriet. Das Wasser war warm und ich spürte die Sonnenstrahlen, die sich auf der Oberfläche brachen. Ich war sechs Jahre alt damals und konnte nicht schwimmen. Also versank ich langsam, näherte mich mit offenen Augen dem Grund des Sees.
Eigentlich war alles wunderbar. Leicht kam ich mir vor und ich hörte auch eine sanfte Musik. Die Welt um mich herum war grün. Da sah ich auf einmal ein Baby und begriff, daß ich es selbst war, der da in dem altmodischen Kinderwagen hockte. Mein Schaukelpferd konnte ich sehen, der Schwanz war immer noch abgebrochen. Ich sah meinen Vater und meine Mutter, ich sah unsere Köchin und den Mann, der im Garten die Blumen pflegte. Alle waren heiter und winkten mir zu. Ich hatte überhaupt keine Angst und erinnere mich heute noch an das Gefühl von Ruhe und Geborgenheit. Ich glitt immer tiefer und tiefer auf den Grund dieses Sees. Ein Licht erwartete mich, wie ich es schöner und harmonischer noch nie gesehen hatte.
Später erzählte mir mein Vater, daß meine Gesichtszüge entspannt und freundlich gewesen waren, als man mich aus dem Wasser zog. Einer der Mitarbeiter an der Missionsschule hatte mich von der Brücke fallen sehen und meinen Vater alarmiert, der gerade sein Angelzeug am Ufer richtete. Es hat lange gedauert, bis man mich wieder ins Leben zurückgeholt hat. Ziemlich viel Wasser mußte aus meinem kleinen Körper gepumpt werden.
Heute, als Mann im letzten Drittel des Lebens, denke ich immer häufiger an dieses Erlebnis zurück. Nie habe ich mich seither vor dem Tod gefürchtet, weil ich weiß, daß er nur ein Übergang sein kann in ein anderes Dasein.

Schon einmal hatte ich an dieser Pforte gestanden. Mein Leben hatte sich dadurch verändert. Ich habe es bewußter genossen, weil ich keine Angst mehr zu haben brauchte...

Anja Lundholm

Die Orgel von Santa Croce

Man könnte die Begebenheit, die ich hier schildern will und für deren Wahrheitsgehalt ich mich verbürge, vielleicht als seltsamen Zufall bezeichnen, wollte man unbedingt auf einer rationalen Erklärung bestehen. Doch was ist Zufall anderes als etwas, das uns zu-fällt, um, wie es häufig der Fall ist, einen verborgenen Sinn zu enthüllen?

Schon sehr früh zeigte sich bei mir eine starke musikalische Begabung. Mit sechs Jahren gab mir meine Mutter Klavierunterricht und erzählte mir vom Leben der großen Komponisten. Obwohl sie das sehr anschaulich tat, muß ich gestehen, daß mir die Schöpfer der Musik, die ich nachspielte, herzlich gleichgültig blieben. Sie flößten mir keinen Respekt ein, ihre Namen bedeuteten mir nicht mehr als eine Folge aneinandergereihter Buchstaben. Dagegen versetzten mich ihre Werke augenblicklich und sehr plastisch zurück in die Zeit, in der sie entstanden waren, beschworen Bilder von Häusern und Landschaften herauf, erzählten mir, sozusagen in Hautnähe, von den Menschen der verschiedenen Epochen, ihren gesellschaftlichen Formen, Sitten und Tabus.

Ich dachte sie mir nicht aus; sie entstanden aus den Klangfolgen, ohne daß ich mir über ihren Ursprung Rechenschaft gab. Als ich zehn Jahre alt war, konnte ich jedes Musikstück, und wenn es meinen Ohren noch

so fremd klang, augenblicklich, manchmal bis auf das Jahr genau, seiner Zeit zuordnen, während ich, nach dem Komponisten befragt, meist jämmerlich versagte. Als ich dreizehn Jahre alt war, begleitete ich meine Eltern in den Ferien nach Florenz, wo sie Freunde besuchten. Wir machten eine Stadtbesichtigung. Mit ihrem gemessenen Gang konnten meine langen Beine, hoch aufgeschossen wie ich war, nicht Schritt halten. Ich lief vor ihnen her und blickte mich neugierig nach allen Seiten um. Mehr als anderes faszinierten mich die barocken Kirchen. War es ihre strenge Stille, die alle Eintretenden zum Flüstern zwang oder die vielfache Symbolik des Todes, die marmornen Sarkophage in den Nischen, Schädel und Sanduhren als Mahnmal des schnell vergänglichen Lebens? Kirchen zogen mich magisch an; wo immer ich eine auf unserem Weg erblickte, lief ich hinein, ohne mich zu kümmern, daß ich damit den Unwillen meines Vaters erregte, der nichts für »religiösen Klimbim«, wie er es nannte, übrig hatte. Aber es ging mir ja auch gar nicht um Religion. Ich war irgendeinem Geheimnis auf der Spur, glaubte hier in der barocken Abgeschiedenheit Antwort auf die Frage zu finden: Was ist der Tod?
Wieder einmal hatte ich eine Kirche gesichtet. Es war ein mächtiger Bau von barocker Pracht. Durch das farbige Glas der Fenster um den Altar fiel gedämpftes Sonnenlicht in sein Inneres. Die Basilika war völlig leer. Ich machte mich an die Besichtigung der prunkvollen Marmornischen, studierte die in Goldlettern eingravierten Namen und Inschriften über den steinernen Särgen, die allegorischen Figuren der Trauer zu beiden Seiten, florentinische Jünglinge der Renaissance, Frauen in Griechengewändern und immer wieder das Skelett mit der Sense oder wenigstens ein Schädel über

gekreuzten Knochen. Die hier lagen, repräsentierten die einstige Größe von Florenz: berühmte Künstler, Fürsten, Päpste und Erzbischöfe.
Gerade war ich bei dem Namen Medici angekommen, als auf einmal die Orgel zu spielen begann. Ich machte einige Schritte nach vorn und stellte mich vor eine Säule, von wo aus ich zur Empore hinaufblicken konnte. Ich hatte die Orgelbank genau im Blickfeld. Doch da saß niemand. Sie war leer. Und noch etwas war merkwürdig: Was der unsichtbare Organist da spielte, war keine Kirchenmusik, es war eine weltlich-heitere Melodie, sanft und nur getragen von den hohen Orgelpfeifen. Die Bässe fehlten. Gebannt stand ich an meiner Säule und hörte zu. Ich kannte es nicht, das Musikstück, wußte aber sofort, daß es dem frühen neunzehnten Jahrhundert zugehörte, was um so seltsamer war, als man in diesem eindrucksvollen Renaissancebau, wenn überhaupt, frühere Musik erwartet hätte.
Inzwischen war meine Mutter nachgekommen und stellte sich neben mich.
»Warte, bis er zu Ende gespielt hat«, sagte ich zu ihr. Sie tat mir den Gefallen, was ich nur natürlich fand, da sie musikalisch war und bestimmt beeindruckt von der ebenso seltsamen wie bezaubernden Musik. Nach weiteren zehn Minuten verklang die Orgel und wir wandten uns zum Gehen.
Als wir die breiten Treppen hinabschritten, mußte ich einen Augenblick stehenbleiben, um mich wieder auf das grelle Sonnenlicht und den Straßenlärm umzustellen. Ich war noch ganz erfüllt von der stillen, unkirchlichen Heiterkeit der Musik.
»Ist aber doch eigenartig«, sagte ich zu meiner Mutter, »das paßte gar nicht hin.«
»Was paßte nicht wohin?«

»Diese Art Musik in die Kirche«, antwortete ich.
Ihr Blick verriet Erstaunen. »Von was für einer Musik redest du? Da war keine Musik.«
»Aber du hast doch neben mir gestanden!« Ich war ärgerlich, denn ich dachte, sie wollte mich verulken. Das mochte ich nicht. Mit meinen dreizehn Jahren nahm ich mich ungeheuer ernst.
Sie blieb bei ihrer Behauptung, da sei keine Musik gewesen, nicht einmal ein Organist. Die Bank war leer, sagte sie. Sinnlos, weiter mit ihr zu argumentieren. Sie hatte offenbar nichts gehört und hielt das, was ich ihr begreiflich zu machen suchte, für ein Hirngespinst. Damit geriet der Vorfall über anderen, wichtigeren Geschehnissen allmählich in Vergessenheit.
Drei Jahre später brach der Krieg aus. Im Herbst 1941 floh ich unter dem Druck innenpolitischer Entwicklungen in Deutschland nach Rom, wo ich mich der deutschsprachigen Abteilung einer internationalen Widerstandsbewegung gegen das NS-Regime anschloß. Ein Jahr später wurde ich von unserer Leitstelle aus mit einem Kameraden nach Florenz geschickt. Wir sollten für politisch gefährdete Menschen neue Paßformulare besorgen.
Auf der Fahrt in die Toscana fiel mir auf einmal wieder die Sache mit dem Orgelspiel ein. Ich erzählte sie meinem Begleiter und beschrieb ihm, der Florenz gut kannte, die Kirche. Das müsse »Santa Croce« sein, meinte er. Sie sei weltberühmt. Ich war ihm dankbar, daß er mich nicht auslachte.
»Wenn du willst, gehen wir noch einmal hin«, sagte er.
»Wird das nicht zu knapp?« fragte ich ihn besorgt.
»Soviel Zeit haben wir schon noch!«
Es war nicht schwer für mich, die Basilika wiederzuerkennen. Auf einmal war die Erinnerung nah, als sei es

gestern gewesen. Diesmal gab es ein paar Andächtige in den Bänken und einige Besucher. Soldaten. Da war der steinerne Papst wieder und die Figur im griechischen Gewand.
»Ich zeig' dir, wo ich gestanden habe«, sagte ich, nahm meinen Begleiter bei der Hand und führte ihn zur Säule. Er blickte nach oben. Auch diesmal kein Orgelspieler. Dann wandte er sich um. Ein Ausruf veranlaßte mich, es ihm gleichzutun. »Da, schau!« sagte er.
Wir befanden uns unmittelbar vor dem Grabmal Gioacchino Rossinis. Und es war seine Musik gewesen, die ich damals gehört hatte...

Marion M.

Warnung aus dem Nebel

Es war eine milde Hochsommernacht. Eine, von der man meist in Liebesromanen liest, kurz vor Ende der Story, wenn die beiden Akteure endlich alle Mißverständnisse überwunden haben und sich »finden«.
Tausende von Sternen machten die Dunkelheit durchsichtig, verliehen den Baumspitzen einen milchig-weißen Heiligenschein. Der Mond stand aufgeplustert und strahlend.
Herrlich, eine Autofahrt in solch einer Nacht!
Die Kulisse paßte so recht zu meiner heiteren Stimmung. Ich hatte Freunde in Ludwigsburg besucht. Unter der Rosenpergola hatten wir gesessen, den Duft der Blüten und der lauen Nacht genossen. Wir hatten uns gefreut, daß es uns gibt, daß wir uns endlich mal wieder getroffen hatten und über die alten und neuen Zeiten geratscht. Glücksgefühl durchströmte mich. Ich war zufrieden wie schon lange nicht mehr.
Das Wagenfenster war geöffnet. Der Fahrtwind wühlte in meinen Haaren, während ich heiter meinem Bett entgegendüste.
Ich erschrak: Plötzlich tauchten aus dem Nichts dichte Nebelschwaden auf, als sei ein Vorhang gefallen. Tanzende Schemen hatten sich der Landstraße bemächtigt. Im Scheinwerferlicht bildete sich ein bizarres wildes Ballett. Ich wagte kaum weiterzufahren. Die Sicht war gänzlich weg. Das konnte

heiter werden, im Fünf-Kilometer-Tempo bis Stuttgart!
Kaum nahm ich eine Linkskurve wahr. Im Wanderschritt rollte ich hinein, das Ende war nur zu ahnen.
Plötzlich war der Nebel verschwunden. Erstarren! Höchstens zehn Meter vor mir hatte sich ein Lastzug quer zur Straße gestellt. Der Fahrer war wohl gerade dabei, Warnleuchten zu suchen.
Die Nebelwand war mir zum Schicksal geworden, ohne sie wäre ich unweigerlich in den Laster gerast!
Als ich endlich weiterfahren konnte, funkelte der Himmel, als sei nichts gewesen...

Jürgen Marcus

Das Geheimnis der alten Uhr

Es gibt viele Uhren in meiner Wohnung. Die eine hastet hektisch und gewinnt pausenlos Zeit für die andere, die gemächlich vor sich hintrödelt. Das teuerste Stück auf meinem Schreibtisch tut's nach einem ausgiebigen Bad im Regen überhaupt nicht mehr.

Nur der Koloß aus massiver Eiche und Messing, ein Erbstück meiner großen Tante Grete, läuft und läuft und läuft und zerhackt mir die Zeit in Minuten und Stunden. Als Kind liebte ich diese wuchtige Uhr besonders. Zum Einstellen mußte man die Glasfront öffnen und manchmal schlüpfte ich in das gewaltige Innere und fühlte mich wie das siebte Geißlein, das dem bösen Wolf entwischt war. Die Standuhr war mein Indianerkral, mein Iglu, meine Ritterburg. In ihrem Bauch war ich geborgen.

Bis ich von dieser unglaublichen Geschichte hörte. Seit diesem Tag mied ich die Uhr. Ich war sicher, der Teufel hatte dort sein Zelt aufgeschlagen.

Es war im Herbst 1942. Für die große Tante Grete (groß deshalb, weil ihr Körperumfang und ihre Höhe die Ausmaße der kleinen Tante Grete gewaltig überragten) war es kein gewöhnlicher Herbst.

Ihr Sohn Karl war in den Krieg gezogen und hatte seinen Eltern schon seit Monaten kein Lebenszeichen mehr zukommen lassen. Die große Tante Grete machte sich große Sorgen. Da halfen auch nicht die Erfahrungsberichte der Nachbarinnen, die oft nach monatelangem Schweigen endlich Feldpost von ihren Angehörigen erhalten hatten. Grete und ihr Mann bangten um den einzigen Sohn.

Eines Nachts hatte Grete einen furchtbaren Traum: Sie sah sich im Kugelhagel zwischen explodierenden Häusern auf brennender Straße. Karl hielt sie an der Hand. Das Kind löste sich, trieb in den Kugelhagel, in das Inferno hinein, so sehr die Mutter auch dagegen zog und zerrte. Karl war stärker, ließ seine Mutter los und rannte in den Tod. Grete wachte schweißgebadet auf. Sie schrie: »Karl, unser Kind, ist tot! Unser Kind!« Ihr Mann beruhigte sie, holte ein Glas Wasser aus der Küche und brummte: »Grete, es ist erst vier Uhr und du hast schlecht geträumt.«

Nur langsam war die Mutter zu besänftigen. Als am Morgen die Sonne durch die Fensterläden schien und der Tag sich von seiner freundlichsten Seite zeigte, verblaßten auch bei Grete die Gespenster der Nacht. Doch es blieb eine Unruhe in ihr.

Sie zog verwundert die Standuhr auf, die kurz nach vier Uhr in der Nacht stehengeblieben war. »Die hat wohl auch 'ne Macke weg«, meinte sie zu Karl, dem Vater. Die Uhr wurde seit Jahren regelmäßig am Sonntag früh aufgezogen und lief dann die Woche über auf die Minute. Karl war sehr stolz auf seine Uhr, war es doch das einzige Erbstück, das er mit in die Ehe gebracht hatte.

Am nächsten Tag war die Uhr wieder kurz nach vier stehengeblieben. Nun ging es Karl an die Ehre. Seine Uhr! Der Inbegriff von Pünktlichkeit und Präzision! Er reinigte das Werk, überprüfte die Perpentikel und baute alles wieder zusammen. Das Erbstück lief wieder. Gott sei Dank! Zwischendurch mußte Onkel Karl

immer wieder seine Frau aufbauen, die ja die geträumte Gewißheit hatte: Der Sohn ist tot, er ist gefallen.
Die Tage vergingen bleiern und unheilvoll, denn jede Nacht kurz nach vier blieben die Zeiger der Uhr wieder stehen. Nach einer Woche kam eine kurze Nachricht: »Ihr Sohn ist in der Nacht zum Dienstag in den frühen Morgenstunden für das Vaterland gefallen!« Zum Zeitpunkt des Traumes, zum Zeitpunkt, als die Uhr stehengeblieben war!
Die Standuhr blieb jede Nacht um die Todesstunde des Sohnes stehen. Kein Uhrmacher konnte je etwas daran ändern.
Vor etlichen Jahren starb Grete. Nachts. Schlafend, ganz sanft siedelte sie zu ihrem Sohn über.
Mein Onkel, der zu seiner Schwester zog, vermachte mir »seine Uhr«. »Damit du immer an deine ›Sieben-Geißlein-Zeit‹ und an deine große Tante Grete denkst«, sagte er damals.
Das Kunstwerk aus Eiche und Messing steht nun schon seit über zehn Jahren bei mir. Zuerst in Berlin, jetzt in München. Die Uhr hat fünf Umzüge unbeschadet überstanden. Sie ist ein Muster an Pünktlichkeit und ich muß sie nur einmal in der Woche aufziehen...

Ernst H. Meckelburg

Alles fließt

Was ist Wirklichkeit?
Ist sie die Summe all unserer Wacherlebnisse, die Welt der Träume oder ein Zustand irgendwo zwischen diesen vermeintlichen Extremen? Bezeichnen wir die Aktivitäten und Ausflüsse unserer Psyche nur deshalb als nicht real, weil diese sich der Registrierung, des physikalischen Zugriffs, entziehen? Oder ist die von uns im Wachzustand materiell empfundene Realität gar Teil eines gewaltigen, für uns unfaßbaren Traumgeschehens, das über den körperlichen Tod hinaus währt?
Wenn sich während des Schlafes etwas von unserem grobstofflichen Körper zu lösen, sich zu verselbständigen scheint, geraten unsere anerzogenen Realitätsvorstellungen arg ins Wanken. Welche der sich uns auf unterschiedliche Weise darbietenden Realitäten sollen wir dann als verbindlich ansehen? Etwa unsere materielle, die wir von »astral«-erhabener Position aus unter uns ruhend liegen sehen, nur weil sie im Wachzustand zum Anfassen ist oder dieses federleichte Etwas, in dem sich unser Bewußtsein gerade aufhält, das mühelos schwebend im Raum zu manövrieren und sogar Wände zu durchdringen vermag? Muß überhaupt etwas fünf»sinnlich« erfaßbar sein, um als real zu gelten? Mehr noch: Gibt es überhaupt Realitäts-Prioritäten oder erleben wir nicht eher einen Realitäten-Mix?
Es muß im Sommer 1972 gewesen sein. Wieder einmal

hatten wir in Torbole, am Nordufer des Gardasees, Quartier bezogen. Zur Ferienlektüre gehörten eine Anzahl Bücher, für die zu Hause keine Zeit verblieben war. Eines von ihnen, Robert Monroes *»Der Mann mit den zwei Leben«* faszinierte mich, spielte es doch in einem Milieu, das meinen grenzwissenschaftlichen Hypothesen recht nahe kam. Dennoch war Skepsis geboten. Möglicherweise beruhten seine »Reisen im Zweiten Körper«, seine außerkörperlichen Erfahrungen, auf Einbildung. Vielleicht litt er an Halluzinationen, war er Opfer einer gespaltenen Persönlichkeit. Was mich mit seinen Ausführungen versöhnte und schließlich überzeugte, war die nüchterne Art, mit der er – ein Kommunikationsfachmann – seine Exkursionen im feinstofflichen Zustand protokollierte, die Akribie, mit der er sich selbst in Details erging.
Fazit: Seine Beschreibungen übten einen merkwürdigen Einfluß auf mich aus. Italiens sommerliche Hitze, unter der ich bis dahin nie zu leiden hatte, erschien mir mit einem Mal unerträglich. Nachts raubte sie mir den Schlaf, tagsüber traute ich mich wegen Gleichgewichtsstörungen nicht mehr ins Wasser.
Abendliche Spaziergänge wurden zum Alptraum. Ich mußte sie häufig abbrechen, weil selbst bei noch so geringen Steigungen mein Herz wild zu klopfen begann. Ich glaubte schon, mir einen zünftigen Myokardschaden zugezogen zu haben, mußte mir aber von einem Arzt sagen lassen, daß ich lediglich unter einer vorübergehenden, klimatisch bedingten Schwäche leide. Die von ihm verordneten pflanzlichen Beruhigungsmittel zeigten nicht die geringste Wirkung. Mein Schwächezustand, das beängstigende Gefühl des Weggetretenseins, hielt auch während der noch verbleibenden Zeit meines Aufenthalts an.

Wieder zu Hause, verließen mich meine Kräfte. Der eilends herbeigerufene Arzt konnte keine organischen Störungen feststellen, und kam zu dem gleichen Untersuchungsergebnis wie sein italienischer Kollege. Homöopathische Sedativa und Bettruhe waren so ziemlich das einzige, was er mir verordnete; wenig beruhigend für mich. Doch dann bahnte sich eine Krise an.

Meine Krankheit schien eine entscheidende Phase erreicht zu haben. Ich wurde mit einem Phänomen konfrontiert, für das ich zunächst keine Erklärung hatte: dem Austritt meines feinstofflichen Körpers (Astralleibes) während einer Wach-/Schlafphase, die von Medizinern als »hypnagoger Zustand« bezeichnet wird. Das Gefühl, seitlich aus dem materiellen Körper herauszukippen und den Gesetzen der Schwerkraft trotzend – bei vollem Bewußtsein – im Zimmer zu schweben, war geradezu überwältigend.

Monroes Protokolle kamen mir in den Sinn. Waren sie vielleicht die Ursache meiner neuen Erfahrung? Hatten sie in meinem Bewußtsein möglicherweise Resonanzen ausgelöst, die diesen ersten »Austritt« bewirkten? Dieses Erlebnis veranschaulichte mir die Mehrstofflichkeit des menschlichen Körpers, die Existenz von zumindest einer weiteren Realität.

Es sollte nicht bei dieser ersten außerkörperlichen Erfahrung bleiben. Wochenlang vermochte ich beinahe Nacht für Nacht meinen Körper auf diese Weise zu verlassen. Der Ablauf der Ereignisse war dabei fast jedesmal der gleiche. Zunächst bemerkte ich in jenem hypnagogen Dämmerzustand einen winzigen, intensiven Lichtpunkt in der rechten oberen Ecke meines imaginären »Blickfeldes«. Konzentrierte ich mich auf diesen Bezugspunkt, verspürte ich nach wenigen Augenblicken ein wohliges Prickeln, das nach und nach mei-

nen ganzen Körper erfaßte. Die keinesfalls subjektiven Gefühlsschauer pulsierten vom Nabel zum Kopf sowie zu den Füßen und umgekehrt. Irgendwie schienen sich diese Wallungen in ihrer Intensität allmählich »hochzuschaukeln«, bis plötzlich meine Trommelfelle zu »flattern« begannen. Hin und wieder stellten sich zu diesem Zeitpunkt kurzzeitige Geräusch-»Halluzinationen« ein. Ich vernahm Wortfetzen, Töne und Nebengeräusche, durch Hall-Effekte seltsam verzerrt.
Damit schienen die »Vorbereitungen« für meinen Austritt abgeschlossen zu sein. Von einem Augenblick zum anderen kippte die rechte Seite meines Feinstoffkörpers über die Bettkante nach unten. Sofort balancierte die linke Seite die ungleiche Lage aus und ICH schwebte wenige Zentimeter frei über dem Boden, das »astrale« Double meiner Füße stets nach vorn gerichtet. Ich konnte mich nunmehr frei schwebend im Zimmer bewegen und gelegentlich auch Wände und Türen durchdringen. Ein erhabenes Gefühl der Leichtigkeit überkam mich.
Bei allen diesen Kurzstrecken-Exkursionen innerhalb der eigenen Räume hatte ich eigentlich nie Angst, weil mir stets bewußt war, auf Wunsch gedankenschnell in meinen materiellen Körper zurückkehren zu können.
Immer wenn ich nach den Austritten *zu mir* (!) kam, bei Erreichen des Wachzustandes, hatte ich eine erhöhte Pulsfrequenz, ein Phänomen, das mir aufgrund meiner positiven Erfahrungen keine Sorgen bereitete. Ein gesunder Mensch vermag den Austritts-»Schock« offenbar ohne Gefahr zu überwinden.
Jeder, der solche Austritte wochenlang Nacht für Nacht intensiv erlebte, wird mir beipflichten, daß diese letzten Endes als ziemlich unangenehm empfunden werden, zumal man sich tagsüber meist zerschlagen fühlt.

Das Stadium der unfreiwilligen Austritte dauerte bei mir fast einen Monat; dann ebbten diese rasch ab. Erst viel später – ich war bereits völlig genesen – bemerkte ich, daß ich dieses Phänomen gelegentlich auch künstlich, völlig bewußt hervorbringen konnte. Ich brauchte mich im entspannten Zustand nur auf einen gedachten Lichtpunkt zu konzentrieren, um den gewohnten Effekt einzuleiten.

Skeptiker behaupten häufig, außerkörperliche Erfahrungen wären nichts weiter als Wachträume. Wer aber, wie ich, dieses Phänomen und alle seine Begleitumstände längere Zeit selbst erfahren durfte, wird anderer Meinung sein. Erst unlängst war mein Verlangen nach einer Exteriorisation so groß, daß ich eine solche sogar träumte. Beim Aufwachen wußte ich sofort, daß ich bloß einen »Pseudo-Austritt« erlebt hatte.

Echte außerkörperliche Zustände empfindet man viel klarer, viel bewußter. »Insider« bezeichnen sie als geradezu plastisch-real. Dagegen sind Träume an ihrem meist diffusen, irrealen Ablauf zu erkennen.

Es hat den Anschein, als ob Träume wirre »Projektionen« aus anderen Existenzbereichen unseres vieldimensionalen Bewußtseins sind, Szenen aus einem Kaleidoskop mit unendlich vielen Möglichkeiten, die wegen ihres bizarren Inhalts in unserem jetzigen Leben kaum eine Realisierungschance haben. Hinzu kommt: Träume erfahren wir passiv, wie in einem Kinofilm. Außerkörperliche Erfahrungen sind mehr als das. Sie signalisieren – losgelöst vom materiellen Körper – echte, selbständige Aktivitäten unseres Bewußtseins und könnten ein wichtiges Indiz dafür sein, daß wir mit unserem ureigenen ICH den körperlichen Tod überwinden. Denn: Alles im Leben ist Wandlung, Übergang, Transzendenz. Heraklit scheint es gewußt zu haben: Panta rhei – alles fließt!

Auch der Zufall ist nicht unergründlich, er hat seine Regelmäßigkeit.
Novalis

Gustl Müller-Dechent

Christas Mappe

Seit sechs Jahren kannte ich Christa. Seit sie zu uns in die Zeitung kam. Immer, wenn ich noch spät abends in der Redaktion war, brachte sie mir die Nachrichten aus dem Funkraum, in dem sie tätig war, obwohl dies an die hundert Meter den langen Gang hin und hundert zurück waren. Vorbei an den Türen zu den Büros der Redakteure der Wirtschaft, des Sports, der Kultur, des Lokalen und des Archivs, wo überall zu dieser Zeit, nach Redaktionsschluß, die Lichter erloschen waren. Nur zwei Sekunden lang wäre der Weg der Nachricht aus dem Funkraum per Rohrpost zu mir gewesen, doch Christa hatte ihren guten Grund, sie selbst zu mir zu bringen. Weil sie über die eine oder andere Nachricht, die von einer der Agenturen aus aller Welt über den Ticker kamen, mit mir sprechen wollte –, mit einem Menschen, der, wie sie sagte, verstehen würde.
Oft diskutierten wir bei einer Tasse Kaffee oder einem Glas Wein bis weit nach Mitternacht. Und zwar meist, wenn Christa eine Nachricht empfangen hatte, die ihr mysteriös oder unglaubhaft erschien und die aus Gründen der Zeit oder der Technik nicht mehr auf ihren Wahrheitsgehalt zu prüfen war

und deshalb auch keine Chance hatte, gedruckt zu werden.
Christa hatte Arthur Koestler gelesen und war von dessen Buch »Wurzeln des Zufalls« beeindruckt. Ebenso von Peter Andreas und Caspar Kilian, die in ihrem Buch »Die phantastische Wissenschaft« der Parapsychologie den Beweis für das Unglaubliche attestierten. Das Däniken-Buch »Erscheinungen – Phänomene, die die Welt erregten«, müsse doch, so sagte sie, die Wissenschaftler in aller Welt bewegen. Christa bemühte sich, auch Pierre Teilhard de Chardin zu lesen und zu begreifen. Sie glaubte, daß er ihr, so in dem Buch »Der Mensch im Kosmos«, Einblick in das »wirkliche« oder das »andere« Leben geben könnte. Doch sie gestand ein, daß es ihr schwerfiele, den großen religiösen Denker immer zu verstehen, seinen Gedanken zu folgen.
Einmal kam sie mit einem Buch zu mir, in dem sie einige Zeilen unterstrichen hatte. Der Oxforder Philosophieprofessor H. H. Price behauptet darin, daß die »Parapsychologie das bedeutendste Forschungsgebiet sei, das der menschliche Geist jemals in Angriff genommen hat«, daß sie eines Tages wahrscheinlich ein »gänzlich neues Schlaglicht auf das Wesen der menschlichen Persönlichkeit und auf ihre Stellung im Universum werfen wird; und daß sie mit der Zeit die gesamte intellektuelle Weltanschauung, auf der unsere gegenwärtige Zivilisation beruht, verändern könnte«.
Christa, die Religionswissenschaft studiert hatte und allein lebte, wollte von mir hören, ob ich etwa die Ansicht von Peter Andreas und Caspar Kilian teile, daß der Mensch äußerlich eine manipulierbare, kybernetisch organisierte Struktur von Zellen und Nerven sei. Da man ihn trotzdem nicht wirklich »nachbauen« könne und da er als biologischer Roboter auch keine außer-

sinnlichen Kräfte haben dürfte, müsse noch etwas anderes in ihm stecken...
Christa war stets auf der Suche nach diesem »Anderen« im Menschen. Sie sammelte dies »Andere«, sie sammelte ungewöhnliche Schicksale, unglaubliche Begebenheiten. Oft wurde in ihrer Mappe eine Nachricht mysteriös oder unglaublich.
So schilderte sie mir den Fall eines Studenten, und zwar mit Namen, Daten und Ortsangaben, die der Nachprüfung standhalten können.
Der Student wohnte fünf Kilometer außerhalb der Universitätsstadt und fuhr jeden Tag mit dem Fahrrad zur Uni. Eines Morgens, im Herbst, kam ihm in einer Kurve ein Auto entgegen, das über die Fahrbahnmitte hinausgeraten war. Der Junge wurde schwer verletzt und monatelang in einer Klinik behandelt. Nach einem halben Jahr konnte er sein Studium wiederaufnehmen und fuhr mit dem Fahrrad wieder den gleichen Weg zur Uni. Genau zwei Jahre nach dem Unfall, am gleichen Tag, zur gleichen Zeit, an derselben Stelle, kam ihm das gleiche Auto in der Kurve entgegen und überfuhr ihn tödlich. Vor zwei Jahren war der Ehemann am Lenkrad des Wagens, diesmal seine Frau.
Christa: »War das Schicksal oder was sonst?«
Vielleicht, so wandte ich ein, hatte die Frau den Jungen wieder erkannt, war erschrocken und reagierte falsch? Christa hatte noch mehr solcher Meldungen zum Gegenbeweis parat. Als sie meine Frau und mich einmal vor Weihnachten zu sich in ihre Wohnung eingeladen hatte, sahen wir bei ihr Hunderte von Büchern der Esoterik und des Glaubens an Überirdisches. Einen Spruch hatte sie mit großen, verschnörkelten Buchstaben geschrieben und neben dem Spiegel in der Diele hängen. Er war von dem Münchner Philosophen Arnold Metz-

ger, und zwar aus dessen Monographie »Freiheit und Tod«: »Der Mensch hat ein Wissen seiner eigenen Existenz, und in ihm übersteigt er den Augenblick, in dem er über die Welt hinausgeht. Das freie Wesen bricht die Macht des Sterbens.«

Von diesem Besuch bei Christa gingen wir nachdenklich nach Hause. Sie hatte uns wahllos aus ihren Sammelmappen Beispiele herausgegriffen und vorgelesen. Da war die Frau in einem kleinen Ort im Fränkischen, die ein paar Tage nicht aus dem Haus gegangen war, weil sie sich nicht wohl fühlte. Die Frau war 86 Jahre alt. Die Bäckerin fragte den Gemeindeschreiber, der bei ihr Brötchen holte, nach der Frau, doch der lachte nur: »Wenn sie gestorben wäre, wüßten wir es.« Daraus wurde im Dorf ein Gerücht: Sie sei gestorben, habe der Gemeindeschreiber gesagt! Die Frau verließ nach ein paar Tagen ihr kleines Haus, ging einkaufen. Die Kolonialwarenhändlerin staunte: »Sie leben ja noch?!« Der Metzger spaßte: »Na, von den Toten wieder auferstanden?« Die Gemüsehändlerin: »Ich glaub', ich seh' einen Geist?!« Die Frau ging nach Hause, legte sich ins Bett und starb am gleichen Tag.

Christa meinte, Gedanken seien Zaubermeister, sie könnten viel bewirken. In einigen Jahren, wenn sich die Wissenschaft einmal ernsthaft mit dem »Unglaublichen« beschäftige, werde man wohl mehr vom Leben, von den Schicksalsbahnen, von Zeit und Raum wissen. Jetzt könne man sich nur damit abfinden, was auf dem Grabstein auf einem Friedhof in einer süddeutschen Kleinstadt steht: »Jetzt weiß ich mehr als die Klügsten unter Euch.«

Christa wollte mich überzeugen und verhakte sich dabei immer wieder in Fragen der Psychometrie, die sie besonders interessierten. Wobei sie auf die Schriften des englischen Geologen und Paläontologen Professor William Danton hinwies, der in seiner eigenen Schwester Anne ein hochbegabtes Medium zur Hand bekam. Die Objekte waren Gesteinsproben, Fossilien, kleine Gegenstände aus den Königsgräbern von Theben, vom Ölberg bei Jerusalem, Fundstücke aus dem alten Rom, Marmor vom Libanon, Knochenreste. Sie waren in einer Kiste verstaut, wurden »blind« herausgenommen und in die Hand des Mediums gelegt. Wie in einem Panorama seien Bilder und Szenen an Anne vorübergezogen, so klar, daß sie alles deutlich sehen und beschreiben konnte – wie Bilder der Gegenwart. Anne berichtete aus jüngstvergangenen Reichen, vom Bau der Pyramiden, von der Errichtung und vom Untergang großer Kulturen, von Katastrophen, die in urdenklicher Zeit stattfanden und die Erde veränderten...

Es können Visionen einer ausschweifenden Phantasie sein, wandte ich ein. Doch Christa hatte wieder »Material« zur Hand, mit dem sie für das Unglaubliche plädieren will. Sie holte wieder eine Nachricht aus ihrer Mappe. Darin war von einer Geburtstagsfeier in Überlingen am Bodensee die Rede.

Ein Mädchen wurde 14 Jahre alt. Die Geburtstagsgesellschaft wartete noch auf einen Schulkameraden. Als man sich ohne ihn an den Tisch setzen und die 14 Kerzen auf der Torte anzünden wollte, sagte die Großmutter, sie wisse, wo der Junge sei: im Dachboden des Elternhauses, vier Häuser weiter in der Straße. »Wenn ihr dorthin geht, holt gleich einen Krankenwagen!« Man fand den Jungen und konnte ihn in letzter Minute vor dem Tod durch Erhängen retten. Der Junge, der sehr strenge Eltern hatte, sollte Ostern nicht versetzt werden und wollte sich das Leben nehmen.

Die Überlinger Großmutter hatte es Christa angetan.

Diese war für sie ein Beispiel dafür, wie man auf dem Wege der Konzentration seine eigenen inneren Quellen und Kräfte wecken und »hellsehen« könne. Es ist notwendig, so sagte sie, seinen Körper und seine Gedanken zur Ruhe zu bringen und so die Basis zu schaffen, daß von außerhalb Geistiges in einen dringt und sich offenbart. Im Urlaub verbrachte Christa einige Tage am Bodensee, um mehr über die Großmutter zu erfahren. So konnte sie wieder einige Blätter in ihre Mappe des Unglaublichen heften.
Als ich in der Redaktion Geburtstag feierte und die Kolleginnen und Kollegen zum Umtrunk einlud, kamen einige mit Blumen, einige mit Geschenken, meist mit Büchern. Christa brachte mir einen selbstgeschriebenen, gerahmten Spruch von Salvador E. Luria, Professor für Biologie am Massachusetts Institute of Technology in Cambridge:

> *»Vielleicht hat die menschliche Evolution dem Gehirn des Menschen ein unauslöschliches Programm eingeprägt, das ihm die tiefsten Quellen des Optimismus erschließt – die Kunst, die Freude und die Hoffnung, das Vertrauen auf die Fähigkeiten des Geistes, die Anteilnahme an seinen Mitmenschen und den Stolz darauf, daß er an dem einzigartigen Abenteuer teilhat, ein Mensch zu sein.«*

Obwohl ich Christa bei ihren Gedankengängen und Darlegungen oft nicht zustimmen konnte und sich bei mir Zweifel regten, zündete sie in mir die Neugierde nach dem, was heute unglaublich erscheint. Sie weckte auch die Erinnerung vieler Jahre meines Lebens – Erinnerungen an dramatische Stunden und Tage, bei denen es um Tod und Leben ging. Was damals von mir mit den

Worten »Glück gehabt« abgetan wurde, erschien nun in einem anderen Licht, so als ob die Optik einer Kamera die schicksalhaften Szenen aus der Vergangenheit holen würde. So den Munitionszug, der im Krieg in die Luft gesprengt wurde. Mit einem Kameraden hatte ich die Wahl gehabt, in den Wagen nach der Lokomotive oder in den letzten Wagen des Zuges einzusteigen. Wir hatten uns für den letzten Wagen entschieden. Es war der einzige Wagen des Zuges, der nicht zerfetzt wurde, lediglich von der Wucht der Detonation aus den Gleisen geworfen. Glückliche Fügung, Schutzengel oder »nur« ganz einfach »Glück«?
Oder zwei Jahre später, in einem Militär-Lazarett in der Nähe von Wien. Die Ärzte hatten mich wohl aufgegeben. Es ist mir ein Rätsel, wie ich bei hohem Fieber und in Bewußtlosigkeit überhaupt wahrnehmen konnte, daß man die Tafel vom Kopfende meines Bettes nahm, was das Ende bedeuten mußte. Dann, nach einer Stunde, während Bombenalarm alle, die noch gehen konnten, in den Luftschutzraum gejagt hatte, während die anderen völlig hilflos oben im Schulsaal blieben, kam ein Sanitäter an mein Bett und ich hörte ihn wie aus weiter Ferne sagen: »Der lebt noch...« Dabei war ich schon in einem wunderbaren, samtenen Nebel, durch den leise Melodien klangen, schwebend, schwerelos, leicht...

*

Wenn Christa diese Zeilen liest, wird sie lächeln. Weil sie nun weiß, was mich bewegt, interessiert und was so manche Erinnerung bei mir auslöst, über die ich mir nun ganz eigene Gedanken mache. Gedanken über das Unglaubliche und über die Wissenschaft davon, die noch in den Anfängen steckt. Aber wo ist Anfang, wo Ende? Immer wird vieles unglaublich sein. Mögen noch so viele Jahrtausende vergehen, die nur Sekunden in der Welt-Zeit sind. Pierre Teilhard de Chardin hat zur Wahrnehmung der Raum-Zeit geschrieben:

> *»... unglaublich scheint es, daß Menschen leben konnten, ohne zu ahnen, daß die Sterne sich in Entfernungen von Hunderten von Lichtjahren über uns drehen, noch daß die Umrisse des Lebens sich bereits Jahrmillionen vor unserer Zeit abzeichnen, an den Grenzen unseres Horizonts.«*

Was wird in zwanzig, in hundert, in tausend Jahren noch unglaublich scheinen? Was werden die Menschen auch dann noch nicht ahnen?
Für Christa, die nun bei Gleichgesinnten auf einer kleinen griechischen Insel lebt, mag dies ein schwacher Trost sein.

Winfried S. Noé

Beate oder Die Traumfrau

Wann immer ich sagte: »Ich bin verliebt«, grinsten mich meine Freunde an oder lachten mich aus, je nach Temperament und Gemütsverfassung. Einige fragten auch, ob ich nicht etwas Neues zu berichten hätte aus meinem Leben. Diese Story würden sie schon kennen. Und wieder andere, die es ganz gut mit mir meinten und sich ernsthaft Sorgen um mich machten, rieten mir, doch einen Psychiater aufzusuchen, weil doch irgend etwas mit mir nicht stimmen könne, solange ich mich fast täglich neu verliebte und immer glaubte, die Frau fürs Leben gefunden zu haben. Aber ich hatte für dieses Phänomen eine ganz einfache Erklärung. Ich war ungern allein und wann immer ich eine blonde Frau mit langen, schlanken Beinen und schmalen Fesseln und Händen traf, verliebte ich mich sofort in sie, lud sie dann auch gerne zu mir ein und fühlte mich dabei viele Jahre lang sehr wohl.

Doch dann, als Saturn, Symbol für Ernsthaftigkeit, Ausdauer, Zurückgezogenheit und Treue, an einen kritischen Punkt in meinem Horoskop trat, fühlte ich mich mitten in München, einer Stadt, in der man meinen Frauentypus ohne besondere Anstrengung mehrmals am Tag auf der Straße traf, sehr allein. Mir wurde klar, daß ich niemanden wirklich an mich herangelassen hatte, niemandem zeigen wollte, was ich wirklich fühle und denke, wer und wie ich bin. Und zum Jahreswech-

sel entschloß ich mich kurzerhand, das neue Jahr erst einmal mit einer Fastenkur zu beginnen, nicht, weil ich etwa übergewichtig bin (ich wog damals 69 kg bei einer Körpergröße von 1,88 m), sondern um zu entschlacken, meinen Körper und gleichzeitig auch meine Seele zu reinigen. Dazu ging ich drei Wochen lang in eine Fastenklinik am Wörthersee und machte mir in dieser Zeit vor allen Dingen Gedanken über das, was Partnerschaft wirklich ist. Ich erkannte mit leerem Magen in totaler Einsamkeit auf einem kleinen Zimmer, daß Partnerschaft lebt aus einem ihr eigenen Rhythmus heraus, der besteht aus einem ständigen Geben und Nehmen, Zerstören und Wiederaufbauen, daß das die Partner zusammenhaltende Band bestehen muß aus Affinität bzw. Zuneigung füreinander, einer gemeinsamen Realität, d. h. sie müssen in der gleichen Welt leben, gemeinsame Interessen verfolgen, die nicht unbedingt deckungsgleich sein müssen, sich aber doch ergänzen sollten, und schließlich der Möglichkeit, miteinander kommunizieren zu können, die gleiche Sprache zu sprechen. Und dann kam die erschütternde Erkenntnis, daß es eine Partnerschaft in diesem Sinne noch nie gegeben hat in meinem Leben.
Vom Fasten wieder nach Hause zurückgekehrt, empfing ich nur noch meine Klienten zu Beratungen, sah ansonsten keinen Menschen und ging auch nicht aus, weil ich wußte, daß man ein Ziel ganz sicher nur erreicht, wenn man zunächst einmal genau das Gegenteil tut von dem, was man wirklich will. Um einen Stein möglichst weit zu werfen, würde ja auch niemand auf den Gedanken kommen, den Arm nach vorne in Richtung auf das Ziel auszustrecken. Er holt bewußt nach hinten aus und erhält so die Kraft und den Schwung, den er braucht, um den Stein viele Meter weit schleu-

dern zu können. Ich wollte nicht länger allein sein. Folglich zog ich mich in die Einsamkeit zurück, weil ich nur so den richtigen Partner finden konnte, wenn die oben beschriebene Gesetzmäßigkeit, die ich immer wieder im Leben bestätigt fand, stimmen sollte. – Wann immer mich in diesen Monaten Freunde anriefen und fragten, was ich so mache, sagte ich ganz wahrheitsgemäß: »Ich arbeite von morgens bis abends und verwende die wenige freie Zeit darauf, die ideale Partnerin für mich zu finden.« Und wenn besonders Neugierige wissen wollten, wie ich auf Partnersuche ging, sagte ich: »Ich warte, bis sie irgendwann einmal in meiner Türe steht.« Reaktion am anderen Ende der Leitung: »Du spinnst.«

Aber das ließ mich kalt, weil ich genau wußte, daß nur der von mir eingeschlagene Weg mich zum Ziel führen konnte.

Irgendwann im März versetzte mich dann eine zu hoch dosierte Eiweißspritze für drei Tage in den Zustand totaler Bewußtlosigkeit mit Fieberschüben bis zu 41,7° C. Die Ärzte auf der Intensivstation im Schwabinger Krankenhaus räumten mir gegenüber meinen Eltern nur noch geringe Überlebenschancen ein. Ich brauchte dann auch, nachdem das Fieber überwunden war, gut drei Wochen, um wieder auf die Beine zu kommen, verbrachte die Tage halb schlafend, halb wachend im Bett und sah an meinem Bettrand immer wieder eine Frau sitzen, die mir mit ihren zarten Händen über meine Stirn strich und sagte: »Es wird alles wieder gut. Du wirst wieder gesund.«

Manchmal war dieses Erlebnis so intensiv, daß ich glaubte, sie konkret riechen und anfassen zu können. In meiner Wohnung weilte aber zu jener Zeit außer mir nur mein Vater, der mich rührend mit allem versorgte, was ich brauchte, um wieder auf die Beine zu kommen. Und in dem Maße, wie es mir dann besser ging, wuchs auch mein Interesse an dieser »Traumfrau«. Wer war sie? Kannte ich sie vielleicht? Natürlich war sie blond. Unter einem weißen T-Shirt und hautengen rosa Hosen konnte man eine gutgewachsene Figur mit langen schlanken Beinen vermuten. Aber ihr Gesicht kannte ich nicht, war mir völlig neu. Sommersprossen hatte es nämlich noch nie gegeben in meiner bewegten Vergangenheit. Und das Lächeln war sympathisch, aber zunächst noch unbekannt, wurde allerdings vertrauter in dem Maße, wie ich dieses Bild immer häufiger bewußt abrief. – Das Frühjahr neigte sich seinem Ende zu, die Arbeit an einem astrologischen Kalender ging gut voran, zwei Vorträge, die ich in Köln und Bodenmais hielt, waren ein großer Erfolg. Für die »Traumfrau« blieb immer weniger und schließlich gar keine Zeit mehr. Ich ging nach wie vor nicht aus, sah nur wenige gute alte Freunde, darunter auch einen früheren Flirt namens Claudia, eine Dame, die sich einer recht komplizierten Gelenkoperation unterziehen mußte und nun zu Hause in ihrer Wohnung von einer guten Freundin gewaschen und bekocht wurde. Und genau diese Freundin sollte ich auf Wunsch Claudias unbedingt kennenlernen. Ich war aber an neuen Bekanntschaften in meinem Leben überhaupt nicht interessiert, ließ kurzfristig eine gemeinsame Verabredung zu dritt zum Mittagessen platzen, besuchte aber Claudia abends in ihrer kleinen Wohnung, wenn ich wußte, daß sie allein sein würde, und dachte mir an einem strahlenden Pfingstsonntagmorgen, es würde sie sicher freuen, wenn ich sie am Abend für ein paar Stunden aus ihren vier Wänden rausholen und auf meinen Balkon setzen würde. Ich rief also kurz entschlossen an und fragte Claudia, ob ich sie abholen

dürfe, und hörte zu meinem Schrecken, daß sie nicht allein war, aber mit ihrer Freundin Beate, die ich ja ohnehin schon längst hätte kennenlernen sollen, meine Einladung gerne annähme. »Auf was hast du dich da bloß eingelassen«, dachte ich, wußte aber zugleich, daß ich nicht wieder einen Rückzieher machen konnte, wie beim Mittagessen wenige Tage zuvor.
Am Abend klingelte es dann an meiner Türe. Die geschiente und bandagierte Claudia trat ein. Ich begrüßte sie mit einem Kuß auf die rechte Wange. Dann erst fiel mein Blick auf ihre Freundin Beate. Als unsere Augen sich trafen, wurden meine Knie weich, der Flur begann sich um mich zu drehen. Meine »Traumfrau« stand da leibhaftig vor mir im weißen T-Shirt und einer hautengen rosa Leinenhose. Die mir wohlbekannten Sommersprossen, die kurzen festen blonden Haare, alles konkret zum Greifen nahe und doch viel weiter entfernt, als ich sie unzählige Male zuvor im Traum gesehen hatte. Ich rang nach Luft, die Räume in meiner Wohnung waren mit einem Mal viel zu eng, ich mußte auf den Balkon, wo ich gut 15 Minuten allein sitzen blieb, während sich die Damen vor den laufenden Fernseher setzten. Als ich mich dann wieder beruhigt hatte, bat ich beide, den lauwarmen Frühsommerabend mit mir auf dem Balkon zu genießen. Ich redete viel dummes Zeug, dachte nur darüber nach, wann und wie ich meine »Traumfrau« so schnell wie möglich allein wiedersehen könne. Der Pfingstmontag war für uns beide schon verplant. Sie wollte eine Fahrradtour machen mit irgendeinem Freier (vielleicht war es auch ihr fester Freund, aber diesen Gedanken ließ ich nicht weiter auf mich wirken). Ich erwartete bereits am Morgen einen Freund aus Bonn, mit dem ich dann am Abend mit einigen anderen Freunden am Starnberger See essen

gehen wollte. – Die Nacht von Pfingstsonntag auf -montag war die Hölle. Bilder der Erinnerung an die Stunden auf dem Balkon vermischten sich mit denen aus den Träumen. An Schlaf war überhaupt nicht zu denken. Am nächsten Morgen stand ich um sechs Uhr auf, schrieb an Beate einige Zeilen, aus denen eindeutig hervorging, was ich für sie empfand, ohne ihr Einblick zu gewähren in das, was darüber hinaus noch in mir vorging. Vielleicht hätte sie mich dann für verrückt erklärt, noch bevor sie mich wirklich kannte. Kurz vor 7 Uhr warf ich dann das Brieflein in ihren Briefkasten, gegen 11 Uhr traf dann mein Freund aus Bonn ein, dem ich mich genausowenig widmen konnte, wie meiner Arbeit. Ich war ja nur noch physisch anwesend. Um 16 Uhr hielt ich es dann nicht mehr aus. Ich griff zum Telefonhörer, wählte ihre Nummer, wollte gleich wieder auflegen, weil sie ja noch nicht von der Fahrradtour zurückgekommen sein konnte. Doch noch bevor ich diesen Gedanken zu Ende gedacht hatte, hörte ich ihre Stimme. »Ich war heute bei Ihnen mit dem Fahrrad, allein, traute mich dann aber doch nicht zu klingeln. Das wäre doch zu aufdringlich gewesen.« »Haben Sie schon einmal in Ihren Briefkasten geschaut?« fragte ich zurück. »Nein«, kam die kurze Antwort. »Wenn Sie es tun, werden Sie in Zukunft hoffentlich keine Hemmungen mehr haben, bei mir zu klingeln. Da drinnen liegt nämlich ein Brief, den ich heute morgen eingeworfen habe.« Beate begleitete meine Freunde und mich zum Abendessen an den Starnberger See. Ein plötzlich aufziehendes Gewitter zwang uns, früher als geplant aufzubrechen. Spätestens auf der Heimfahrt nach München merkte ich dann, daß die von mir in Dellach beim Fasten entwickelten Voraussetzungen für eine Partnerschaft mit diesem Menschen auf dem Beifahrersitz er-

füllt waren. Wir befanden uns in bezug auf Affinität, Realität und Kommunikationsbedürfnis und -fähigkeit auf einer Wellenlänge.
Nach einer Woche fällten wir dann die Entscheidung, zusammenzuziehen unter ein Dach, weil wir beide wußten, im anderen den Partner fürs Leben gefunden zu haben.
Eine unglaubliche Geschichte? Für den Außenstehenden vielleicht, für mich nicht, denn ich bin allen Unkenrufen zum Trotz von meinen Ideen, daß meine Frau zu mir in die Wohnung kommt, ich also nicht Ausschau halten muß nach ihr, und ein Ziel am schnellsten zu erreichen ist, wenn man genau das Gegenteil von dem tut, was man eigentlich will, keinen Millimeter abgewichen. Und das Geheimnis für Erfolg liegt nun einmal darin, eine Entscheidung zu fällen und diese dann mit Entschiedenheit zu verfolgen.
Werde ich allerdings nach einer Erklärung für den Traum und seine konkrete Verwirklichung gefragt, muß ich passen.

Rainer Nowotnik

Am Totenpfad

Bernkastel-Kues an der Mosel ist ein Ort für fröhliche Menschen. Im Sommer, wenn die vielen Fremden kommen, herrscht Jahrmarktstimmung. Im Herbst zieht Nebel vom Fluß herauf und Melancholie legt sich über das Land.

Ich bin Berliner, war aber jahrelang dort Pächter der »Eisernen Weinkarte«, einem Lokal mit gutem Ruf. Außerdem besaß ich eine Wanderhütte, ganz oben am Waldrand. Dort hatte sich einst ein ganzes Dorf befunden, dessen Bewohner an der Pest starben und dessen Häuser langsam verfielen. Der Pfad hinter dem einsamen Häuschen, auf dem man früher die Särge mit den Verstorbenen zum Friedhof trug, heißt »Totenpfad«. Ältere Einwohner berichten noch heute gern und häufig von einer Erscheinung, die sich nachts dort als »weiße Frau« zeigt, um Unglück für die Umgebung anzukündigen.

Selbst der größte Spötter kann im Gehölz der rechten Seite des Pfades merkwürdige Laute vernehmen, die nach einer Weile in eine Art Summen übergehen, um dann ganz zu verstummen. Ein Phänomen, das auch an sonnenhellen Tagen bisweilen auftritt. An dieser Stelle soll sich bis 1640 der Judenfriedhof befunden haben.

Lästerer haben mir schon unterstellt, ich hätte dort Lautsprecher aufgestellt, um diese Geräusche zu erzeugen. Warum sollte ich so einen Aufwand treiben?

Kurz vor Ostern diskutierten wir im Schankraum wieder einmal das »Für und Wider« solcher Spukgeschichten. Immerhin erklärte uns ein Stuttgarter Psychologe, der unter meinen Gästen war, daß es Leute mit besonderer Wahrnehmungsfähigkeit gebe. Außerdem hätten Orte, an denen sich Schreckliches ereignet habe, eine ganz besondere Ausstrahlungskraft.
Jeder erzählte so seine Erlebnisse aus dem außersinnlichen Lebensbereich. Da kam mir die Idee! Warum sollte ich dem Spuk auf dem Totenpfad nicht ein wenig nachhelfen?
Unbemerkt von den Anwesenden verabredete ich mich mit meinem Freund Jupp. Ich gab ihm ein frisches, zusammengefaltetes Bettlaken und bat ihn, doch als »weiße Frau« dort oben aufzutauchen. Ich würde die Gäste langsam den Pfad hinauf führen.
Jupp schnappte sich das Tuch und verschwand. Langsam griff ich wieder in die Unterhaltung ein und schlug vor, doch einmal eine nächtliche Wanderung hinauf zum alten Friedhof zu machen. Vielleicht würde uns auf dem Totenpfad ein Spuk überraschen. Ein paar Gäste reagierten laut und zustimmend. Vier der Frauen und Männer aber wollten »um nichts in der Welt« so einen nächtlichen Ausflug machen. Sie blieben mit der Serviererin im Lokal.
Aufbruchstimmung. Alles drängte zur Tür. Ich ging voran. So laut die kleine Gesellschaft auch gewesen war, es wurde leiser und leiser, je näher wir dem Totenpfad kamen. Aneinandergedrängt schoben wir uns durch die Dunkelheit. Auf halber Höhe Nebelfetzen, dazu ein halber Mond, der durch die Wolken glänzte. Schon am Tage hat der Pfad durch den dichten Bewuchs an seinen Rändern etwas Unheimliches. In der Nacht sahen wir in jeder Pflanze, jeder Hecke und in

jedem Baum eine furchterregende Gestalt. Inzwischen sprach niemand mehr ein Wort.
Plötzlich! Aus dem Dickicht kamen kaum zu beschreibende, pfeifende, fast wehmütige Töne. Später schien es, als ob jemand weinte. Das Geräusch wurde allmählich leiser und verstummte dann ganz. Wir klammerten uns aneinander. Jeder suchte beim anderen Halt.
Mir kam die Geschichte merkwürdig vor. Ein Klagen und Weinen hatte ich bei Jupp doch gar nicht bestellt. Eher sollte er als bettlakenschwingendes Gespenst auftauchen.
Unter einem Vorwand verließ ich die Gesellschaft, bat aber meine Gäste, bis zu meiner Rückkehr zu warten. Im Gastraum traf ich Jupp.
»Mensch, Junge, wo bleibt denn dein Auftritt!« rief ich ärgerlich.
»Hast du schon mal einen Geist mit einem Hund gesehen?« fragte er zurück. Er erklärte, daß es ihm nicht gelungen sei, seinen Jagdhund abzuschütteln, der ihm gefolgt war. Also brachten wir das Tier in mein Zimmer, damit die »weiße Frau« in Ruhe spuken konnte.
Schnell marschierte ich zur zurückgebliebenen Gesellschaft, die noch immer am Totenpfad auf mich wartete.
»Ich habe nur eben die Steaks vom Grill genommen«, erklärte ich meinen Gästen. »Habt ihr das Gespenst inzwischen gesehen?«
Meine Frage verhallte in der Nacht. Niemand antwortete. Scheinbar war ich der einzige, der die Sache lustig nahm.
Wir stapften den Weg bergauf bis zu einer kleinen Quelle. Da: ein Geräusch!
Es war eher ein Knistern, so, als ob Holz verbrennt. Aber dann doch wieder etwas höher im Ton.
Dann sahen wir einen seltsamen, weißen Fleck, der aus

der Erde zu wachsen schien. Durch den Nebel wirkte die Erscheinung besonders eindrucksvoll, so, als schwebe sie von der Quelle auf uns zu.
Irre, dachte ich, für die Nummer hat Jupp die beste Flasche Mosel verdient.
Unklar war mir nur, mit welchem Trick er das schaffte: der weiße Fleck schien zu flattern, um danach völlig irreal über den Boden zu gleiten. Nahm die »weiße Frau« immer neue Formen an? Oder täuschte der Nebel?
Die Konturen der Erscheinung wurden immer schwächer. Es sah so aus, als würde sie langsam in der Erde versinken. Bevor die weiße Erscheinung ganz unsichtbar wurde, leuchtete sie noch einmal besonders intensiv auf.
»Tolle Leistung, Jupp«, murmelte ich vor mich hin.
Wie von einem Bann gelöst, strömte die Gesellschaft ins Lokal. Laut und ziemlich aufgeregt wurde das Ereignis diskutiert.
Mein Freund Jupp lehnte seelenruhig an der Theke.
»Mensch, du bist aber schnell wieder zurück«, staunte ich.
»Wieso zurück? Ich war überhaupt nicht weg«, klärte er mich auf.
»Als ich nämlich abmarschieren wollte, hatte sich der Hund oben im Zimmer auf die Klinke gestellt und so lange an der Tür gekratzt, bis die Leute hier ihn rausgelassen haben. Da wurde halt nichts mit meinem Auftritt als Geist!«
Ich war total verwirrt und erzählte der ganzen Gesellschaft von meinem Plan, Jupp als »weiße Frau« auftauchen zu lassen. Aber die zurückgebliebenen Gäste und auch die Serviererin schworen eisenhart, daß Jupp das Lokal wegen des Hundes nicht verlassen hatte. Außerdem war das Bettlaken noch sauber und akurat gefaltet.

Die Nacht in der »Eisernen Weinkarte« wurde damals sehr lang. Später erfuhr ich von Einwohnern noch andere seltsame Geschichten über den Totenpfad und die »weiße Frau.«
Vor gar nicht so langer Zeit hat ein junger Jagdpächter die Erscheinung ebenfalls gesehen. Er verlor die Nerven und schoß aus seiner Flinte mehrmals in die Dunkelheit. Am nächsten Tag schwollen ihm aus unerklärlichen Gründen die Beine an. Ein Arzt ordnete seine Überführung in das Bundeswehrkrankenhaus nach Koblenz an. Auf dem Weg dorthin ist er im Sanitätshubschrauber gestorben...

OSKAR

Die Ewige Stadt

Gute Freunde sind oft mühsam aufzutreiben. Manchmal gehen Wochen und Monate ins Land, bis man wieder einmal zusammen sprechen, essen, trinken... leben kann. Termine hier, Verabredungen dort, die schnelle Zeit verlangt nach Koordination.
Ein guter Freund war für mich der Schauspieler und Regisseur Ralph Lothar. Natürlich war er oft unterwegs, aber wenn wir uns dann trafen, war dies besonders schön und heftig.
Es war im Juni 1954. Ralph hatte mit Vico Torriani einen Film in Italien in Aussicht, meine Frau und ich wollten eine Studienfahrt nach Rom machen. Ich packte meine Malsachen ein und fuhr mit meiner Annemie gen Süden. Wir hatten uns für die kommenden Wochen viel vorgenommen. Rom sollte der Abschluß dieser romantischen Reise sein.
Ständig sprachen wir von Ralph und ärgerten uns, daß wir nicht wußten, wo in Italien er denn nun seinen Film machte. Ralph wurde zum unsichtbaren Begleiter – er saß mit uns in den alten Trattorien, wir tranken mit ihm den Wein des Landes, ja, wir sehnten uns Ralph geradezu herbei.
Rom – schon vor mehr als dreißig Jahren voller Autos, Lärm und Gehupe. Ich bin von Berlin her weiß Gott ziemlichen Verkehr gewöhnt, aber die Hektik dieser Stadt zerrte schon ganz schön an den Nerven: kein

Parkplatz, nirgends eine freie Stelle für den VW. Nervös geworden, verjuckelten wir noch einige Liter Benzin, bis: da war ein freier Platz.
Mühsam parkte ich ein und stieß dabei leicht an den vor uns stehenden Wagen an. Wir waren sehr erstaunt, als wir entdeckten, daß dieses Auto ein Berliner Nummernschild trug.
Deutsche waren damals in Italien ziemlich seltene Besucher, und wenn sie mal auftauchten, gehörten sie zu den privilegierten Touristen, die mit großen Bussen kamen und laute Lieder sangen.
Unser so mühsam ergatterter Parkplatz war unweit der Spanischen Treppe gelegen.
Natürlich griff ich zum Skizzenblock, um das Meer an Azaleen festzuhalten, dieses unbeschreiblich schöne römische Panorama. Das Motiv wuchs auf meinem Papier; Zeichnen schafft glückliche Momente.
Ich schaute auf, meine Augen nahmen Maß. Da sah ich Ralph. Wir lachten und fielen uns um den Hals. »Vor ein paar Minuten habe ich noch gedacht, das müßte OSKAR malen«, sagte er.
Er war mit seinem Filmteam in Rapallo und hatte zwei drehfreie Tage zu einem Besuch der italienischen Metropole genutzt. Es war sein Auto, das da vor uns parkte.
Es wurden zwei wunderschöne Tage in der Ewigen Stadt. Der Zufall hatte uns zusammengeführt, nachdem sich lange zuvor schon unsere Gedanken einander genähert hatten. War es wirklich nur der Zufall?

Sandra Paretti

Melanie

Alle waren in der großen Wohnstube versammelt: Die Familie des Verwalters, die Knechte und Mägde, und auch wir, meine Eltern und mein Bruder, die wir die Sommerfrische auf dem Gutshof Tante Melanies verbrachten.
»Wer möchte noch etwas sagen?« Der Verwalter blickte in die Runde. Die Frauen saßen, die Männer standen. Niemand meldete sich zu Wort.
»Hat sonst noch jemand die Frau mit dem Uhukopf gesehen? Oder eine Beobachtung gemacht, die damit zusammenhängen könnte?«
Alle schwiegen.
Mein Bruder wechselte verstohlen einen Blick mit mir. Er war 12, ich war 7. Auch wir hatten Angst vor der Frau mit dem Uhukopf. Noch größer als die Angst war die Neugier, die Faszination.
Mein Bruder hatte sie gesehen, die Frau mit dem Uhukopf. Vorgestern, am hellichten Tag. Er wollte ins Musikzimmer und Klavier üben. Da saß sie am Flügel, in dem grauen hochgeschlossenen Moirékleid, so wie die Haushälterin, der sie zuerst erschienen war, sie beschrieben hatte. Der Kopf war der Kopf eines Uhus.
Mein Bruder schlich leise davon, um mich zu holen. Als wir zurückkamen, war Melanie verschwunden. Auf dem Flügel hatte sie zwei kleine, braungesprenkelte Federn zurückgelassen, die Brustfedern eines Uhus.

»Es ist Melanie«, versicherte mir mein Bruder. »Zuerst bin ich erschrocken, wegen des Uhukopfes. Dann sah ich die Augen, und wußte, es ist Melanie, und hatte keine Angst mehr.«
Wir nahmen die Federn an uns, mit Gruseln und mit Stolz. Schon zu Lebzeiten war Tante Melanie uns wie die Fee aus einem Gruselmärchen erschienen, schön und geheimnisvoll und gefährlich.

Melanies Leben glich einer Skandalgeschichte: Sie hatte viermal geheiratet, hatte vier Männer begraben und vier Vermögen geerbt. Ihr erster Mann starb auf der Hochzeitsreise; der zweite fiel in einem Duell; dem dritten rannte sie mit einem Künstler davon. Nach dem Tod ihres vierten Ehemannes – er besaß Diamantenminen in Südafrika – kehrte sie nach Deutschland zurück und ließ sich auf dem Gutshof am Tegernsee nieder. Sie war damals 50 und besaß immer noch eine geheimnisvolle Anziehungskraft auf Männer. Die Familie schloß Wetten ab, wann sie wieder heiraten würde, aber Tante Melanie ging mit der Zeit und benahm sich wie eine moderne Frau: Sie lebte in wilder Ehe mit einem zehn Jahre jüngeren Mann zusammen, der Privatlehrer war. Er beschäftigte sich ausschließlich mit den Nachtraubvögeln, und stellte im Park des Gutshofs Vogelhäuser auf. Nach seinem Tod – er starb, wie alle ihre Männer – schenkte Melanie die Vögel dem Münchner Zoo; nur einen behielt sie, den »Ubo ubo«, den Uhu. Sie machte aus den verschiedenen Vogelhäusern ein einziges großes Gehege für ihn, und als der Vogel starb, setzte sie ihn dort bei. Melanie selbst starb bald darauf auch. Es geschah eines Morgens, als der Friseur bei ihr war. »Machen Sie das Fenster auf«, bat sie ihn. »Machen Sie das Fenster ganz weit auf!« Im nächsten Moment war sie tot.

Später begannen die Erscheinungen. Der Verwalter glaubte an Wahnvorstellungen der Haushälterin. Auch die Uhufedern, die sie jeweils dort fand, wo Melanie erschienen war, überzeugten ihn nicht. Bis er die Frau mit dem Uhukopf selbst sah.

Der Verwalter war ein nüchterner Mann und wollte dem »Unfug ein Ende machen«. Er wandte sich an die Mönche vom Kloster Tegernsee und sie schickten einen Pater, der eine Geisteraustreibung vornahm.
Das war im vergangenen Sommer. Jetzt war Melanie zurückgekehrt, und ging wieder um auf ihrem Gutshof am Tegernsee. Der Verwalter nahm das Wort: »Wer dafür ist, daß wir den Stöber aus Kreuth kommen lassen, damit er exorziert, soll die Hand heben.«
Die Frauen reagierten zuerst, dann, etwas zögernd die Männer. Zuletzt waren alle Hände oben. Nur mein Vater machte nicht mit. »Ich warne euch«, sagte er. »Ihr wißt, was mit dem Pater passiert ist, der im letzten Sommer hier war, um zu exorzieren. Wer garantiert, daß es dem Stöber nicht genauso ergeht wie dem Pater? Ich bin gegen das Exorzieren.«
Der Verwalter ließ sich nicht beirren. »Stöber kann mehr als exorzieren. Stöber kann verhextes Vieh gesund machen und verseuchtes Wasser reinigen. Stöber kann sogar Hexen austreiben.« Mein Vater blieb bei seiner Warnung, aber die anderen überstimmten ihn, und so holte man Stöber auf den Gutshof.

Stöber kam an einem Freitag. Gegen Abend fuhr er mit seiner einspännigen Kutsche in den Hof. Er war ein hagerer Mann mittleren Alters. Trotz der sommerlichen Wärme trug er einen grauen Lodenumhang.
Die Haushälterin gab ihm die Uhufedern, die sie ge-

sammelt hatte. Der Verwalter führte ihn an die Orte, wo Melanie sich gezeigt hatte.
Nachts ging Stöber ans Werk: Er machte im Park, vor dem alten Gehege des Uhus, ein großes Feuer. Im Morgengrauen verstreute er die Asche dieses Feuers auf alle Türschwellen des Hauses.
Bevor Stöber sich verabschiedete, ließ er uns alle in der Wohnstube zusammenrufen. »Ich habe den Geist ausgetrieben. Ihr könnt ganz ruhig sein. Die Frau mit dem Uhukopf wird sich nicht mehr zeigen.«
Als er gegangen war, sah ich auf dem Tisch seine Handschuhe liegen. Ich nahm sie, und lief auf den Hof. Sein Wagen rollte bereits aufs Tor zu. Stöber saß auf dem Bock. Im Schatten der Kutsche sah ich eine Frauengestalt. Sie trug ein graues, hochgeschlossenes Kleid und sie hatte einen Uhukopf.
Ich wollte rufen, aber mir versagte die Stimme. Ich versteckte die Handschuhe und schlich ins Haus zurück. Ich sagte keinem, was ich gesehen hatte, nur meinem Bruder. Er nickte zufrieden. »Melanie kommt wieder. Du wirst sehen.«
Einen Tag später, am Sonntag, lebte Stöber nicht mehr. Man fand ihn tot in seiner Remise neben der Kutsche. Auf dem Kragen des grauen Lodenmantels lagen zwei braungesprenkelte Uhufedern.

Dorith Pinnau

Barbara

Wir wohnen zu dritt in der Wohnung in Hamburg. Wenn ich meine Katzen Susi, Mikesch und Billy mitzähle, sind wir gar zu sechst. Es ist ein ruhiges und friedliches Haus. Schließlich ist es an Behördenangestellte vermietet. Auch ich war früher bei der Behörde für Inneres. Meine Tochter Annegret ist 18 Jahre alt. Und dann ist da Barbara, sie ist jetzt 33.

Barbara war schon da, als wir vor neun Jahren einzogen. Früher wohnte sie mit ihrem Mann Rainer hier, aber der ist vor neun Jahren ausgezogen. Zunächst nahm ich keine Notiz von Barbara. Bis sie eines Tages, als ich gemütlich auf meiner Couch vor dem Fernseher saß, laut hörbar aufseufzte. Die Katzen spitzten die Ohren und mir wurde ganz flau in der Magengegend, denn Barbara stand dicht hinter mir, nur, ich sah sie nicht. Susi, Mikesch und Billy aber schauten sie fasziniert an. Unbeweglich und wie in Stein gemeißelt starrten sie in Richtung Barbara.

Annegret kam spät nach Hause. Sie kommt oft später, denn schließlich hat sie keine Lust, das allabendliche Fernsehvergnügen einer Frührentnerin zu teilen. Sie brutzelte sich in der Küche noch ein paar Rühreier in der gußeisernen Pfanne. Da tauchte Barbara schon wieder auf. Sie ließ das schwere Erbstück meiner Großmutter quer über den Herd tanzen. Weder Annegret noch ich konnten darüber lachen.

Langsam begann ich mich an Barbara zu gewöhnen. Ihre besondere Liebe galt dem Werfen von Gegenständen, meistens in meine Richtung. Aber dankenswerterweise trifft sie nie. Gott sei Dank ist Barbara nicht immer aktiv. Manchmal bemerke ich sie tagelang nicht. Dann plötzlich steht die Kühlschranktür sperrangelweit auf. Die Katzen können es nicht gewesen sein, Annegret ist zur Kur in Bad Tölz und ich bin stets sehr pingelig. Bleibt nur eins: Barbara ist wieder da!
Später bewegt sich plötzlich das Foto meiner Tochter, das ich wohl aus Versehen auf dem Fernseher hatte liegenlassen, wild durchs Zimmer. Es tollt und tanzt, als sei es in einen Wirbelsturm geraten. Das ist jetzt doch wohl zuviel! Ich möchte in Ruhe in die Glotze schauen, mich amüsieren und mich nicht von Barbaras dummen Streichen ablenken lassen. Die Katzen sind auch ganz starr vor Schreck! »Barbara«, sage ich, so sanft es geht, »ich freue mich, daß du wieder da bist, ich versuche dich zu verstehen und will dir auch helfen – aber kannst du vielleicht deine dämlichen Späße lassen?«
Barbara gehorcht aufs Wort. Das Foto meiner Tochter fällt plump zu Boden, die Katzen räkeln sich gelangweilt und nehmen wieder Anteil am Geschehen auf dem Bildschirm.
Später im Bett lasse ich wie immer einen Fuß unter der Bettdecke rausbaumeln. Eine Angewohnheit, die ich seit Jahren habe. Plötzlich, schon im Hinüberdämmern, bemerke ich noch ganz schwach ein leichtes Kratzen auf meiner Fußsohle. Am nächsten Morgen schmerzt der Fuß. Ein etwa sechs Zentimeter langer Riß, wie mit einer Nadel geritzt, ist zu sehen. Die Tiere können es nicht gewesen sein, die übernachten immer im Badezimmer. Sollte Barbara mir wieder eins ausgewischt haben? Ihre Rache für den Anschnauzer am Abend?

Langsam beginnt sie mir doch unheimlich zu werden. Aber was kann ich tun, um sie aus der Wohnung zu graulen?
Einige Wochen später war Billy nicht nach Hause gekommen. Ich war sehr unruhig, denn Billy kommt immer bei Anbruch der Dunkelheit. Der Keller wurde durchsucht, ich lief auf die Straße, in die nahe gelegene Anlage, wo sie sich immer gern herumtreibt. Jeder Baum, jeder Strauch wurde inspiziert – keine Billy! Auch am nächsten Morgen war meine erneute Suche vergebens. Ich hatte Billy als junges, schmächtiges Etwas aus dem Tierasyl mitgenommen. Sie war immer die anhänglichste von meinen drei Katzen gewesen. Das Suchen und die Aufregung hatten mich ermattet. Schließlich bin ich ja auch nicht mehr die Jüngste. Auf der Couch wollte ich etwas ausruhen. Da hörte ich ganz deutlich Billys klägliches Stimmchen. Sofort hellwach, stürzte ich ans Fenster. Da sah ich meinen Liebling auf der Rasenfläche vor dem Haus bittend auf die Eingangstür blicken.
Da konnte nur Barbara mit im Spiel gewesen sein! Denn hatte ich nicht gerade jeden Winkel unserer Gegend abgesucht? War es ein »Wiedergutmachen« für die vielen Streiche, die sie mir gespielt hatte?
Seit diesem Tag möchte ich nicht mehr, daß Barbara aus der Wohnung geht. Ich habe mich an sie gewöhnt und sie kommt wohl – aus welchen Gründen auch immer – auch von dieser Wohnung nicht los. Wie ich ihr allerdings helfen kann, weiß ich immer noch nicht. Barbara ist vor neun Jahren in dieser Wohnung gestorben. Und die Geschichte, die Sie jetzt gelesen haben, ist eigentlich eine Spukgeschichte. Denn Barbara ist ein Geist…

Jochen Pützenbacher

Die Kraft der Gedanken

Der Zug aus Frankfurt hatte Verspätung, und ich schlenderte noch ein wenig den Bahnsteig entlang, dorthin, wo sich kein schützendes Dach über die wartenden Menschen spannte. Der Mann kam direkt auf mich zu. »Ich kenne Sie«, sagte er. »Und ich möchte Ihnen etwas erzählen!«

Es kommt nicht oft vor, daß Menschen mich ansprechen. Aber manchmal haben sie Vertrauen zu der Stimme, die sie aus dem Radio kennen. Und sie erzählen von ihren Sorgen.

»Mit mir stimmt irgend etwas nicht«, sagte der Mann. Und dann berichtete er, sparte nicht an Einzelheiten. Die Geschichte war spannend und der Erzähler schien nicht von dieser Welt. Ich konnte sein Gesicht hinter dem hochgeschlagenen Mantelkragen kaum erkennen. Aus dem Nieselregen kam der Zug, hielt mit quietschenden Bremsen. »Ich rufe Sie im Sender an«, sagte der Mann zum Abschied. Dann erkannte ich auch schon meinen Bekannten, der mich besuchen kam.

Später, beim Tee, erfuhr auch er diese merkwürdige Geschichte von dem Mann, der mit seinen Gedanken andere beeinflussen konnte. »Du mußt dich unbedingt mit ihm treffen und alles ausprobieren«, riet mein Freund. Bald fanden wir andere Gesprächsthemen und ich hätte die Sache sicher vergessen, wenn der Fremde vom Bahnsteig sich nicht in meinem Büro gemeldet

hätte. Wir verabredeten einen Termin. Es müsse ein Regentag sein, und er würde sich kurzfristig melden.
In Luxemburg ist schlechtes Wetter keine Seltenheit. Und so war denn auch bald der Tag da, als ich in den grünen Renault kletterte und mit dem Mann auf schmaler Landstraße nach Diekirch fuhr.
»Es geht nur zwischen Diekirch und Vianden«, sagte er. »Und auch nur, wenn es regnet!«
Wir ließen die Brauereistadt hinter uns und fuhren nach Vianden. Es war kaum jemand auf der Straße. Der Tag war grau und der Mann hatte die Lichter an seinem Wagen eingeschaltet.
»An welchem Auto sollen wir es ausprobieren?« fragte der Mann. Vor uns zuckelte eine Citroën-Ente.
»Er soll nach rechts abbiegen«, sagte ich.
Der Mann antwortete nicht, starrte nur in den Regen hinaus. So fuhren wir eine Zeitlang dahin, immer direkt im Windschatten des Kleinwagens vor uns.
Plötzlich, ich wollte wirklich meinen Augen nicht trauen, gab der Citroën durch seine Blinklichter zu erkennen, daß er nach rechts abbiegen wolle. Er bremste, fuhr in einen Feldweg und blieb stehen.
»Bravo«, sagte ich. »Aber solche Zufälle gibt es!«
»Nehmen Sie ein anderes Auto«, sagte der Mann.
Vor uns tauchte ein grauer Lieferwagen auf. Er fuhr ebenfalls Richtung Vianden. »Er soll in der nächsten Minute nach links abbiegen«, spielte ich das Spiel mit.
Der Mann neben mir biß die Zähne zusammen, kniff die Augen ein wenig zu. Er schien sich zu konzentrieren.
Da! Der Lieferwagen bremste, blinkte nach links und fuhr auf eine Wiese.
Durch das hintere Fenster konnte ich sehen, wie der Fahrer des abgebogenen Autos ausstieg und kopfschüttelnd um sein Fahrzeug ging.

»Wir probieren es noch mit dem Bus da vorne«, lächelte der Mann. »Wohin soll er fahren?«
»Er soll einfach stehenbleiben«, bat ich. »Mitten auf der Landstraße!«
Der Mann beugte sich gespannt über sein Lenkrad. Eine Weile starrte er auf die Rücklichter des Überland-Autobusses. Dann sah ich, wie die großen Bremslichter aufleuchteten und der Bus Zeichen gab, rechts anzuhalten. Wir überholten.
Tatsächlich. Weit und breit war keine Haltestelle. Niemand stieg ein, niemand stieg aus.
»Ich weiß auch nicht, warum so etwas möglich ist«, sagte der Mann. »Es geht auch nur bei Regen und nur auf der Strecke zwischen Diekirch und Vianden!«
Der Mann brachte mich in die Stadt zurück. Ich habe ihn nie nach seinem Namen gefragt und das Kennzeichen seines Autos habe ich vergessen.

Andreas Schneider

Meine Freunde aus dem All

Über Kurzwelle hörte ich üble Wetteraussichten: naß und kalt und trüb – kurz: ein Mistwetter. Schließlich war's November in Deutschland.

Aber was störte mich das – mein Bett stand auf Teneriffa. Vor vier Jahren war ich mit meinen Eltern hierher in die Nähe von Santa Cruz gezogen. Damals war ich neun Jahre alt.

Die Terrassentür war weit geöffnet. Der Nachtwind brachte Abkühlung. Normalerweise schlief ich um diese Zeit. Warum war ich aufgewacht? Ich wache doch *nie* auf! Ich schlafe immer wie ein Murmeltier.

Sonderbar, den ganzen Tag schon hatte ich ein seltsamnervöses Kribbeln in mir gespürt. Ein unbestimmtes, flaues Gefühl. Trotzdem sollte ich jetzt um fast drei Uhr mal flott wieder einschlafen, denn auch auf Teneriffa gibt's Schulen und Pauker. Und die verstehen in punkto Zuspätkommen genausowenig Spaß wie die in Deutschland.

Aber anstatt mich auf die Seite zu drehen und Schäfchen zu zählen, trieb mich eine plötzliche Eingebung auf die Terrasse. Ich war wie gelähmt, und doch ging ich mechanisch wie von einem Magnet gezogen. Ich schaute in den funkelnden Sternenhimmel. Da war etwas! Eine große, runde Scheibe am Himmel! Sie leuchtete in verschiedenen Farben! Ein UFO! Gedanken schossen wie Raketen durch meinen Kopf. Plötzlich war mir klar:

Die wollen was von dir! Warum von mir? Angst kroch in meine Glieder. Ich stand erstarrt, willenlos, total verwirrt.
Da erkannte ich ein rätselhaftes Zeichen auf diesem sonderbaren Flugobjekt, es sah fast aus wie ein »H«. Und auf einmal war ich ganz entspannt. Tief fiel ich in mich hinein. Ein Gefühl von Leichtigkeit und Schwerelosigkeit nahm mich in Besitz. Ich schwebte aus mir heraus. Eine starke Kraft zog mich geradewegs auf das Objekt zu. Ich sah mich auf der Terrasse liegen und war doch auf direktem Weg zu dieser Erscheinung.
Ohne Schwierigkeiten gelangte ich in das Innere des UFO. Da gab es keine Tür, keine Treppe. Ich war einfach drinnen.
Gleißendes Licht! Der Raum war erfüllt von Technik. Noch nie hatte ich so viele verschiedenartige technische Geräte und Instrumente gesehen. Drei Gestalten kamen auf mich zu. Sie hatten eine seltsame, fast erdbraune Hautfarbe. Die Arme waren für unsere Verhältnisse zu lang. Sie hingen bis zu den Knien. Fast als Ausgleich waren dafür die Beine zu kurz. Diese Wesen waren auch kleiner als ich. Höchstens 1,50 Meter würde ich diesen kahlköpfigen Individuen zugestehen. Sie trugen eine Art Raumanzug. Mit weitem Kragen. Die Taille markierte ein geschnürter, gürtelähnlicher Gegenstand.
Heiterkeit war in mir. Ich fühlte mich wohl. Einer von ihnen sprach zu mir. Nein, er sprach nicht wirklich und doch verstand ich ihn. Wir unterhielten uns mittels Telepathie.
Sie kommen vom Planeten »Humo«. Und nennen sich »Humos«. Sie sind schon lange auf der Erde, um uns zu beobachten. Und sie haben auch schon mit anderen Menschen versucht, Kontakt aufzunehmen. Sie wollen uns helfen. Die Erde bewegt sich mit Riesenschritten

auf ihren Untergang zu, den wir verursachen. Die »Humos« können uns aber nur helfen, wenn wir ihnen aufgeschlossen entgegengehen. Ich soll dazu beitragen, Vorurteile abzubauen, die man gegen außerirdische Phänomene hat. Ich soll meine Begegnung mit ihnen verbreiten, publizieren. Ich bin ihr Freund, und sie wollen mich von jetzt an häufig treffen. Sie geben mir Botschaften für die Menschen, die ich aber noch nicht veröffentlichen darf. Ich verstehe diese Außerirdischen.
Irgendwann entferne ich mich aus dem Raumschiff wie ich gekommen bin. Ohne Hindernis, im Schwebezustand. Wie eine Marionette werde ich auf meine Terrasse zurückgesteuert. Ich sehe mich auf dem Balkon liegen. Eine große Müdigkeit überfällt mich. Meine beiden Körper haben sich wieder vereint.
Seit dieser Nacht habe ich gelernt, mit dem Satz zu leben: »Du spinnst ja.«

Ernst Senkowski

Im Wien-Holland-Expreß

Man schrieb den 18. Februar. Der Vater, Physiklehrer an einer höheren Lehranstalt, kam spät nachmittags heim und machte einen außergewöhnlich nachdenklichen Eindruck. Darob befragt, berichtete er seinem angetrauten Weibe und der staunend lauschenden Kinderschar eines der seltsamsten Ereignisse seines bisherigen Lebens.

Er war neun Uhr morgens fortgegangen zum Bahnhof, um wie so oft zu seinem Dienstort B. zu fahren. Unterwegs hatte er eine lang erwartete Neuerscheinung abgeholt und war wenige Minuten später, völlig vertieft in das Buch, in den soeben eingefahrenen Zug gestiegen.

»... sogar ein D-Zug-Wagen, prima, ein ganzes Abteil allein, sollte eigentlich immer so bequem sein, kaum zu merken, wie schnell man fährt! Und erst die Lektüre, richtig spannend, über PSI! Ob es so etwas wirklich gibt?...«

... schnell ... schnell ... schnell ...

»Moment, wieso eigentlich schnell? Wo sind wir überhaupt? Sieht aus wie B., aber der hat doch gar nicht gehalten?! Irgend etwas stimmt nicht! Uhrzeit? 09.39! Und dein Zug fährt erst in fünf Minuten ab! Du Trottel bist zu früh eingestiegen am richtigen Gleis und sitzt in einem falschen Zug...!«

»Hallo, Herr Zugführer! Können Sie mir sagen, was für ein Zug das ist?«

»Gewiß, mein Herr! Der Wien-Holland-Expreß. Wir fahren ohne Halt bis K.!«
O je, das kann heiter werden! Elf Uhr Termin in der Schule... 100 km bis K. und dann zurück... Fahrgeld, Zuschlag... unmöglich... Welch ein Ärger! Was kann man da bloß machen? Gar nichts?
»Fahrkartenkontrolle!«
Winzig und unbedeutend erscheint das lächerliche Kärtchen hier im Expreß vor den gestrengen Augen des verwunderten Schaffners.
»Muß ich jetzt nachzahlen? Wann kann ich denn in B. sein?«
»11.34 – melden Sie sich bitte in K. beim Aufsichtsbeamten!«
»Noch eine Frage bitte: Hält so ein Zug nicht auch mal außerplanmäßig?«
Achselzucken, Kopfschütteln: »Wohl kaum...!«
Oh, dieser Ärger! Natürlich, das PSI-Buch ist schuld! Gedanken wirbeln im Kopf wie aufgescheuchte Spatzen. Vergebliche Versuche, weiterzulesen. Und immer wieder: »Ob er nicht vielleicht doch irgendwo stoppt?«
Die Landschaft fliegt vorüber. B. bleibt zurück...
»Irgendwo, schön passend zum Aussteigen und Zurückfahren, müßte er stehenbleiben!«
Signalhorn! Tunnelschwärze – Tageslicht. Signalhorn – Tunnel... Aber das Horn brüllt weiter, hört nicht auf, der Tunnel dröhnt ohrenbetäubend. Die Geschwindigkeit nimmt ab, langsam weicht die Dunkelheit. Bremsen kreischen: Halt! Und immer noch das Horn...
»Ob ich hinaus kann?«
Blick aus dem Fenster: Der Zugführer auf dem Gleiskörper schaut ratlos hinauf zur Lok und plötzlich: Stille...

»Ich würde ihm geradewegs in die Arme springen, Anzeige wegen Transportgefährdung – es geht nicht!«
Und schon klettert der Zugführer in den Wagen, knallt die Tür zu. Ein leichter Ruck, Räder beginnen zu rollen. Die Wagenschlange neigt sich sanft in eine Kurve...
»...also, das darf doch nicht wahr sein, wirklich: echt gemein! Fast noch ärger als zuvor: kaum 100 Meter zum Bahnhof S.!«
Da sitzt man wie die Maus in der gepolsterten Falle und könnte zerplatzen vor Wut über die verpaßte Gelegenheit! Der reinste Hohn: »Ohne Halt bis K.!«
»Aber wenn der wider Erwarten, und so unwahrscheinlich das auch sein mag, noch einmal halten sollte, dann raus, egal wie...!«
Wieder rauschen Bäume, Häuser und Bahnhöfe vorüber, etwas langsamer als zuvor. Hinter H. gibt eine langgezogene Kurve den Blick frei auf den Rhein. Und, o Wunder, der Zug bremst... bremst...
»Er bremst wieder!«
Gangfenster! Rechts und links alles klar. Stillstand. Tür am Wagenende. Zugführer?
Dieses Mal bin ich schneller! Eisenbahnerkind. Flüchtige Erinnerungen: Hamsterfahrten – Kohlenklau. Schwellen. Schottersteine. Und eine resignierende Stimme: »Sie können hier doch nicht einfach aussteigen...!«
»O doch, kann ich!«
Bin ja schon über die niedrige Begrenzung auf die Straße gesprungen, die Aktentasche mit dem fatalen Buch fest unter dem Arm!
Der Zug setzt sich in Bewegung:
»Winke, winke! Gute Reise ohne Halt bis K.! Und schönen Dank auch!«
Ein kurzes Wegstück zurück zum Bahnhöfchen. Sta-

tionsvorsteher: »Der Zug nach B. hat einige Minuten Verspätung, muß gleich eintreffen!«
»Danke!«
Aufatmen. Ein paar Pfennige für die Rückfahrt. Kurz vor elf erreiche ich B.
Während der folgenden Tage stellt ein hilfsbereiter Bundesbahnbeamter fest, daß längs der Strecke vom außerplanmäßigen Halten jenes Zuges nichts bekannt ist. Fast könnte man glauben, das Ganze sei geträumt, aber schließlich sind Fahrkarten greifbare Beweismittel. Endlich gelingt es, den Lokführer ausfindig zu machen. Am 24. 2. schreibt er: »Sie unternahmen also eine unfreiwillige Bahnfahrt, die mit einigen glücklichen Zufällen endete. Ich bin gern bereit, mich mit Ihnen zu treffen.«
Hier sein Bericht:
»Ja, wissen Sie, das war schon eine recht ungewöhnliche Sache. Vor der zweiten Tunneleinfahrt betätigte ich das druckluftbetriebene Horn, aber es ließ sich nicht ausschalten. Das kommt praktisch nie vor. Ich dachte, das Steuerventil könnte sich verklemmt haben, hielt am Tunnelende, ging in den Maschinenraum und schloß das Hauptventil. Danach fuhr ich weiter, jedoch versagte bei der Kontrolle die zusätzlich vorhandene Pfeife, vielleicht war deren Elektronik gestört. Aus Sicherheitsgründen ist in einem solchen Fall verringerte Geschwindigkeit vorgeschrieben, ich wollte aber eine merkliche Verspätung vermeiden, die führt immer zu Unannehmlichkeiten für die Reisenden und zu Schwierigkeiten mit der Fahrdienstleitung. Daher entschloß ich mich, nördlich von H. erneut zu halten. Beim Öffnen des Hauptventils war alles in Ordnung, und die Fahrt konnte planmäßig fortgesetzt werden. Weitere Störungen traten nicht auf, auch blieb die spätere Überprü-

fung und Fehlersuche ergebnislos. Während meiner mehrjährigen Praxis ist mir und meinen Kollegen kein vergleichbarer Fall bekanntgeworden.«

Gibt es eine Erklärung? Waren es wirklich nur Zufälle. Synchronisation? Oder gar PSI-Effekte: »Psychokinese im affektiven Feld« – »ein Fall von sinnvollem Spuk« – »mind over matter«?

Sicher ist nur: Ich war äußerst verärgert und ersehnte einen außerplanmäßigen Halt, um möglichst doch noch pünktlich B. zu erreichen. Zwei voneinander unabhängige, außergewöhnliche und letztlich ungeklärte Störungen in der Signalanlage der Lok ermöglichten die Verwirklichung meines Wunsches am rechten Ort zur rechten Zeit. Dazu die Verspätung des Rückzuges.

Ein bißchen viel auf einmal? Eine unglaubliche Geschichte mehr? Wie heißt es doch im Märchen: »In alten Zeiten, als das Wünschen noch half...«

Gibt es solche Zeiten auch im Zeitalter der Technik oder kehren sie vielleicht sogar wieder?

Johannes Mario Simmel

Donnerstag, 8. April 1982, 22 Uhr 50

Fritz Bolle war mein bester Freund. Und mehr: Er war eine Vaterfigur für mich. Er war mein Vorbild. Uns verband eine sehr starke geistige Beziehung. Zwanzig Jahre lang war er mein Lektor, der größte Polyhistor, den ich kenne. Die Sache, über die er nichts wußte, gab es nicht. Fritz Bolle war ein wunderbarer Mensch.

Seit Jahren litt er unter Angina pectoris. Er schilderte mir die Zustände, die man bei einem Anfall erlebt, bevor das Nitroglyzerin, das man in einer zerbissenen Kapsel sofort schlucken muß, zu wirken beginnt. Es sind grauenvolle Empfindungen. Fritz sprach von nackter Todesangst, von einem »Schraubstock, der die Brust zusammenpreßt«, von einer »Eisenstange, die in der Brust herumrührt« und vor allem von »einem absoluten Vernichtungsgefühl«.

Einmal bekam er einen Anfall im Verlag, und auch die Einnahme von Nitroglyzerin half nichts. Also schleppten sie ihn zu einem Wagen und legten ihn in den Fond, und dann raste die Prokuristin, eine geliebte alte Freundin von uns beiden, mit Fritz los, quer durch München, zu seinem Arzt. Und er stöhnte und schrie hinter ihr vor Angst und Schmerz wie ein Tier, und ihr rann vor Entsetzen der Schweiß von der Stirn in die Augen und vom Hals abwärts über den ganzen Körper, und sie brauste durch jedes Rotlicht und nahm die Hand nicht mehr von der Hupe und hatte dauernd Fast-

zusammenstöße, und eine Funkstreife jagte hinter ihr her und holte sie ein, und zum Glück verstanden die Polizisten nach einem einzigen Blick, was los war und fuhren mit heulender Sirene vor ihr her weiter. Na ja, sie brachte Fritz noch rechtzeitig zum Arzt, und der gab ihm eine mächtige Spritze, und der Anfall ging vorüber, und danach lag Fritz eine Woche lang im Bett.
Er mußte natürlich regelmäßig zur Untersuchung, und ich begleitete ihn oft, und einmal meinte er, ich könnte mich ruhig auch ansehen lassen. Das tat ich, und es stellte sich heraus, daß mein Herz nicht ganz in Ordnung war. Nichts Schlimmes, aber eben nicht ganz in Ordnung. Der Arzt gab mir ein Mittel, das ich seit sechzehn Jahren täglich nehme, und auch ich gehe regelmäßig zur Untersuchung, aber – toi, toi, toi! – der Zustand ist bis heute unverändert geblieben.
Sie müssen sich das so vorstellen: Wenn Fritz und ich ein Buch von mir zum Druck fertig machten, dann waren wir immer lange Zeit jeden Tag viele Stunden zusammen und arbeiteten im Verlag oder in Bibliotheken oder anderswo. Wenn ich am Buch noch schrieb, rief Fritz mich täglich (täglich!) an – als ich in Starnberg bei München lebte und später, als ich nach Monte Carlo übergesiedelt war. Sehr oft rief er mehrmals an einem Tag an. Und zu jedem Wochenende kamen ein Brief und eine Zeichnung von ihm. Um mich beim Schreiben aufzumuntern. Komische Briefe. Nicht stubenreine Zeichnungen, weil Fritz wußte, daß mich altes Ferkel derartiges erfreute. Und weil ihm sehr wohl bekannt war, was für ein einsamer Job das Schreiben ist. Um mich beständig zu ermutigen (denn ein Autor verliert den Mut, immer wieder und wieder), deshalb schrieb er, zeichnete er, rief er an. So einen Menschen gibt es kein zweites Mal auf der Welt. Mit

der Zeit wurde auch unser gemeinsamer Arzt ein guter Freund.
Zu Beginn des Jahres 1982 ging es Fritz sehr schlecht. Er mußte in eine Klinik. Nach vielen Wochen ging es ihm wieder so gut, daß er schon große Pläne machte. Er war über siebzig und längst in Pension, aber er hatte sich ausbedungen, immer noch meine Bücher zu lektorieren. Mein großer Freund eben. Nun wollte er sich aber erst einmal in einem Sanatorium erholen. Er wußte schon exakt, wohin er gehen würde.
Als alle Gefahr vorüber schien, verließ ich München, wo ich im Hotel gewohnt hatte, um in seiner Nähe zu sein, und reiste nach Monte Carlo zurück. Völlig beruhigt. Ich hatte sehr viel gebetet in der Zeit, in der es Fritz so elend gegangen war, und ich hatte zu IHM gesprochen, wie ich das immer tue, wenn ich IHN brauche, und ich hatte IHN gebeten, Fritz zu helfen, und ich hatte versprochen, auch an IHN zu glauben und allen Menschen zu sagen, daß sie an IHN glauben müßten, wenn ER nur meinem armen Freund half. Nun, und ER half ihm. Ich weiß alles noch genau, so genau.
Am Donnerstag, dem 8. April, war mir den ganzen Tag über elend. Ich ging sehr früh zu Bett. Und ich hatte einen entsetzlichen Traum. Ich träumte, Fritz habe einen Angina-pectoris-Anfall. Was ich sah und hörte, war so grauenvoll, daß ich selber plötzlich mit dem Herzen zu tun bekam, zum ersten Mal im Leben. Es war die schlimmste Nacht, an die ich mich erinnern kann. Immer weiter litt ich mit Fritz in seinem Todeskampf. Und dann sah ich, wie er starb.
Ich erschrak so sehr, daß ich ganz wach wurde. Ich machte Licht. Ich sah auf die Uhr. Es war erst 22 Uhr 50.
Als der Morgen des 9. April endlich dämmerte, empfand

ich schreckliche Furcht, mir war totenübel, und ich mußte immerzu an meinen Traum denken. Endlich hielt ich es nicht mehr aus und rief in dem Münchener Krankenhaus an, in dem Fritz noch lag. Aber da klappte es nicht mit der Verbindung. Also wählte ich die Nummer unseres gemeinsamen Arzt-Freundes. Eine Schwester fragte nach meinem Namen, dann verband sie mich sofort mit dem Doktor.
Der meldete sich ohne Gruß mit ganz leiser Stimme und fragte – ich entsinne mich exakt seiner Worte – nur: »Woher wissen Sie es schon?«
»Ist Fritz tot?« schrie ich.
»Ja«, sagte der Arzt. »Er ist heute nacht gestorben. Um 22 Uhr 50.«

Oliver Spiecker

Drei Buchstaben

Terminkalender sind was Verrücktes. Eine kaum lesbare Mischung aus Tagebuch und Stundenplan, verschwiegene Sklaven und doch Diktatoren.
16 Uhr 30: Dr. T.! Erinnerung vorwärts: Bloß nicht vergessen! Erinnerung rückwärts: Ach ja, gut gelaufen...
Namen, Fakten, Daten – Gerüste und Zeitnägel der Vergangenheit.
Ich gehöre zu den Leuten, die noch Jahre später in ihren Terminkalendern blättern, um wie Archäologen splitterweise ihr eigenes Gestern zu rekonstruieren.
»Dienstreiseantrag documenta« macht noch heute Bilder der »Neuen Wilden« wach, und »GEMA-Meldung Stones« erinnert an hektische Dreharbeiten. Manche Schnipsel wecken Privates: »18 Uhr 30 Hollywood-Party, bitte wie Bogart...«
Irgendwo auch 'ne Geheimakte. Lesbares ist trotz allem verschlüsselt, konkreteste Daten bleiben nur Chiffren. Und das ist im folgenden Fall auch gut so. Denn mein Jahreskalender '82 hat eine Seite, die ich bislang lieber unter Verschluß hielt...
Der 11. Juni 1982 war zunächst ein Freitag. Gleich nach Fronleichnam. 23. Woche, 162. Tag. Nichts Besonderes, bis auf »Mehrwertsteuer und Kirchensteuer« im Kästchen oben rechts. Unter »Termine« so freundliche Hinweise wie »Alice Wochenende« oder »Teichplane«. Und

eine Durchwahl beim Österreichischen Rundfunk zu einem gewissen Herrn Zettel vom Jugendprogramm. Kein Eintrag unter »Gratulieren/Geschenk« –, also nichts Feierliches weit und breit. Aber: Abzüge im Labor Oschatz abholen für die geplante Fotoausstellung. Und: abends ins Kino. Eine alte Freundin wiedersehen, aber nicht im Parkett, ausnahmsweise ganz oben: auf der Leinwand. Désirée Nosbusch, damals gerade 17, versuchte sich in ihrem zweiten deutschen Film: »Der Fan«. Eine kannibanale Story nach dem Muster: Eifersüchtiges Groupiegirl schlachtet treuloses Popidol. Mit sehr viel Elektromesser und Tiefkühltruhe. Heute verbucht Désirée dieses pubertäre Blutbad unter »Jugendsünden«. Ist wohl auch besser so.
Damals aber, im Wiesbadener Arkadenkino, so zwischen 9 und 11 Uhr abends, zog mich »Der Fan« in jene cineastische Zwischenwelt, die wohl jeder kennt, der Clint Eastwood im wilden Western sah und selber breitbeinig aus dem Kino trabte, der Woody Allen als Stadtneurotiker erlebte und selbst plötzlich ein bißchen rothaarig wurde oder der nach Steven Spielbergs unheimlicher Begegnung der dritten Art am Abendhimmel nach UFOs suchte...
In genau dieser Stimmung muß ich wohl gegen 11 mit 13 weiteren Besuchern das Kino verlassen haben.
Von der Stadtmitte zur Thorwaldsenanlage – gleich »Unter den Eichen« – sind es nur ein paar Minuten mit dem Auto. Es war eine laue Juninacht, nicht ganz sternenklar, ein leichter Wind ging und trieb dicke Wolken vor sich her.
Mein Golf stand an seinem gewohnten Platz, in der Laternengarage vor der Nummer 64. Nur ein paar Schritte durch den Vorgarten, um die Nase der Duft von frisch geschnittenem Sommerrasen, dann

rechts um die Ecke auf den Eingang zu: Was war das!??
In meinem Kopf kurze Schnitte wie im Kino: Vision oder Wirklichkeit?! Trickaufnahme oder Tatsache?! So was gibt's doch nicht! Aber klar: deutlich zu sehen: ein rotierendes rotes Licht. So sehen UFOs aus. Quatsch! Doch. Rot. Leuchtend. Scheibe? Kugel? – Kurzschlußgefahr. Kurz vorm Durchdrehen?! Schnell ins Haus. Horst alarmieren. Horst ist Freund und Nachbar. Heute Redakteur von »Wetten, daß...«, damals schon kein Träumer. »Horst, komm schnell, so was haste noch nie gesehen!!« –
»Wer spinnt denn hier? Ich glaub doch nicht an UFOs! Jedenfalls bisher nicht...«
»Aber das muß eins sein. Sieh mal, es bewegt sich. Schlägt Haken wie ein Hase. Und es dreht sich. Wie hoch mag es sein?!«
»Keine Ahnung. Ruf schnell den Kurt. Der ist Ingenieur. Der wird uns auf den Teppich holen...«
Kurt kommt. Produktionsingenieur beim Fernsehen. Kühl, knapp, klar. Eben Kurt.
»Unglaublich!«
»Sag nicht so was. Das ist nicht deine Art. Bleib sachlich.«
»Trotzdem unglaublich.«
»Hej, es verschwindet. Das müssen Wolken sein. Ob es in Richtung Taunus fliegt?!«
»Sag mal, spinnen wir jetzt alle drei? Kurt, du bist doch hier der Techniker, zwick mich mal...!«
Um 23 Uhr 20 rufe ich die Flugsicherung am Frankfurter Flughafen an. Dort ist alles normal. Keine besonderen Vorkommnisse, keine ungewöhnlichen Beobachtungen. Unter 23 Uhr 05 trage ich drei geheimnisvolle Buchstaben in meinen Terminkalender ein: U, F und O.

Jürgen Thorwald

Hannes Polanskis Herz

Wahrscheinlich ist es so, daß wir die Märchenfreunde und die Märchenhelden unserer Kindertage niemals vergessen.

Mein Märchenheld war Hannes Polanski. Und er war nicht nur mein Held und Freund, sondern auch der Märchenheld und Märchenfreund von uns allen, die wir vor mehr als fünfzig Jahren in dem niederrheinischen Dorf Friemersheim aufwuchsen, das heute von den grauen oder schmutzig-roten Häuserzeilen einer Ruhrstadt verschlungen worden ist.

Diejenigen, die ihn nicht so gut kannten wie wir, nannten ihn »Polanski, der Pollack« oder »Polanski, der Hausierer« oder auch »Hannes Schnaps«. Aber für uns – für den Dorfpfarrersboy Paulus, den Küstersohn Pütje und seine Schwestern Marie und Anuschka, für die drei Jungs von Bauer Lingenbrink und mich, den Schulmeisterssohn – blieb er Hannes, der immer verstehende, immer helfende, stets fröhliche und für uns nach dem Himmel greifende ältere Genosse, Bruder und Erfüller unserer Kinderwünsche und Kinderträume. Wahrscheinlich – nein, sicher – bedeutete er für mich noch viel mehr als für Paulus, Pütje und die anderen, weil er mich mit dreizehn in ganze Berge von Ziegenkäse eingepackt und damit die Lungenentzündung vertrieben hatte, an der unser Dorfdoktor, mein Vater, meine Mutter und selbst deren Bruder, Dr. Benedikt

Schrooten, der Inhaber und Chef des alten Flößer- und Schifferhospitals am Rheinufer von Wesel, mich bereits sterben sahen.
Wie gesagt: Niemand von uns hat Hannes Polanski je vergessen – die ganzen dreiundfünfzig Jahre lang, die er nun schon in dem Winkel des alten Friedhofs begraben liegt, in dem man damals Obdachlose, Landstreicher oder fahrende Hausierer ohne Angehörige begrub und wo er nur einen kleinen Gedenkstein bekam, weil wir unsere Sparbüchsen ausleerten. Was mich dabei anbetrifft, so vergeht kein Neujahrsmorgen und kein Neujahrstag, an dem ich Hannes Polanski nicht greifbar vor mir sähe – kaum fünfundzwanzig Jahre alt, wie er damals war, aber schon von einem Tod ereilt, den ich um keinen Preis der Erde wahrhaben wollte und der mich in die gespenstischsten und in meinem Herzen unauslöschlichsten Stunden meines Lebens hineinstürzen ließ.
In der Neujahrsnacht 1932 fiel die Temperatur am Rheinufer von Wesel auf minus 30 Grad. Das einzige Fenster in der ungeheizten Dachkammer des Rheinschiffer-Hospitals, in dem Onkel Benedikt seinen Krankenpfleger Pinkus und einen medizinischen Famulus unterbrachte, war blind vor angekrustetem Eis. Der Famulus war ich – kaum vierzehn Jahre alt, aber durch die ehrgeizige Absicht meiner Mutter, aus mir einen (selbstverständlich berühmten) Arzt zu machen, dazu verdammt, in allen Oster-, Sommer-, Kartoffel- oder Weihnachtsferien in Onkel Benedikts 30-Betten-Institut Fieberthermometer, Bettschüsseln und sonstiges zu säubern, um früher als jeder andere auf die gloriose medizinische Zukunft vorbereitet zu sein.
An kalten Weihnachts- und Neujahrstagen war es nichts Ungewöhnliches, wenn Rheinschiffer oder Flö-

ßer auf dem Weg von ihren Weseler Kneipen oder von einem versteckten Hurenquartier über den Rheinuferweg zu ihren Anlegeplätzen vor dem Hospital betrunken in die Büsche fielen und in der Frühe mit Erfrierungen oder tot aufgelesen wurden.

Als ich am Morgen mit den zwei Stunden Verspätung gegenüber dem üblichen Dienstbeginn, die Onkel Benedikt mir als Jugendlichem und Neffen zugestand, zum Aufwärmen und zum Frühstück in die Küche kam, saß mein Schlafgenosse Pinkus bereits beim zweiten Frühstück am bullernden Kohlenherd. Er bediente sich mit heißem Malzkaffee sowie Schwarzbrotscheiben mit einem für Nicht-Niederrheiner magenumdrehenden Belag aus Margarine, Apfelkraut und Bratkartoffeln. Zwischen Kauen und Schlucken betrachtete er mich mit einer Art boshaftem Vergnügen. »He, Kleiner«, sagte er, »was glaubst du, wen wir heute früh tot und steif wie einen Eisblock in den Büschen gefunden haben?«

Sein Vergnügen gefiel mir nicht. Er hatte so seine Art, mich als Jüngsten im ganzen Haus zu tratzen und als Bettschüsselputzer auf den Arm zu nehmen. Doch mir saß die Kälte der Dachkammer noch in den Knochen. Es drängte mich zuerst nach dem Topf mit Pfarrer Kneipps mieser, aber wenigstens wärmender Kornkaffeebrühe, bevor ich vorsichtig fragte: »Wen?«

»Na, rate mal«, sagte er. »Denk mal nach, wer das wohl sein könnte.«

Ich fühlte wohlig, wie sich die Wärme von meiner Speiseröhre und dem Magen ausbreitete und war immer noch nicht besonders an Pinkus' Nachricht interessiert. Aber er blieb am Ball. »Nun schön«, sagte er, während er Bratkartoffeln auf eine neue Brotscheibe mit Margarine und Apfelkraut lud und seine Augen vor listiger Erwartung blinzeln ließ. »Dann werde ich's dir sagen.

Wir haben Polanski in den Büschen gefunden. Dein Engel hat wieder mal zuviel Korn gesoffen und die Büsche mit seinem Bett verwechselt, und jetzt ist er mausetot – ein schöner Klumpen von gefrorenem Schnaps.«

Sein Blick verriet, wie sehr er darauf wartete, daß irgend etwas geschehen würde. Ich hatte ihm während der letzten Kartoffelferien einmal über »unseren« Hannes Polanski erzählt, als er der Küchenschwester, die Hannes besondere Küchenkräuter abkaufte, die er in einem buntbemalten Kasten hinter seinem Fahrradsattel mitführte, zurief: »Der Polanski-Pollack ist da!«

Mein übervolles Kinderherz war, wenn man so wollte, mit mir durchgegangen. Was wußten Pinkus und die anderen schon von Hannes Polanski, außer, daß er vor fünfzehn Jahren mit seinem Bergarbeiter-Vater und acht Geschwistern aus Polen gekommen war und es vorgezogen hatte, als Händler von Dorf zu Dorf, Bauernhof zu Bauernhof, Arbeitersiedlung zu Arbeitersiedlung zu ziehen, statt jeden Tag in eines der Kohlenbergwerke einzufahren, die sich damals zwischen den Dörfern im weiten Wiesen- und Ackerland einnisteten. Natürlich wußte Pinkus auch, daß die Mädchen dem »Pollack« nachsahen, wenn er mit seinem blonden Schopf, seinem gebräunten Gesicht, seiner Athletenfigur und seinen vergnügt-listigen Augen daherstrampelte und ebenso, daß die gleichen Mädchen am Samstag in Pinnebergs Tanzsaal darauf warteten, daß er auftauchte und mit ihnen polnisch tanzte, daß die Röcke flogen – auch dann noch, wenn er zehn Korn und zehn Bier getrunken hatte und eifersüchtige Bergleute ihm eine weitere Portion Korn in das Bier schmuggelten, um ihn außer Gefecht zu setzen.

Aber was wußte Pinkus schon von »unserem« Hannes

Polanski, auf den wir jeden Mittwoch und Samstag an der Schulhofmauer am Dorfrand warteten, manchmal eine Stunde oder zwei, bis er bei jedem Wetter mit Fahrrad und Anhänger auf dem holprigen Weg, der auf der Krone des Rheindeiches nach Friemersheim führte, herangestrampelt kam und schon von weitem winkte. Entlang seiner Händlertour hatte er ein paar Unterkünfte, in denen er einmal hier, einmal dort übernachten konnte – in einer alten Scheune oder in einem verlassenen Schuppen, mit einem Strohsack, einem Tisch, ein paar Stühlen und einem Ofen, der sein Rohr durch die Wand nach draußen steckte.

Sicherlich besaß er bei uns das schönste Quartier – in dem festgemauerten Stall, der zur Schule gehörte. Der Vorgänger meines Vaters hatte ihn einmal für die Ziegen benutzt, deren Milch (wie man damals glaubte) seine tuberkulosekranke Frau gesundmachen sollte. Seit die Arme trotz aller Milch gestorben war und ihr Mann seinen Posten meinem Vater überließ, hatte der Stall leergestanden, bis Hannes Polanski vor drei Jahren zum ersten Mal aufgetaucht war und mit meiner Mutter einen Handel – jeden Monat einen preiswerten Kleiderstoff gegen eine Schlafstelle im Stall – geschlossen hatte. Er hatte sein Quartier über die paar Meter Stoff hinaus tausendfach mehr durch seine fröhliche Liebe zu mir und meinen Altersgenossen bezahlt.

Als zum ersten Mal ein Zirkus in unsere Gegend kam, als wir uns für Zirkusspiele begeisterten und einen eigenen Zirkus wünschten, hatte er uns (und nur der Himmel wußte woher) hölzerne Masken und alten Stoff für ein Zirkuszelt besorgt, Zuschauerbänke aus Treibholz gezimmert und Sägemehl in die »Arena« gestreut. Bei unserer ersten Vorstellung vor mildtätigen Friemersheimern hatte er in Ermangelung anderer Athleten

den Muskelmann im roten Trikot gemacht, die Küstermädchen mit seinen kräftigen Armen bis unter das Zeltdach hinaufgestemmt und sie auf seinen Händen kreisen lassen, während er mit seiner mächtigen Stimme eines seiner polnischen Lieder sang. In der Sammelbüchse, die Küsters Pütje (wie am Sonntag den Klingelbeutel in der Kirche) an den Zuschauern vorbeitrug, hatte es nur so geklirrt und geklappert.
Und als etwas später unsere Indianerzeit anbrach, war es Hannes Polanski, der uns Pfeil und Bogen bastelte und Hühnerfedern für den Kopfputz bunter färbte, als es Sioux oder welcher Stamm auch immer jemals fertigbrachten.
Danach, als die Zeit gekommen war, in der wir uns für Kino begeisterten und Kino spielen wollten, war er es gewesen, der mit einem verrosteten Vorführapparat von irgendeiner Abfallhalde daherkam. Er hatte ihn repariert und sein Ziegenstall-Quartier in ein Kino (mit 5 Pfennigen Eintrittsgebühr) verwandelt. Sogar 150 Meter Film (mit einem leicht angekratzten Charlie Chaplin darauf) hatte er herbeigezaubert.
Und wie hatten wir ihn bewundert, wenn er im Winter Löcher in die Eisdecke am Rheinufer schlug, für zwanzig Minuten ins Wasser stieg und eines seiner Lieder sang, während wir es nicht einmal auf eine oder zwei Minuten brachten. Wir hatten begonnen ihn zu lieben, als er die schöne Anuschka, die wir mit heimlicher Leidenschaft verehrten, vor einem wildgewordenen Eber auf Lingenbrinks Hof gerettet und auf seinen Armen nach Hause getragen hatte, obwohl ihm das Blut aus vielen Wunden lief und sein Fahrrad nur noch ein Trümmerhaufen war.
Ich aber – ich liebte ihn nun einmal am meisten und ich hatte so viele Gründe, ihn zu lieben, nicht nur, weil er

zwei Tage und Nächte lang neben meinem Bett ausgehalten und mich in immer neue kühlende Käseschichten gepackt hatte, bis meine Lungenentzündung das Rennen aufgab und mich am Leben ließ. Ich liebte ihn auch, weil er (der wahrscheinlich nur ahnungsweise wußte, was ein Schriftsteller war) irgendwie verstand, als ich mit dreizehn angefangen hatte, in einer Schulkladde erfundene Geschichten aufzuschreiben und von meiner Mutter und meinem Vater verspottet und gerügt wurde, als ich sagte, ich möchte Schriftsteller werden und nicht Arzt. Die Schreibmaschine (die billigste, die bescheidenste, die älteste), die mein Vater mir verweigerte, hatte Hannes Polanski mir besorgt – bescheidener als bescheiden, älter als alt, mit einer Buchstabenwalze und einem rostigen Stab, den man auf jeden einzelnen Buchstaben richten mußte, bevor die Walze sich bewegte – aber eben eine Schreibmaschine. Er hatte sie in seinem Stallquartier hinter einem Ofenschirm etabliert, wo ich schreiben konnte, ohne daß mich jemand hörte oder sah. Und wenn er in seinem Quartier war, hatte er mir beim Schreiben zugesehen oder zugehört, wenn ich ihm vorlas und mir mit seiner optimistischen Fröhlichkeit erklärt: »Schulmeister-Junior, laß dir von Hannes Polanski sagen: du wirst noch mal ein Dichter...«

Und jetzt, an diesem Neujahrsmorgen in meines Onkels Hospitalküche, saß Pinkus kauend und Kaffee schlürfend neben dem Ofen und behauptete, Hannes Polanski – mein und unser Hannes Polanski – sei in der vorangegangenen Nacht erfroren und tot. Und dabei blinzelten seine schmalen und farblosen Augen genauso spöttisch und hämisch wie an dem Tage der Kartoffelferien, an dem ich Hannes gegen seine Bosheit und seine Beschimpfungen verteidigt, er aber nichts von meiner

Dankbarkeit und Liebe verstanden hatte. Ich war plötzlich überzeugt, daß er wiederum nur darauf aus war, mich zu tratzen und sich daran zu freuen.
Doch so sehr er auf meine Reaktion zu lauern schien, so sehr fuhr er zusammen, als ich ihn in einer plötzlichen Mischung von Schmerz und Wut anschrie: »Du lügst... Du bist eine Laus von einem Lügner!«
Ich sah Hannes Polanski an den Wintertagen vor mir, an denen er im eisigen Wasser des Rheins ausgehalten und gesungen hatte, und ich fuhr fort: »Hannes Polanski erfriert nicht bei minus dreißig Grad. Er erfriert nicht mal bei vierzig... Er lacht nur über solchen Kacks.«
Während ich Pinkus noch anschrie, hatte er sich bereits gefaßt.
»Blas' dich nicht auf, Kleiner«, sagte er. »Der Polanski ist nun mal an solchem Kacks gestorben. Der Assistenzarzt hat ihm sogar 'ne Ladung Kampfer direkt ins Herz gepumpt. Aber die Maschine hat sich nicht mehr gerührt. Der Kacks hat ihn umgebracht, und er ist mausetot.« Dabei stand er auf, und er war viel größer als ich und sah auf mich herab. Er sagte: »Sie haben ihn in die Waschküche gelegt. Komm' mit! Ich zeig' dir deinen erfrorenen Engel...«
Damit packte er mich am Arm und brachte mich in die Waschküche, die im Erdgeschoß neben dem Verbandszimmer lag. Und als er die Tür aufstieß und mich vor sich herschob, glaubte ich einen Augenblick lang, mein Atem bliebe stehen, denn dort, auf einem Holztisch, lag wirklich Hannes Polanski, und sie hatten ihn bis zur Brust mit einem Tuch zugedeckt.
Er bewegte sich nicht und seine Augen waren geschlossen. Aber dann erinnerte ich mich, daß er sich öfter unbeweglich und wie tot auf die Turnmatte in unserer Schule gelegt hatte – zum »Entspannungstraining«, wie

er das nannte, lange bevor diese Parole Mode wurde. Genauso lag er da, mit seiner bräunlichen, vielleicht ein bißchen helleren, aber trotzdem bräunlichen Haut, so wie er immer gewesen war. Ich glaubte fest, daß er im nächsten Augenblick die Augen aufschlagen, vom Tisch heruntersteigen und mit einem breiten Grinsen sagen würde: »Ach, da bist du ja, Schulmeister-Junior. Kannst du mir verraten, wie Hannes Polanski hierhergekommen ist? Bring mir meine Kleider, damit ich abhauen kann. Sonst klauen sie mir noch mein Fahrrad und den Anhänger und den ganzen Laden. Also hopp...«

»Was hab' ich dir gesagt«, sagte unterdessen Pinkus und legte eine besondere Portion Gift auf seine Zunge. »Sobald sie Zeit haben, schaffen sie ihn in den Totenkeller und dann ab auf den Friedhof oder in die Anatomie.«

Voller Nichtbegreifenwollens, aus Trotz und Zorn, überwand ich die gewöhnliche Scheu vor allem, was mit Tod zusammenhängt. Ich trat an den Tisch heran, an Hannes Polanskis Seite und sagte: »Er ist nicht tot. Er ruht sich nur aus. Aber davon verstehst du nichts...«

Hannes Polanski regte sich auch aus der Nähe nicht und seine Brust schien bewegungslos. Aber ich versuchte, mein Ohr auf diese Brust zu legen, so wie es Onkel Benedikt tat, wenn er sein Stethoskop nicht zur Hand hatte und ein Herz abhorchte. Ich war jedoch mit vierzehn noch ziemlich klein, der Tisch dagegen hoch und breit. Seit ein windiger Vertreter Onkel Benedikts mich bei meiner Geburt mit einer Zange hervorgezerrt und meinen Kopf um eine Spur zuviel gequetscht hatte, war ich nicht nur ein Linkshänder, sondern auch ein Linkshörer geworden. Das rechte Ohr war nicht viel wert, das linke war dafür um so besser. So kostete es mich einige Mühe, bis ich, mit meinen linken Rippen auf Hannes

Polanskis Brust gepreßt, mein linkes Ohr auf die Stelle legen konnte, wo sich sein Herz befand. In der Wirrnis meiner Gefühle empfand ich nicht die Kälte seiner Haut, die durch mein Hemd drang, und ich vergaß diese Kälte völlig, als ich in meinem Ohr jäh Geräusche hörte. Sie klangen wie: Bab ... bab ... bab ..., und das Bab ... bab ... bab ... wurde deutlicher und deutlicher, je angestrengter ich horchte und je fester ich mein Ohr auf Hannes' Brust preßte.

»Sein Herz schlägt...«, stieß ich beinahe jubelnd hervor. »Sein Herz schlägt, und er ist nicht tot!«

»Kleiner«, sagte Pinkus, »jetzt spinnst du hochkarat.«

»Dann hör' selber hin«, rief ich, während ich mich aufrichtete. »Warum hörst du nicht selber sein Herz?!«

»Du Oberspinner«, sagte er, »glaubst du, der Assistenzarzt und ich wissen nicht, wann jemand tot ist?«

Aber ich wiederholte nur: »Hör selber! Warum hörst du nicht selber?! Hast du Angst?«

»Ich und Angst!« Er bückte sich und weil er viel größer war als ich, fiel es ihm leicht, sein Ohr auf Hannes Polanskis Brust zu legen. Aber als er sich wieder aufrichtete, tippte er mit einem Finger an meine Stirn.

»Du mußt dich wirklich mal in der Irrenanstalt untersuchen lassen«, sagte er und wies auf Hannes' Brust. »Da drin schlägt überhaupt nichts. Und jetzt machst du besser Schluß mit dem Zauber und gehst an die Arbeit. Die Pißflaschen und Bettpfannen warten...«

Dann ging er einfach hinaus. Aber mir war, als hätte ich seine letzten Worte gar nicht gehört. Ich beugte mich mit viel Mühe von neuem über Hannes Polanskis Brust und sofort hörte ich wieder das Bab... bab... bab..., und meine Erregung machte mich über und über heiß. Wenn ich die Kälte von Hannes' Haut schon vorher nicht beachtet hatte, so fühlte ich sie jetzt noch weniger. Ich dachte nur noch daran, daß ich ihm helfen und dafür sorgen müßte, daß er aus der Waschküche heraus und in ein anständiges Bett kam.

Einen Augenblick lang wußte ich nicht, was ich unternehmen könnte. Aber dann lief ich auf den Flur hinaus und weiter zu Onkel Benedikts Zimmer. Ich öffnete seine Tür ohne anzuklopfen. Aber er saß nicht hinter seinem Schreibtisch. Nur seine alte Hexe von Oberschwester ordnete Papiere in einen Schrank.

»Dein Onkel«, sagte sie, »hat in Krefeld zu tun und kommt nicht vor Mittag oder Nachmittag zurück. Was willst du von ihm?«

Atemlos erklärte ich: »Pinkus behauptet, Hannes Polanski sei tot. Aber er lügt. Hannes Polanski ist nicht tot. Sie müssen ihn aus der Waschküche holen und in ein Bett legen, bis er wach wird und sich erholt...«

Sie fragte: »Meinst du vielleicht den erfrorenen Pollack von heute morgen? Was hast du mit dem Säufer zu tun?«

»Er ist kein Pollack und er ist kein Säufer«, sagte ich, »auch wenn er öfter mal einen hebt. Er ist mein Freund, und er hat mir das Leben gerettet...«

»Feine Freunde hast du«, sagte sie. »Aber es ist nun einmal so: Er hat sich letzte Nacht betrunken zum Schlafen in die Büsche gelegt und ist erfroren.«

»Er ist nicht erfroren«, widersprach ich mit allem verzweifelten Zorn, zu dem ich mit meinen vierzehn Jahren fähig war. »Und er ist nicht tot. Ich habe eben sein Herz schlagen gehört!«

»Was hast du? Seinen Herzschlag gehört? Du...?« Sie fuhr mit ihrer Arbeit fort, zum Zeichen, daß sie mich nicht ernst nahm. »Was redest du für einen Unfug.«

Aber ich beharrte: »Ich habe sein Herz schlagen gehört.«

Sie sah mich mit einem süßlichen, alles verzeihenden

Altweiberlächeln an. Aber dann stand sie auf, ergriff meinen Arm und zog mich durch den Flur zur Waschküche. »Dann zeig' mir mal«, sagte sie, »wie du sein Herz gehört hast.«

Hannes Polanski lag unverändert da, und ich reckte mich mit aller Kraft, bis ich mein linkes Ohr auf seine Brust pressen konnte. Und im nächsten Augenblick war das Bab... bab... bab... wieder da, so laut, so klar und so deutlich, daß es überhaupt keinen Zweifel geben konnte.

»So hören Sie doch«, drängte ich, während ich mich wieder aufrichtete. »Bitte, hören Sie doch selbst!«

Sie schüttelte den Kopf, als ob sie an meinem Verstand zweifelte. Aber dann dachte sie wahrscheinlich an meinen Onkel und daran, daß er sie gebeten hatte, sich um mich zu kümmern und daß ich sein Neffe war.

Auch sie war größer als ich, und es bereitete ihr keine Mühe, ihr Ohr auf Hannes' Brust zu legen. Sie tat es anscheinend sorgfältig und nicht nur so obenhin, um mich zu beruhigen. Aber als sie sich wieder aufrichtete, sah sie mich ernst an und sagte: »Weißt du, wie viele Sterbende und Tote ich gesehen habe? Du kannst sie nicht zählen, und ich weiß, wann ein Herz aufgehört hat zu schlagen.«

Mit einer entschiedenen Bewegung zog sie das Tuch, das Hannes Polanski bis zur Brust bedeckte, auch über sein Gesicht.

»Sein Herz schlägt schon lange nicht mehr«, sagte sie. »Und nun werden wir ihn in Frieden lassen...«

Ich wollte ihr trotzig erwidern, daß ich ein jüngeres und besseres Ohr hätte als sie und daß sie eine taube alte Wachtel war. Aber sie gab mir keine Gelegenheit dazu.

»Dein Onkel«, sagte sie streng, »wird nichts dagegen haben, wenn du in seinen Büchern einmal über den

Erfrierungstod nachliest. So etwas vertreibt die Phantasie. Komm mit!«
Sie zog mich am Arm wieder den Flur entlang und in das Zimmer meines Onkels. Dort nahm sie ein paar Bücher aus einem Schrank und gab sie mir. »Lies darin«, sagte sie, »bevor du weiter dummes Zeug behauptest. Setz' dich in deines Onkels Sessel. Ich habe etwas anderes zu tun und lasse dich allein. Du hast also ungestört Zeit, etwas zu lernen. Und komm nicht noch einmal auf den Gedanken, in die Waschküche zu gehen.«
Dann ließ sie mich allein zurück.
Ich war zornig über meine Machtlosigkeit, zornig darüber, daß sie mich behandelte wie ein Kind und alle anderen sich nicht besser betrugen. Aber das Bab... bab... bab..., das in meinem Ohr weiterklang, ließ mich doch in den Büchern blättern.
Sie waren von öder Langeweile, bis ich plötzlich auf die Geschichte eines Jägers stieß, der – von einer Fußangel im winterlichen Schnee festgehalten – als zu Tode Erfrorener nach Hause gebracht und aufgebahrt worden war. Aber in der nächstfolgenden Nacht war er zum Schrecken und danach zur Erleichterung seiner Familie aus dem vermeintlichen Tod erwacht. Als ich diesen Rapport gelesen hatte, suchte ich nur noch nach weiteren Berichten gleicher Art.
Ich vergaß über meiner besessenen Suche die Zeit des Mittagessens und las immer noch, als das mittägliche Getrampel und Gerolle draußen auf dem Gang aufhörte und das Hospital in Stille versank. Zu der Zeit war ich bei einem langen Bericht über Erfrierungen in der Armee des französischen Kaisers Napoleon während des russischen Winters von 1812 angelangt. Ein napoleonischer Arzt namens Larrey schrieb über Zehntau-

sende von Soldaten, die erfroren an den Marschstraßen zurückgeblieben waren.

Aber dann, in einem anderen Absatz, erwähnte er andere Soldaten, die man erstarrt, ohne jedes Lebenszeichen für tot in Hütten und Scheunen zurückgelassen hatte, die aber nach Tagen wieder zum Leben erwachten und von nachfolgenden Truppeneinheiten gerettet worden waren.

Als ich soweit gekommen war, hämmerte mein Herz vor Erregung. Jetzt war ich mir endgültig sicher, daß ich Hannes Polanski retten würde, sobald nur mein Onkel kam und mir glauben würde. Ich lief zum Fenster, um nach ihm Ausschau zu halten. Man sah sein altes Adler-Auto gewöhnlich schon von weitem, wenn er über den Rheinuferweg heranrollte. Doch auch als ich eine Stunde am Fenster gewartet hatte, war er noch nicht in Sicht. Statt dessen überfiel mich die Erinnerung an Pinkus' Bemerkung, daß man Hannes entweder in die Totenkammer im Keller, auf den Friedhof oder aber zu den Anatomen schaffen würde. Und das Wort »Anatom« bedeutete für mich, daß man Hannes nach Köln transportieren würde, wo die Anatomen der Universität nicht genug Leichen für ihre Seziertische hatten und für jeden Nachschub bezahlten. Gleich darauf überwältigte mich der Verdacht, daß Hannes mit seinem lebendigen Herzen bereits abtransportiert worden sein könnte. Und der Verdacht trieb mich dazu, die Mahnung der Oberschwester zu vergessen, doch in die Waschküche zurückzukehren, nach Hannes Ausschau zu halten und, falls ich ihn dort nicht mehr fand, in den Totenkeller hinabzusteigen und dort nach ihm zu suchen.

Vorsichtig öffnete ich die Tür zum Flur und spähte hinaus. Niemand war um diese Zeit zu sehen. Die Tür des Assistentenzimmers war nur angelehnt. Ich hörte die hohe piepsende Stimme von Dr. Lassenpoot, des Assistenten, und den kläffenden Husten der dicken Laborantin. Es waren nur zwanzig Meter bis zur Waschküche. Von dort führte eine enge Treppe in den Keller und durch einen dunklen Gang zu einer alten Stahltür, hinter der die Totenkammer lag. Der rostige Handgriff, mit dem man sie öffnen konnte, hing meistens an einem Nagel an der Wand.

So schlich ich aus Onkel Benedikts Zimmer. Aber bevor ich die Tür hinter mir schloß, kehrte ich noch einmal um, weil mir meines Onkels Stethoskop einfiel, das er in seiner Ärztetasche mit zu den Besuchen auf den Rheinschiffen nahm. Ich hatte die plötzliche Idee, Hannes Polanskis Herz auf »wissenschaftliche Weise« zu hören – auf eine Weise also, über die niemand würde lachen können. Doch Onkel Benedikts Ärztetasche, die sonst immer auf dem Fußboden vor seiner alten Garderobe stand, befand sich nicht an ihrem Platz. Nur die Stabtaschenlampe, die Onkel Benedikt bei nächtlichen Besuchen mitnahm, hing an einem Garderobenhaken, und ich nahm sie an mich.

Dann schlich ich zum zweiten Mal auf den Flur hinaus und am Assistentenzimmer vorüber. Die Bilder winterlicher russischer Einöden und die Vorstellung napoleonischer Soldaten, die von einem scheinbaren Erfrierungstod auferstanden waren, begleiteten mich.

Unbemerkt kam ich bis zur Waschküche. Ihre Tür quietschte, und als der Lichtkegel der Lampe den Tisch traf, auf dem Hannes Polanski am Vormittag gelegen hatte, bemerkte ich, daß der Tisch leer und Hannes verschwunden war. Jetzt überfiel mich endgültig die Angst, man könnte ihn wirklich schon an die Anatomen verkauft haben. Damit verband sich die Furcht, die

Anatomen könnten in ein lebendes Herz hineinschneiden. Und danach würden sie vertuschen, daß Hannes nicht wirklich erfroren, sondern von ihnen ermordet worden war. Die Furcht ließ mich im Taschenlampenlicht die Betontreppe zum Keller hinabeilen, bis zu der Tür, welche die verkratzte Aufschrift »Totenkammer« trug.
Mein eigenes Herz pochte immer lauter, während der Lichtstrahl auf einen erbärmlichen rohen Holzsarg fiel, der auf zwei alten Holzböcken stand. Der Sarg war noch nicht geschlossen und so sah ich zu meiner ungeheueren Erleichterung, daß Hannes darin lag.
Er lag unverändert, bis zur Brust zugedeckt, ohne das kalkige Weiß des Todes, auf einem Strohsack, und im Lichtschein meiner Lampe glaubte ich in meiner überhitzten Phantasie, daß ein Finger seiner zusammengefalteten Hände sich bewegte, so als ob er mir durch ein Zeichen hätte sagen wollen: Laß' sie nur denken, was sie wollen. Ich lebe noch und du bist der einzige, der es begreift...
Von dem Augenblick an kannte ich nur noch ein Ziel: Noch einmal sein Herz zu hören und dann Decken und Bettzeug aus der Wäschekammer zu holen, ihn warm zuzudecken und bei ihm zu wachen, bis ich über dem Kellerfensterschacht Onkel Benedikts heimkehrendes Auto hörte. Danach würde ich Onkel Benedikt in den Keller holen und ihm beweisen, daß Hannes lebte, daß er aufwachen würde wie die Soldaten Napoleons an der Beresina und daß sein Platz in einem Bett war und nicht in einem Sarg.
Der Sargrand war höher, als es der Waschküchentisch gewesen war. Ich mußte mich noch höher recken und mich an das Holz klammern, um mein Ohr an Hannes Brust zu bringen. Und als ich spürte, daß sich der Sarg

mit mir zur Seite legte und zu kippen begann, war es zu spät.

Die Böcke kamen in Bewegung. Ich spürte, wie ich nach rückwärts fiel. Dann lag ich auf dem Beton des Bodens und Hannes' Körper lag über mir, Brust an Brust, und auf uns beiden lastete der Sarg.

Die Lampe entglitt meiner Hand, sie rollte über den Boden davon. Ihr Lichtkegel huschte noch einen Augenblick lang über die Wände, dann erlosch er. Aber in der tiefen Dunkelheit, durch das Gefühl eines tiefen Schocks hindurch, spürte ich wieder das Bab... bab... bab... Ich spürte es eher, als daß ich es hörte. Ich spürte es in Schlägen, die aus Hannes' Brust heraus meine eigene Brust zu erschüttern schienen. Als ich versuchte, mich zu bewegen, begriff ich, daß ich zu schwach war, um mich von Hannes' Last und dem Gewicht des Sarges zu befreien. Ich versuchte es und versuchte es immer wieder. Aber es gelang mir nicht. Dabei spürte oder hörte ich immer weiter das Pochen des Herzens, das jetzt zu irgendeinem Zeitpunkt begann, mich zu ängstigen. Nicht, weil ich in meiner Besessenheit zu glauben begonnen hätte, daß Hannes Polanski tot war, sondern weil ich hilflos war und nichts mehr für ihn tun konnte.

Während eine eisige Kälte in mich hineinkroch und mich lähmte, durchlief ich eine Wandlung von meinem kindlich-phantastischen Rettertraum zu der Angst, von Hannes mit in den Tod genommen zu werden. Sie verband sich mit der panischen Furcht, das Pochen seines Herzens könnte zu Ende gehen. Ich schrie zum ersten Mal nach Hilfe, als ein Herzschlag aussetzte und das Pochen in einen wilden, unregelmäßigen Rhythmus überging.

Aber es blieb bei diesem einen Schrei, denn ich verlor

das Bewußtsein und wußte nicht mehr, was um mich herum geschah.
Als ich aufwachte, wurde mir als erstes bewußt, daß ich Hannes Polanskis Herz nicht mehr hörte. Im hellerleuchteten Verbandszimmer lag ich, bis zum Hals in Wärmflaschen und Decken gehüllt, auf dem Behandlungstisch. Nur langsam verwandelten sich einige Schatten ringsum in die Gestalten und Gesichter von Dr. Lassenpoot, der Oberschwester und schließlich Onkel Benedikts gewichtige Figur. Er beugte sich mit seinem dunkelroten Gesicht über mich.
»Hörst du mich?« fragte er. »Du gottverdammter Narr, hörst du mich?«
Seine Stimme, die zuerst undeutlich war, wurde langsam verständlicher. »Bist du dir klar darüber«, grollte er, »daß du erfroren wärest, wenn wir dich nicht gesucht und gefunden hätten und du noch länger unter dem Toten gelegen hättest?«
Ich fröstelte zwischen allen Wärmflaschen und Decken bis ins Innerste hinein. Trotzdem brachte ich in einer neu aufflackernden trotzigen Verzweiflung hervor: »Ich habe sein Herz schlagen gehört.«
Aber Onkel Benedikts Stimme grollte: »Nichts hast du gehört. Soll ich dir verraten, was du gehört hast?«
Ich wagte nicht, seine Antwort herauszufordern – aus Furcht, diese Antwort würde meine Träume über Hannes' Leben endgültig zerstören.
Aber er sagte: »Ich werde es dir verraten. Du hast nicht Polanskis Herz gehört. Du unglaublicher Narr hast dein eigenes Herz gehört.«
Was er sagte, klang zu unverständlich und zu ungeheuerlich, als daß ich ihm hätte glauben und mein Erlebnis und meine Überzeugung von Hannes' schlagendem Herzen verraten können.

Es dauerte fast drei Wochen, bis ich mich erholte und Onkel Benedikt zu glauben begann, daß es wirklich die Schläge meines eigenen Herzens gewesen waren, die sich von meiner gegen Hannes Polanskis Rippen gepreßten linken Brust auf mein linkes Ohr, das neben seinem Brustbein lag, und von dort weiter auf meine so hörbereite Kinderseele übertragen hatten – zuerst in pochender Regelmäßigkeit, dann im heftigen Hämmern meiner Erregung und schließlich im lauten arhythmischen Schlag meiner panischen eigenen Furcht.
Trotzdem regte sich tief in mir noch öfter ein trotziger Zweifel. Er regte sich, als ich nach meiner Erholung vor Hannes' Grab in dem alten Friedhofswinkel stand, in dem er bestattet worden war. Und er regt sich immer noch – wenn die gespenstischen Erinnerungen an den Neujahrstagen erwachen.

Herbert Venzke

Die blaue Kugel

An einem heiteren Sommertag machten meine Frau und ich einen Spaziergang in den nahe gelegenen Wald. In Bödexen stellten wir unser Auto an einem Wassertretbecken ab.
Wir waren allein.
Es war früher Nachmittag, die Sonne schien, die Welt war friedlich. Natürlich zwitscherten Vögel, nichts deutete auf Ungewöhnliches.
Niemand wird uns glauben, aber wir sahen sie tatsächlich: vor uns schwebte plötzlich eine Kugel. Sie kam von der linken Seite des Weges und war etwas größer als ein Fußball. Sanft und geräuschlos schwebte sie dahin, einer riesigen Seifenblase nicht unähnlich.
Wir waren überhaupt nicht erschrocken. Die magische Kugel paßte irgendwie in den Frieden dieser Landschaft. »Sieh mal«, sagte ich zu meiner Frau. »Da will uns einer einen Streich spielen!«
Meine Frau war entzückt. So ein Schauspiel hatten wir bisher noch nicht gesehen. Während die Kugel über den Weg schwebte, drehte sie sich um ihre eigene Achse. Wolken spiegelten sich darin, drehten sich aber gleichmäßig mit dem hellblauen Geschöpf.
Nirgendwo sah ich eine Einbuchtung, nirgendwo war eine Öse für einen Bindfaden oder eine Halterung für einen Stock.
Als die Kugel so ziemlich den rechten Rand des Weges

erreicht hatte, sah sie aus wie ein Globus mit den eingezeichneten Erdteilen.
Während meine Frau fasziniert diesen geheimnisvollen Ball ansah, guckte ich schnell in den Straßengraben. Aber ich konnte niemanden entdecken, der vielleicht mit einem unsichtbaren Mechanismus dieses Gebilde angetrieben hätte. Der Graben war viel zu flach, als daß er hätte jemand verbergen können.
Langsam entfernte sich die Kugel von uns, änderte leicht ihre Farbe, blieb aber blau und faszinierend schön: ein winziges Abbild unserer Erde.
Der Spuk verschwand so schnell, wie er gekommen war. Wir hatten keine Angst, aber unheimlich war uns schon zumute. Also gingen wir zurück zu unserem Auto...

Gisela Zacharias

Vision auf Gran Canaria

Die Tage auf der Insel waren wie ein Traum. Die Sonne, das Meer und die breiten Strände. Mein Mann, meine Tochter und ich waren glücklich. In jener Nacht schliefen wir drei zusammen in einem Raum. Die Betten standen separat, vor die großen Fenster hatten wir den Plastikvorhang gezogen, so daß kein Schatten in das abgedunkelte Zimmer dringen konnte. Außerdem lag unser Appartement auf Gran Canaria im dritten Stock.

Die frische Luft in den Ferien hatte dazu beigetragen, daß wir immer wie die Murmeltiere schliefen. Nichts konnte uns stören.

Trotzdem wurde ich in dieser Nacht schlagartig wach. Ich spürte, daß es meinem Mann genauso ging. Doch keiner von uns konnte sich bewegen oder nur einen Laut von sich geben. Wir haben später oft von diesem Ereignis gesprochen und waren uns einig, daß wir gleichzeitig die gleichen Empfindungen hatten. Vor uns im Raum bewegte sich eine mannshohe Gestalt. Langsam nur veränderte sich ihre Position, war nur ein grauer Schemen ohne Gesicht.

Plötzlich bewegte sich die Gestalt, ging um das Bett herum und wurde in der Bewegung immer kleiner. Zwischen Bett und Schrank hielt der Schemen an; er war jetzt etwa drei Meter von mir entfernt. Da sah ich, wie das Wesen die Arme vor dem Körper verschränkte und grinste.

In diesem Moment erkannte ich meine Tochter. Erschrocken versuchte ich sie im Dunkeln zu berühren. »Heike, geh' sofort ins Bett«, sagte ich. »Was läufst du hier herum?«

Meine Hand faßte jedoch ins Leere. Die Gestalt wurde kleiner und kleiner und verschwand in zusammengekauerter Haltung zwischen Wand und Schrankecke.

In diesem Moment schaffte es mein Mann, das Licht einzuschalten. Mein erster Blick galt meiner kleinen Tochter in ihrem Bett. Sie schlief seelenruhig, sanft und mit einem Lächeln auf ihrem Gesicht.

Es hat lange gedauert, bis mein Mann und ich uns in dieser Nacht wieder beruhigen konnten. Die letzten drei Tage unseres Urlaubs verliefen dann auch nicht so harmonisch wie die Wochen zuvor. Wir faßten dieses Erlebnis als ein Zeichen auf, eine Warnung, daß unserer Tochter vielleicht etwas zustoßen könnte. Sie ist bis heute jedoch ein freundliches, fröhliches Kind...

Verschiedene Autoren

Uris Stimme

Es war ein Samstagvormittag im März. Wie immer, so hatte ich auch an diesem Wochenende mein Radio eingeschaltet, um bei RTL den »Unglaublichen Geschichten« zu lauschen. Eigentlich bin ich ja ein skeptischer Mensch und vieles von dem, was in dieser Sendereihe berichtet wird, will mir einfach nicht in den Kopf: Hellsehen, Gedankenübertragung – paßt dies eigentlich noch alles in diese aufgeklärte Zeit?
Nun ja, phantastisch sind diese Geschichten allemal. An diesem Samstag sprachen der Moderator Rainer Holbe und der Parapsychologe Elmar Gruber über Psychokinese, also über die Fähigkeit des menschlichen Geistes, auf Materie einzuwirken. Da soll es zum Beispiel in der Sowjetunion eine Frau Kulagina geben, die nur mit der Kraft ihrer Gedanken Gegenstände auf einer Tischplatte bewegen kann: wie von Geisterhand berührt machen sich Feuerzeuge selbständig, sausen Streichholzschachteln durch die Gegend.
Als einen der »Meister der Psychokinese« nannten die Moderatoren dann den Israeli Uri Geller. Er könne nur aus seinem Willen heraus Gabeln und Messer verbiegen und längst kaputte Uhren wieder zum Gehen bewegen. Die Hörer am Radio könnten so ein Experiment gerne einmal mitmachen.
Neugierig geworden, drückte ich meiner vierjährigen Tochter Saskia, die gerade auf dem Teppich saß und

spielte, einen Kaffeelöffel in die Hand. Ich selbst nahm mir eine Gabel.

Leise Musik kam aus dem Radio. Wir sollten uns entspannen, sagte eine Stimme. Sie hatte einen seltsam fremdländischen Klang. Es war die Stimme von Uri Geller.

»Du bist ruhig und entspannt, nichts aus deinem Alltag berührt dich mehr. Und alles, was wahr sein kann, ist wahr«, hörte ich ihn sagen.

»Du bist jetzt einem der Geheimnisse des Lebens auf der Spur. Denn du wirst erkennen, wie kraftvoll Gedanken sein können und wie wichtig es ist, daß du dies weißt!«

Saskia spielte mit dem Löffel, ich hielt die Gabel leicht in der Hand.

»Mit deinen Gedanken kannst du dich verändern und mit deinen guten Gedanken die ganze Welt«, sagte Uri im Radio.

So unwahrscheinlich es klingt, aber ich fühlte, wie mein kritischer Verstand immer mehr zurückgedrängt wurde und wie ich mich voll auf diese Musik und die ruhige Stimme des Mannes aus Israel konzentrierte.

»Es ist die normalste Sache der Welt, daß du nur mit deinen Gedanken Metall verbiegen kannst. Streiche jetzt mit zwei Fingern über eine Gabel, ein Messer oder einen Schlüssel. Und übertrage deine Energie auf dieses Metall, denke daran, daß du es durch deinen Willen verändern kannst. Es ist die natürlichste Sache der Welt, daß sich diese Gegenstände verbiegen. Reibe sie ganz sanft und denke: biege, biege, biege dich!«

Ich hörte die Stimme Uris aus weiter Ferne. Und ich fühlte plötzlich, wie es mir ganz warm wurde. Mein Gesicht glühte förmlich und als ich auf die Gabel schaute, hatten sich deren Zinken ineinander verdreht,

fast wie ein Strauß Kornblumen, den man unsachgemäß zusammengebunden hat. Saskia zeigte mir im gleichen Moment stolz die zwei Teile ihres Löffels. Er war einfach kurz hinter der »Schaufel« abgebrochen.
Ich bin, wie gesagt, ein skeptischer Mensch und als Lehrerin immer bemüht, auf dem Boden der Tatsachen zu bleiben. Aber an diesem Morgen war mein Weltbild irgendwie zumindest angekratzt.
Ich hörte noch eine Weile der Sendung zu. Über Telefon meldeten sich jetzt Menschen, die ähnliches erlebt hatten wie ich. Hätte nicht ein zerbrochener Löffel und eine verbogene Gabel vor mir gelegen, ich hätte sie für Spinner gehalten...

Marion H. Merzig

*

Löffel- und Gabelverbiegen aus einem Wunschdenken heraus? Welch ein Blödsinn, dachte ich. Defekte Uhren sollten wieder in Gang gesetzt werden? Mir schien das alles wenig sinnvoll. Da jedoch in meiner Schatzkiste zwei alte Armbanduhren lagen, die vor einigen Jahren ihren Geist aufgegeben hatten, entschloß ich mich, diese zum Leben zu erwecken.
Ein kühner Entschluß, da ich im Prinzip diesen nicht erklärbaren Vorgängen gegenüber ziemlich skeptisch bin. Ich wurde in meiner Meinung bestätigt, als beide Uhren während des im Radio übertragenen Experimentes keine Anstalten machten, diesem meinem Wunsche nachzukommen.
Als ich aber am Nachmittag beide Uhren noch einmal in die Hand nahm, traute ich meinen Augen nicht: eine davon lief mit schöner Regelmäßigkeit. Die andere ließ sich noch etwas Zeit. Doch am Sonntagmorgen lief auch diese.

Zunächst war ich sehr verblüfft und wollte erst einmal abwarten, ob dies nicht ein Scheinerfolg war.
Doch drei Tage später tickten die Uhren immer noch munter vor sich hin.
Uris Experiment hat also geklappt. Mein Mann riet mir, eine Uhrenreparatur-Werkstatt zu eröffnen. Schließlich sind die Preise in dieser etablierten Branche nicht gerade niedrig...

Anneliese Verhülsdonk
Neunkirchen-Seelscheid

*

Ich halte solche Sachen wie Gabelverbiegen mit der Kraft der Gedanken eigentlich für Unsinn. Trotzdem nahm ich eine Damenarmbanduhr, die schon lange in meiner Schublade lag, in die Hand. Ein Spaß, dachte ich!
Während die Stimme von Uri Geller aus dem Radio kam, rieb ich die Uhr mit zwei Fingern und konzentrierte mich sehr stark darauf: »Geh doch wieder, geh doch wieder!«
Ich kann es immer noch nicht fassen. Nach etwa einer halben Minute begann die Uhr zu ticken, ohne daß ich sie vorher aufgezogen hatte. Ich habe sie immer wieder ans Ohr gehalten. Sie tickt auch heute noch.
Als ich im Radio hörte, wie Menschen von ähnlichen Erfolgserlebnissen berichteten, wollte ich auch in Luxemburg anrufen. Aber leider kam ich nicht durch. Deshalb habe ich diese Zeilen geschrieben.

Ernst Heinze
Houthalen (Belgien)

Die Autoren

Abel, Dr. Günther. Wohnt in Steinbergkirche; er war Facharzt für Anästhesie und ist inzwischen im Ruhestand.

Braunburg, Rudolf. Autor von Romanen und Reportagen; ehemaliger Flugkapitän.

Buttlar, Johannes von. Astrophysiker und Sachbuchautor: »Unsichtbare Kräfte« u.a.; er ist ständiger Mitarbeiter der »Unglaublichen Geschichten«.

Czechatz, Gerd. Journalist in Hamburg mit dem Fachgebiet Ökologie.

Däniken, Erich von. Sachbuchautor: »Erinnerungen an die Zukunft« u.a.

Doublon, Anke Manuela. Zahnärztin aus Nauheim (Hessen); sie interessiert sich für alternative Medizin.

E., Josef. Steinmetzmeister aus der Eifel; er erzählte sein Erlebnis während eines Telefongesprächs mit RTL.

Elstner, Frank. Ehemaliger Programmdirektor von »Radio Luxemburg«, Moderator der ZDF-Show »Wetten, daß...«

Fiebag, Johannes und Peter. Die beiden Brüder arbeiten als Geologe bzw. Philologe und schreiben Sachbücher: »Rätsel der Menschheit« u.a.

Fischer, Marie Louise. Eine der meistgelesenen deutschen Schriftstellerinnen: »Frauenstation« u.a.

Fitzke, Axel. Moderator von RTL: »Hitparade«, »Dadadamals« u.a.

Fleischmann, Friedrich M. Rutengänger, Autor von Artikelserien. Postanschrift: D 8501 Rückersdorf.

Gruber, Elmar. Parapsychologe, Schüler von Prof. Hans Bender. Er ist ständiger Mitarbeiter der »Unglaublichen Geschichten« und Autor von Sachbüchern: »Traum, Trance und Tod« u.a.

Guitton, Helga. Moderatorin bei »Radio Luxemburg«: »Viva« u.a., ehemalige Präsentatorin der NDR-»Schaubude«.

Hake, Manuela. Schülerin aus Aachen; sie präsentierte die Form des »automatischen Schreibens« in der RTL-Sendung »Unglaubliche Geschichten«.

Hirth, Marina. Schlagersängerin aus Düsseldorf: »Nimm dir Zeit, um mich zu lieben« u.a.

Hofmann, Peter. Opern- und Rock-Sänger aus Bayreuth; er erzählte sein Erlebnis zum ersten Mal in einer RTL-Sendung.

Holbe, Julia Carolin. Schülerin aus Luxemburg; sie hat ihre Geschichte »Vier Millionen Jahre« in allen Einzelheiten geträumt und dann aufgeschrieben.

Holbe, Rainer. Journalist und Moderator der »Unglaublichen Geschichten« bei RTL. Früher bei der »Frankfurter Rundschau« und Mitarbeiter des ZDF.

Jaeger, Henry. Schriftsteller: »Die Festung« u.a.; er lebt in Ascona (Schweiz).

Juren, Brigitte. Hotelfachfrau aus Wien, die zur Zeit in Frankfurt lebt.

Kaufmann, Christine. Schauspielerin und Autorin aus München: »Körperharmonie«; zuletzt spielte sie bei Peter Zadek in Hamburg.

Kiesewetter, Knut. Er singt Jazz und nordfriesische Lieder und wohnt auf einem Bauernhof bei Husum.

Kistenmacher, Sigrid. Hausfrau aus Berlin; sie erzählte ihr Erlebnis bei RTL.

Kerst, Alexander. Theater-, Film- und Fernsehschauspieler.

Koczian, Johanna von. Schauspielerin und Autorin aus Berlin: »Poseidons Karneval« u.a.

Köberle, Fidelio. Diplom-Psychologe aus Düsseldorf; er ist Vorsitzender des »Vereins für Tonbandstimmenforschung«, 4 Düsseldorf 13.

Krassa, Peter. Journalist und Schriftsteller aus Wien: »Laßt uns Menschen machen« u.a.

Krings, Matthias. Moderator bei RTL Plus: »Miniplus« u.a.

Low, Bruce. Entertainer aus Holland, der lange Jahre auch als Journalist gearbeitet hat. Bruce Low lebt in Bayern.

Lundholm, Anja. Schriftstellerin aus Frankfurt: »Mit Ausblick zum See« u.a.

M., Marion. Hausfrau aus Stuttgart. Sie erzählte ihr Erlebnis am Telefon in der RTL-Sendung »Unglaubliche Geschichten«.

Marcus, Jürgen. Sänger aus München.

Meckelburg, Ernst H. Sachbuchautor aus Hanau: »Geheimwaffe PSI« u.a.

Müller-Dechent, Gustl. Journalist aus Bad Vilbel.

Noé, Winfried S. Astrologe aus München; er schreibt Sachbücher und Illustrierten-Serien.

Nowotnik, Rainer. Gastronom aus Berlin; er erzählte sein Erlebnis in der RTL-Sendung.

OSKAR, mit Familienname Bierbrauer. Er ist Zeichner, Grafiker und Maler aus Berlin; bekannt vor allem als Mitarbeiter der ZDF-Sendung »Dalli Dalli«.

Paretti, Sandra. Schriftstellerin aus Zürich: »Das Zauberschiff« u.a.

Pinnau, Dorith. Hausfrau aus Hamburg; sie berichtete über ihren »Geist Barbara« in der RTL-Sendung »Unglaubliche Geschichten«.

Pützenbacher, Jochen. Moderator bei RTL: »Mahlzeit«, »Ein Tag wie kein anderer«, u.a.; er lebt in Luxemburg.

Schneider, Andreas. Schüler aus Neu-Isenburg bei Frankfurt; er erzählte sein Erlebnis auch unter Hypnose in der RTL-Sendung »Unglaubliche Geschichten« im Fernsehen.

Senkowski, Prof. Dr., Physiker aus Mainz und häufiger Gast bei RTL.

Simmel, Johannes Mario. Schriftsteller mit Wohnsitz in der Schweiz: »Die im Dunkeln sieht man nicht« u.a.

Spiecker, Oliver. Moderator bei RTL, schrieb Liedertexte für Udo Jürgens und Fernsehdrehbücher u.a. für Boy Gobert.

Thorwald, Jürgen. Sachbuch- und Roman-Autor mit Wohnsitz im Tessin: »Das Jahrhundert der Chirurgen« u.a.

Venzke, Herbert. RTL-Hörer aus Höxter.

Zacharias, Gisela. RTL-Hörerin aus Essen; sie erzählte ihr Erlebnis in der Radio-Sendung.

Verschiedene Autoren. Sie beziehen sich auf eine Sendung über Psychokinese und ein Fern-Experiment.

Bibliographie

Die in diesem Buch verwendeten Zitate stammen aus folgenden Büchern:

Allgeier, Kurt: Und den Himmel gibt es doch, München 1984

Alt, Franz: in: Neue Zeit, Freiburg

Bernstein, Morey: Protokoll einer Wiedergeburt, München 1984

Billand, Eva: Wir und das Jenseits, Zug 1983

Brown, Rosemary: Kompositionen aus dem Jenseits, München 1982

Capra, Fritjof: Das Tao der Physik, Bern 1984

Cerminara, Gina: Erregende Zeugnisse von Karma und Wiedergeburt, München 1983

Moody, Raymond A.: Leben nach dem Tod, Hamburg 1977

Russell, Peter: Die erwachende Erde, München 1984

Schäfer, Hildegard (Hrsg.): Was bedeutet der Tod für Sie?, Genf 1983

Wilson, Colin: Das Okkulte, Berlin und Schlechtenwegen 1982